协同视角下高校创新创业教育的理论与机制

陈怡君　著

吉林大学出版社
·长　春·

图书在版编目(CIP)数据

协同视角下高校创新创业教育的理论与机制 / 陈怡君著. —长春：吉林大学出版社，2023.6

ISBN 978-7-5768-1845-1

Ⅰ.①协… Ⅱ.①陈… Ⅲ.①高等学校-创造教育-研究-中国 Ⅳ.①G640

中国国家版本馆 CIP 数据核字(2023)第 118752 号

书　　名：**协同视角下高校创新创业教育的理论与机制**
XIETONG SHIJIAOXIA GAOXIAO CHUANGXIN CHUANGYE JIAOYU DE LILUN YU JIZHI

作　　者：陈怡君　著
策划编辑：甄志忠
责任编辑：米司琪
责任校对：甄志忠
装帧设计：姜　文
出版发行：吉林大学出版社
社　　址：长春市人民大街 4059 号
邮政编码：130021
发行电话：0431-89580028/29/21
网　　址：http://www.jlup.com.cn
电子邮箱：jldxcbs@sina.com
印　　刷：天津鑫恒彩印刷有限公司
开　　本：787mm×1092mm　1/16
印　　张：14
字　　数：220 千字
版　　次：2024 年 3 月　第 1 版
印　　次：2024 年 3 月　第 1 次
书　　号：ISBN 978-7-5768-1845-1
定　　价：78.00 元

前 言

当前世界范围内新一轮科技竞争日趋激烈，自主创新已成为共识，世界各国均将目光投向创新、创业教育，启动创新驱动发展战略。以新技术、新产业、新业态为特点的新经济蓬勃发展，要求未来社会的从业人员必须具备更高的创新创业能力和跨界整合能力[1]。一场以创新、创业为基础的全球竞赛已悄然拉开帷幕。创新创业是新时期出现的新词汇，是一个现代经济国家未来发展的方向与兴旺发达的不竭动力，也是一个民族进步的灵魂与最深沉的民族禀赋。21 世纪，我国经济发展进入转型升级的关键时期，即由依靠廉价劳动力的人口红利转型升级为依靠科技创新和技术进步的发展阶段，由此面临着创新动力不足、创业潜力匮乏和就业形势严峻的三重压力。为了从人才层面解决上述问题，我国以培养具有创新思维、创业意识与创新创业能力的人才为目标，大力推行高校创新创业教育。

2015 年，国务院办公厅出台《关于深化高等学校创新创业教育改革的实施意见》明确指出："深化高等学校创新创业教育改革，是国家实施创新驱动发展战略、促进经济提质增效升级的迫切需要，是推进高等教育综合改革、促进高校毕业生更高质量创业就业的重要举措。"[2]党的十九大报告中提出要加快建设创新型国家，并强调"创新是引领发展的第一动力，是建设现代化经济体系的战略支撑。"[3]党的二十大报告更是 55 次提到"创新"，多次提到"创新驱动发展战略"，强调"科技是第一生产力、人才是第一资源、创新是第一动力。"[4]

高校是创新创业教育的主战场。党中央、国务院高度重视高校创新创业教育工作，深化高校创新创业教育改革是服务社会发展、转变经济方式、建设创新型国家的战略举措，也是高等教育改革与发展的系统工程，更是培养学生创新精神和创业实践能力的重要途径[5]，彰显了高校的前瞻性、创新性与人文性。然而实践效果却不尽如人意，存在着理念认识不清与诉求差异的现实矛盾、教育主体各自为政与目标相悖的双重壁垒、治理结构过度清晰与过度分化的摩擦对立、运行机制交叉重叠与简单内耗的矛盾交错、信息资源孤立分散与分割明显的交叉桎梏等问题。其原因主要是高校创新创业教育协同主体缺乏合作、协同资源缺乏共享、协同机制缺乏完善等。要解决这些问题，协同发挥着关键作用，近年来，国家也使用协同的思维不断推进创新型国家建设、创新体制改革与资源配置优化。因此，准确理解和定位高校创新创业教育理论与协同机制问题，同时卓有成效地开展高校创新创业教育，不仅是一个重要的理论课题，还是摆在高校人才培养模式改革面前的一个现实难题。

《协同视角下高校创新创业教育的理论与机制》以高校创新创业教育为研究对象，共有五章。第一章在厘清高校创新创业教育概念、内涵的基础上，梳理了我国高校创新创业教育提出的时代背景与发展历程，为后续研究提供逻辑起点。第二章通过问卷调查与深度访谈，调研我国高校创新创业教育的实施现状，挖掘现实困境与机制障碍，并进行归因分析，以便将创新创业教育工作由“普适化”转变为“精准化”，为后期有针对性地构建高校创新创业教育协同机制奠定基础并提供数据支持。第三章论述了开展高校创新创业教育协同的意义与可行性，并通过对高校创新创业教育相关理论的阐述，得出协同发展的时代要求与历史必然。第四章从高校创新创业教育协同机制的内涵特征、应然逻辑出发，勾画出高校创新创业教育协同机制的设计蓝图，并通过对美国、英国、法国、日本等国家高校创业教育发展与实践的梳理，寻求对我国有益的启示。第五章从协同学视角出发，探讨了高校创新创业教育协同机制的内在机理与演化机制，并根据“协同主体—协同动力—协同运转—协同保障”的发生与运转机理，秉承“四突破四聚焦”原则，从主体管理、动力机制、运行机制、保障机制四个维度构建高校创新创业教育“四元”协同机制模型，以期增强高校创新创业的活力，为我国高校创新创业教育深化改革提供参考，将高校双创育人工作做精做细，推动创新人才培养的科学发展。

目 录

第一章　高校创新创业教育概述

第一节　高校创新创业教育的概念及内涵

高校创新创业教育是为适应国家战略需要和经济社会发展而产生的一种教学理念与模式。这一概念的首次提出是在2010年教育部颁布的《关于大力推进高等学校创新创业教育和大学生自主创业工作的意见》。在此之前创新教育与创业教育处于分离的状态。因此，创新创业教育是我国特有的，具有浓烈中国特色的概念，也是对创新教育与创业教育的继承与发展。对相关概念的梳理与澄清，是认识和研究高校创新创业教育的基础与起点。

一、创新与创业的概念及内涵

(一)创新的溯源及其内涵的演进

中国文化中素有“革故鼎新”“咸与惟新”“苟日新，日日新，又日新”的创新意识与精神。“创新”在中国古代主要指艺术文学作品的创造或制度的变革，少有对科学技术创新的论述。《魏书·列传·卷五十》中提到“革弊创新者，先皇之志也”与《周书·卷二十六》中“创新改旧，方始备焉”皆为此意。《辞海》中，“创新”意为“抛开旧的，创造新的”。[6] 在现代社会的语境中，“创新”(Innovation)源自拉丁语“Innovare”，主要指“革新；改革；创新；引入新事物；新方法、新技术、新思想等”[7]，泛指人类改革旧的事物，应用新的制度、思想、方法、技术等进行前所未有的活动，其内涵广泛使用在政治、经济、文化、教育、科学、技术等社会各个领域。

学界普遍认为，1912 年美籍奥地利政治经济学家约瑟夫·熊彼特(Joseph Schumpeter)在其《经济发展理论》著作中率先提出了“创新”。熊彼特从企业的角度，强调企业家通过将全新的生产要素和生产方法“新组合”引入生产体系，进而创造新的价值，促进经济发展。他提出创新包含产品创新、技术创新、组织创新、市场创新与资源配置创新五种情况。2007 年，管理学家彼得·德鲁克(Peter F. Drucker)在《创新与企业家精神》一书中同样强调企业家是创新的主体，创造价值是创新的目标，并提出企业家精神等同于创新精神的观点。因此，在经济学与管理学领域，创新一般指企业家通过创新创造经济价值，这也是学界通常认为的狭义的创新。

其实早在熊彼特之前，马克思就在其《资本论》《经济学手稿》等著作中阐述了“创新”的思想。他虽然没有直接给创新下定义，但其思想体系处处渗透着创新的思想与意识。马克思认为创新就是新事物的产生和旧事物的灭亡，是突破常规，提出新思路、新观点、新想法，创造新事物，这也是广义的创新。

本书所指的创新是广义的创新，不仅涉及经济、管理领域，还包括科教文卫等各个领域，指在突破已知的、常规的思想桎梏，产生对个体或社会有益的新的思想、新的价值的创造性行为。

我国政府及历届领导人都突出并肯定了创新在社会发展中的重要作用。毛主席曾提道，“人类总是不断发展的，自然界也总是不断发展的，永远不会停止在一个水平线上。因此，人类总得不断地总结经验，有所发现，有所发明，有所创造，有所前进”。[8] 1995 年，江泽民主席在全国科学技术大会上明确提出实施科教兴国的战略并指出：“创新是一个民族进步的灵魂，是一个国家兴旺发达的不竭动力……一个没有创新能力的民族，难以屹立于世界先进民族之林……如果自主创新能力上不去，一味靠技术引进，就永远难以摆脱技术落后的局面。”[9] 而将“创新”逐渐演变为国家发展战略、发展理念、政治要求则始于党的十九大。习近平总书记在党的十九大报告中提出：“加快建设创新型国家……创新是引领发展的第一动力，是建设现代化经济体系的战略支撑……激发和保护企业家精神，鼓励更多社会主体投身创新创业。”[10]党的二十大报告更是55次提到创新，并强调“必须坚持科技是第一生产力、人才是第一资源、创新是第一动力……深入实施科教兴国战略、人才强国战略、创新驱动发展战略，开辟发展新领域新赛道，不断塑造发展新动能新优势。”[11]

由此可见，“创新”不仅是国家发展战略，也是治国理政的新理念，还是科技领域取得重大突破建设创新型国家的核心任务，更是政治、经济、文化、教育、科学、技术等社会各领域全面贯彻落实习近平新时代中国特色社会主义思想、实现“十四五”规划与2035年发展远景目标的必由之路。

(二)创业的溯源及其内涵的演进

文化体系与价值观念的不同使得创业在中西方语境中存在较大差异。中国的创业指的是“创立或开创新的、更高更好的基业”。《孟子·梁惠王》中提到“君子创业垂统，为可继也”与《尚书·微子之命》中的“统承先王，修其礼物”皆为此意，这也是《辞海》中所收录创业的含义。西方国家认为创业是创造企业的过程，强调财富的创造。随着工业革命的兴起，“创业”不断融入科技因素，西方带有经济学和管理学属性的“创业”文化占据主导。学术界普遍认为“创业”由杰弗里·蒂蒙斯(Jeffry A. Timmons)——“创业教育之父”提出。蒂蒙斯认为“创业是一种思考、推理和行为方式，这种行为方式是机会驱动、注重方法和与领导相平衡”。[12]可见，西方具有鼓励自主创办企业的“创业”导向与中国传统的“创业”思想有很大的差异。受现代西方经济学思想的影响，现实的高校创新创业教育改革实践逐步走向培养自主企业者的教育。

随着全球范围内创业教育事业与创业实践的蓬勃发展，创业的内涵与外延也越来越丰富，其中有代表性的定义有：欧盟在其发布的《创业能力框架》中将创业定义为“是你对机会和想法有所行动，并将这样的行动转化到他人的价值中”，创业“不仅包括自主创业和开办公司，而且包括企业内部岗位创业、社会创业、绿色创业和数字创业等多种类型”。[13]夏皮罗(Shapiro)认为创业是一种主动性的行为，是能够意识到或运用社会经济机制，将资源和局面整合、接受风险和失败的能力。加特纳从行为研究法(Behavioral approach)视角出发，提出创业是个体创办企业的行为。史蒂文森(Stevenson)等学者则认为创业主要与寻求机会有关，是个体无论是独立创业还是在企业内部，在不考虑现有资源的基础上寻找机会的过程。该定义认为创业并不局限于创建企业，也能够在企业内部发生，这就引出了“内部创业(intrapreneurship)”的概念。[14] 在信息时代，创业活动的发生并非只限于创建企业及企业内部，而是在社会各行各业各岗位，包括家庭的经营建设中都存在“创业”的现象。因此，“创业”成为一种工作和生活的意识观念和具体行为。在美国，通常认为创业包括三种类型：“一是创办一个企业；二是‘内创业’即‘岗位创业’；三是‘社会创业(Social Entrepreneurship)’即‘公益创业’。”[15] 我国学者王占仁认为广义的创业不只是建立新企业，兼有政治、经济和社会意义，其中政治意义是创立基业，经济意义是创办实业，社会意义是创新事业。[16]

本书所提到的创业指创业者(而非企业家)在多个领域，通过多种途径，充分利用现有资源开创对个体或社会有益的事业，包含社会创业、岗位创业及内创业等，侧重于具有创新意义的新的成就和贡献，而不局限于经济活动和财富增长方面，属于广义的创业。[17]

(三)创新与创业的关系

熊彼特在《经济发展理论》中论述了创新与创业的关系[18]，如表 1-1 所示。创业以创新为基础，强调把创新精神、创新意识和创新能力转化为实践的多样化过程；而创新指明了创业的方向性，倡导基于创新的、高层次的、高科技领域的自主创业。

表 1-1　创新、创业的概念及关系

	普遍性概念	词典中概念
创新	推动经济发展的所有技术的、组织的、方法的、系统的变革及其实现过程	舍弃旧的 创造新的
创业	重新组合生产手段找出新的生产方式 基本特征：创造性、实践性、机会性	创办新的事业

萨斯基亚(Saskia)等认为在大多数情况下，创新与创业紧密相连。创新是指一项新产品或服务的发明，而创业则是公司的所有者或企业家个人发现机

会并将其转化为有趣的商业命题。正如熊彼特所言，创新和创业对经济增长至关重要。[19]

我国学者王占仁对创新与创业的关系也进行了比较深刻的阐释。他认为创新与创业是“双生关系”，在“创新”的后面加上“创业”，就是规定了创新的应用属性，即强调此类创新要重在应用，重在促进成果市场化、商业化；“创业”前加“创新”，则是一种方向引领，规定了创业要以创新为基础，是机会型、高增长的创业，将创业的层次和水平进行了提升[20]。

由此可见，创新、创业是互为联系、相辅相成的整体。创新是创业的基础、动力和前提，创业是创新的实现方式。只有产生新的思想、技术或方法，才能改革原有模式，取得创业机会；同时，创业也只有在不断地创新迭代中，才能获得成功。

二、创新教育与创业教育的概念及内涵

(一) 创新教育

国内外学者对创新教育的定义众多，经梳理，可分为两类：一类认为创新教育是以培养具有创新素质(包含创新意识、创新精神、创新思维、创新能力和创新人格等)的创新人才为目的的教育活动，即狭义上的创新教育；另一类则认为创新教育是相对于传统接受教育、守成教育的一种新型教育，是广泛意义上的创新教育。

我国著名教育学家陶行知将“心理的创造”与“物质的创造”的教育称为“创造教育”，从而演化出“创新教育”。1989 年北京交通大学知识创新研究所所长魏发辰教授提出要开展“创新教育”培养创新创造型人才。[21] 1998 年，我国中央教育科学研究院首次提出创新教育时，将它定义为“以培养人们创新精神和能力为基本价值取向的教育。”[22]

根据相关教育理论对创新教育进行层次划分，我们认为创新教育是以人的全面发展为标靶，以培养受教育者的创新素养、提升创新潜力为最终目的，是素质教育的延伸、拓展和深化，其包含基础层、中间层和核心层三个层次。基础层是创新知识的学习和积累，是创新活动开展的首要工具，在整个创新教育中发挥基础作用；中间层是创新能力、创新方法的掌握，是创新活动的

操作系统，发挥核心作用；最高层是创新意识、创新思维的培养及创新情感、创新人格的塑造，反映了个体从事创新活动的主观意愿和态度，是创新活动的动力与保障系统，发挥促进和调控的作用(见图 1-1)。

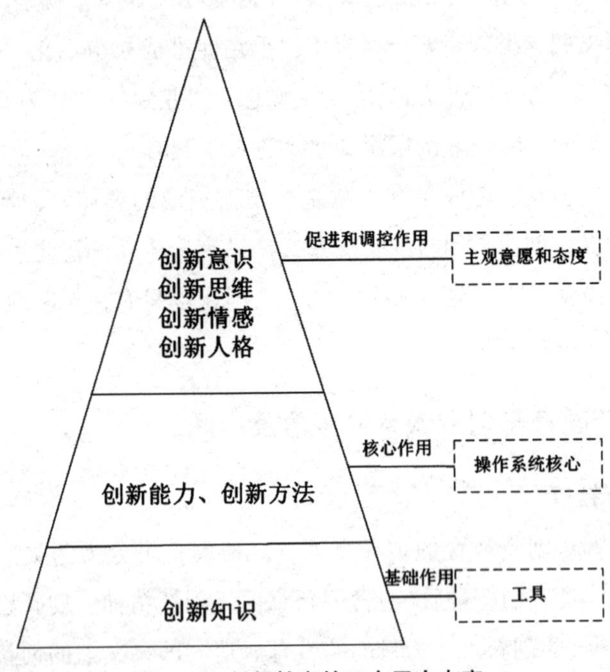

图 1-1　创新教育的三个层次内容

(二)创业教育

创业教育(entrepreneurship education)是一个舶来词，广泛流行于美国、加拿大，在英国以“企业教育(enterprise education)”或“创客教育（maker education）”为替代，较少使用“创业教育”，在欧洲也只是偶尔使用“创业教育”的说法。然而，目前科学文献主要采用的是“创业教育”，因为它是这个研究领域的主导术语[23]。在我国学术界，创业教育、企业教育或创客教育都被翻译成“创业教育”。

1989 年 11 月底，联合国教科文组织在北京召开的“面向 21 世纪教育国际研讨会”上，将创业教育以“第三本护照”提出，并从广义和狭义两个维度对创业教育进行了概念界定，用以强调培养学生的事业心和开拓技能。[24] 1998 年，联合国教科文组织在《21 世纪的高等教育：展望与行动世界宣言》和《高等教育改革和发展的优先行动框架》中进一步指出："为方便毕业生就业，高等教育应培养学生的创业技能与主动精神；毕业生将越来越不再仅仅是求职者，而首先将成为工作岗位的创造者。"[25]美国创业教育研究机构考夫曼基金会(Kauffman Foundation)为创业教育下了一个操作性较强的定义：创业教育指的是为人们提供知识和技能，教会人们识别他人忽略的机会，帮助人们发展洞察力、自我评估能力，从而敢于在其他人犹豫不决之时果断采取行动的一个教育过程；创业教育既包括识别机会、整合资源、创办企业等方面的教育，也包括企业管理过程中的教育，例如撰写商业计划、成本管理和市场营销等。[26]美国百森商学院创业学教授、"创业教育之父"杰弗里·蒂蒙斯在其著作中对创业教育的定义则超越了对创业的功利追求，他认为创业是一种生活方式和一项人生哲学，创业教育是为了让高校毕业生形成创业遗传代码。[27]里帕斯(Ripsas S.)则倾向于认为创业教育主要就是培训那些想要创办新公司的人。[28]劳卡宁(Laukkanen M.)将创业教育分为两个不同的维度。一方面，他认为创业教育是创业者、企业创新、创业经济效应、成功与失败因素、中小企业等理论的发展、建设和研究；另一方面，他认为创业教育针对当前和潜在的创业者，旨在刺激创业过程，为新创业企业提供所有必要的工具。[29]

国内则更多将创业教育以创业技能的培养、创业实践的活动来开展实施。1989年，胡晓风等学者发表《创业教育简论》，提出创业教育是要培养以创业为志向的教育，是构建合理人生并提高人生质量的教育，这是国内最早以"创业教育"为论文名称的研究[30]。彭钢认为创业教育是"以开发和提高青少年的创业基本素质，培养具有开创个性的社会主义建设者和接班人的教育，是在普通教育和职业教育基础上进行的，采取渗透和结合的方式在普通教育和职业教育领域实施的，具有独立的教育体系、功能和地位的教育。"[31]侯定凯认为创业教育不仅是为了培养创业人才成为企业家，更重要的是培养具有主动获取、创造新知的企业家精神的人才。[32]徐华平认为创业教育是一种旨在提高学生创业素养的素质教育。[33]黄兆信教授认为创业是一种实现自我与超越自我的行为，因而大学教育不能仅秉承教授必要专业知识和专业技能的初衷，还应深刻引导学生融会贯通以掌握知识和技能，改变世界、实现自我价值，为社会发展作出贡献[34]。

综上所述，创业教育指受教育者将通过培训获得的思想与意识、知识与技能应用到实践创新与企业事业创造中去的教育，是素质教育与创业教育的深度融合。与传统的适应性、养成性教育不同，创业教育具有对象主体性、社会实践性、综合统一性等典型特征。

(三)创新教育与创业教育的关系

创新教育是创业教育的思想基础，创业教育则是创新教育的行动实现。创业教育不是孤立的教育活动，而是包含创新教育在内的、更高阶段的创新教育活动，是既强调创新理念又强调创新实践的教育。

创新教育与创业教育二者交叉融合、辩证统一，存在很多共性，但也有各自独特的内涵。共性方面有：第一，人才培养的目标高度一致，即培养具有创新精神与实践能力的高素质人才；第二，内容结构相互融合，相辅相成，都包含知识、技能、思想、意识、人格等方面；第三，重视学生终生发展能力的培养。创业教育的功能是培养人的终身发展能力，使其学会学习、学会做事、学会合作、学会生存，这些功能与创新教育所突出的创新精神和实践能力的培养，有异曲同工之处[35]；第四，重视实践活动，多种途径并举。创新教育与创业教育是一项复杂的系统工程，需要政府、学校、社会、企业、家庭多方协同完成。

三、高校创新创业教育的概念及内涵

(一)高校创新创业教育的概念与特征

2010年我国教育部颁布《关于大力推进高等学校创新创业教育和大学生自主创业工作的意见》，首次将“创业教育”改为“创新创业教育”(也简称“双创”教育)，并明确指出“创新创业教育是适应经济社会和国家发展战略需要而产生的一种教学理念和模式”。[36]这是我国立足国情，在借鉴西方创业教育概念的基础之上，对创新教育和创业教育做出的一个大胆整合与超越。因此，创新创业教育(Innovation and Entrepreneurship Education)是我国特有的概念，具有浓烈的中国特色，是我国在拓展了原本创业教育内涵基础上的升华，同时吸收了创新教育、创业教育中关于人的创造力培养和创新潜能开发的思想，将单一的经济视角延伸、扩大到政治、思想、文化等领域。

尽管“创新创业教育”已成为教育实践的习惯用语、近年来学术研究的热点，但各界对于“创新创业教育”的认识依然存在边界模糊的问题。有的把创新创业教育理解为素质教育或通识教育，有的把创新创业教育等同于创新教育或创业创新，还有的认为创新创业教育是创新教育和创业教育的结合。这三种理解都存在偏颇和不足：第一种观点将创新创业教育等同于素质教育或通识教育。这种观点有些以偏概全，素质教育的概念更加宽泛，创新创业教育是新时代素质教育的一种具体体现，而通识教育相对专业教育、职业教育，更偏重知识、技能的传授，创新创业教育更偏重于人才培养与整体思维或系统思维的养成；第二种观点主要受功利性思想影响，在高等教育价值与本质的认知上，仍停留在“创新教育侧重于思想意识等思维层面的开发，创业教育侧重于实践能力等行为层面的培养”，而未将二者作为一个整体进行研究；第三种观点中的“结合”是双创教育较为早期的说法，强调了创新教育与创业教育的简单相加，但忽视了二者相辅相成、相互促进的关系。

鉴于此，我们认为创新创业教育包含并超越了创新教育与创业教育的内涵，是意蕴多重的教育，是以培养大学生创新精神、创业意识、创新创业能力为主、具有创新创业素质和开创型个性的人才为目标，分阶段、分层次的教育。[37]创新创业教育体现了知行合一的哲学思想，是个体价值、社会价值和知识价值的辩证统一。

(二)高校创新创业教育系统

作为研究客观现实系统共同的特征本质、原理和规律的科学，系统论主张从整体出发，研究系统内部、系统之间、系统与外界环境的普遍联系，对高校创新创业教育研究具有重要的借鉴和参考价值。运用系统理论可以将高校创新创业教育视为一个社会系统，对系统内各构成要素进行深入分析，有助于我们认识系统内各要素之间、系统与系统之间、各要素组成的整体与外界环境之间的非线性相互作用关系，进而通过建构、优化、调整，推动高校创新创业系统的有序演化。高校创新创业教育系统包含教育主体、动力体系、运行体系和保障体系四部分内容。各部分的概念及范围将在后文进行详细描述，此处不再赘述。

（三）高校创新创业教育理念体系

大学理念是对高等学校精神、使命、宗旨、功能与价值观等发展基本思想的概括性论述，是对大学发展倾向及价值诉求等的理性认识，[38]也是大学在长期发展中积累起来的教育价值观和方法论，决定着大学的发展方向与发展路径。高校创新创业教育理念同样要回答"是什么""怎么做"的问题，它是创新创业教育的指导思想。如图 1-2 所示。

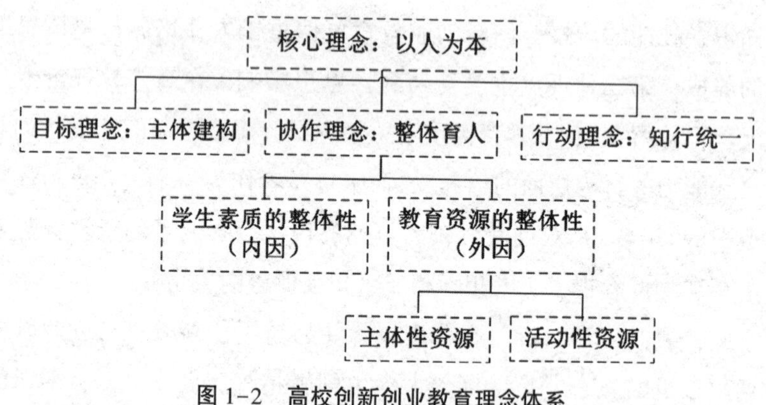

图 1-2　高校创新创业教育理念体系

1. 以人为本——高校创新创业教育的核心理念

人是教育的基础、根本，是教育的中心、目的，也是教育的出发点、归宿。创新创业教育是一门以人为出发点，研究人、服务人、发展人的活动。因此，高校创新创业教育的实质就是在双创教育过程中始终将学生视为具有独立个性和特定观念的主体，充分满足学生的精神需要与个人发展需要，调动其主观能动性，激发其创造潜能。

2. 主体建构——高校创新创业教育的目标理念

马克思认为"一切事物的运动、变化、发展都有其主体承担者"，创新创业教育也是如此。在双创教育过程中要充分尊重人的主体性，即肯定学生具有自主创新的意识和自我教育的能力，进而将双创教育变成学生主动参与、主动探索、主动发展的过程，从而培养学生自尊自立、自信自强的自主精神和积极进取、勇于探索的创新精神，引发大学生学会发展、善于发展，最终达到创新创业的目的。从本质上看，人的全面发展的核心就是完成主体性的发展，并通过自主性发展达成双创教育的价值，这就是双创教育的目标理念。

3. 整体育人——高校创新创业教育的协作理念

整体性思想要求我们将任何事物都看作一个整体，并从事物内和事物间相互联系、相互作用的角度去认识事物、把握事物。知识经济时代，随着社会对人才需求的愈加紧迫，对人才的整体素质要求也越来越高，这就要求高校双创教育必须树立整体育人的理念：从教育目标上培养和提升学生的整体素质，从教育内容上要求整体育人资源的挖掘，从教育途径上要求全社会与学校各部门的共同参与。

学生素质的整体性是高校创新创业教育中树立整体育人的内因。有效开展高校创新创业教育不仅要指向学生思想、意识、理想、信念以及自尊心、自信心、自豪感等非智力因素，同时也应关注学生知识与能力维度的智力因素。

教育资源的整体性是高校创新创业教育中整体育人的外因。高校是一切积极育人资源的集中地。整体性理念支配下的高校创新创业教育需要学校乃至社会整合一切主体性资源与活动资源。主体资源是人的资源。高校双创教育不是某一个机构、某一个部门或某一个人的事，而是整个国家、整个社会、整个民族的事。因此，要充分发挥全员在创新创业教育中的积极能动性，努力构建高校创新创业教育的整体育人模式。同时，高校创新创业教育要发挥活动资源的育人作用。活动资源是一切有助于学生创新创业素质发展的显性或隐性的课程资源。近年来，国内学者在借鉴国外典型高校创业课程的基础上，对我国积极挖掘专业课程教学中如何实现育人的途径和艺术进行了有益的探索。

4. 知行统一——高校创新创业教育的实践理念

正如马克思在《关于费尔巴哈的提纲》中指出：“哲学家们只是用不同的方式解释世界，问题在于改变世界。”[39]实践性是创新创业教育的突出特点，培养具有创新精神和创业意识的高素质人才，不仅需要理论的认知，还需要行为的养成。

(四) 高校创新创业教育结构体系

高校创新创业教育结构体系指与创新创业教育活动相联系的各要素有机

组合而成的一个具有特定功能的整体，是高校创新创业教育的实施指南和机制保障[40]。科学合理的高校创新创业教育结构体系是扎实推进双创教育和稳步提升人才培养质量的前提和基础，对培养符合社会主义经济社会所需要的高素质人才具有重要意义。

通过梳理国内外有关创新创业教育结构体系的文献可知：高校创新创业教育包含科学完善的制度体系、结构合理的组织体系、严谨全面的知识体系（涵盖与时俱进的课程体系与专兼结合的师资体系）、开放共享的资源体系、权威高效的监督体系、全面覆盖的评价体系等基本构成要素，如图 1-3 所示。其中，制度体系是指导思想；组织体系是结构保障；知识体系是核心；资源体系是实现教育目标的重要手段；监督体系与评价体系是检验教育教学效果的有力武器。

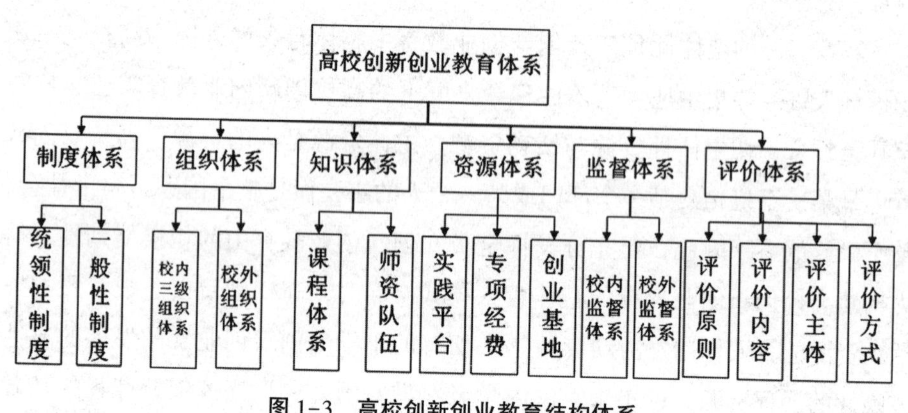

图 1-3　高校创新创业教育结构体系

第二节　我国高校创新创业教育的提出

一、时代引领：创新驱动与缓解就业的呼唤

20 世纪 90 年代以来，全球化、信息化浪潮与全球产业分工调整的趋势交织并进，气候变化与资源环境的瓶颈制约日益突出，全球经济格局进入深度

调整期。特别是2008年国际金融危机以来，全球经济进入了一个更加复杂动荡的发展阶段。世界各国纷纷认识到只有依靠科技创新培育新的经济增长点、探索新的发展模式，才是摆脱危机、壮大实体经济的根本出路。[41]为促进创新发展以获取新的国际竞争力，世界各国相继实施创新发展战略：美国发布了三版《美国创新战略》(2009年版、2011年版、2015年版)，以期提升和协调创新投资，确保美国能够持续引领创新经济、发展未来产业并利用创新解决国家发展中遇到的挑战，以推进创新驱动经济增长和实现未来几十年的共同繁荣。欧盟提出建设“创新型欧盟”的口号并实施“地平线2020”计划，希望通过持续加大对科研规划的投入达到增加就业、促进经济增长、战胜危机的目的。日本确立“科学创新立国”，不断推出中长期战略规划“科学技术基本计划”。其中第五期计划(2016年出台)明确提出，力争十年内把日本打造成“世界上最适宜创新的国家”。如今，无论是国家战略设计、宏观管理还是产业培育，各国都表现出明确的创新导向，一场以创新为核心的世界竞赛已悄然拉开帷幕。

在这场全球竞赛中，中国面临着巨大的压力与挑战。虽然改革开放三十多年来，中国经济取得了举世瞩目的成就，但随着经济发展进入新常态和高质量发展阶段，发展中不协调、不平衡、不可持续的问题逐渐凸显。传统的发展动力不断减弱，粗放型增长方式难以为继，需要寻找新的发展动能，不断提升我国的自主创新能力和国际竞争力，推动我国由“大国”向“强国”的转变。要想追赶并超越发达国家的发展脚步，科学技术、教育、创新等关键环节都扮演着突出作用。在此背景下，党的十八大提出创新驱动发展战略，并将我国创新驱动发展的战略目标分为三步，为我国创新驱动发展指明了道路。[42]创新驱动发展战略强调“科技创新是提高社会生产力和综合国力的战略支撑，必须摆在国家发展全局的核心位置”“必须坚定不移地实施创新驱动发展战略，建设创新型国家”。党的十九大报告中也多次提到过去五年我国的创新驱动发展战略，对创新型国家建设成果给予了很大的肯定，并强调在新时代“创新是引领发展的第一动力，是建设现代化经济体系的战略支撑”。[43]党的二十大报告更是55次提到“创新”，多次提到“创新驱动发展战略”，强调“科技是第一生产力、人才是第一资源、创新是第一动力”[44]，提出将继续坚持向着建成创新型国家迈进，争取到二〇三五年进入创新型国家前列，并对后续加快创新型国家建设的具体事宜进行了全面、系统的部署。

就业是民生之本。人力资源和社会保障部发布的国家统计局关于《2021 年度人力资源和社会保障事业发展统计公报》显示，2021 年末，我国城镇登记失业人员 1 040 万人，登记失业率为 3. 96%，调查失业率为 5. 1%。[45] 近三年的登记失业率也基本维持在 3. 62% ~5. 20%，处于全世界普遍认同的失业率警戒线边缘。大学生就业难题尤为突出，教育部数据统计：2020 至 2022 年我国高校毕业生人数分别为 874 万、909 万和 1 076 万。加之 2020 年新冠肺炎疫情突如其来，企业提供的工作岗位根本满足不了现有的求职人数，全球性的停工与延后招聘使得数百万应届毕业生面临“未上岗就下岗”的窘境，无法及时落实存量就业，成为就业重点扶持对象。就业难题无法攻克，势必会影响社会的稳定。此时，创新创业成为实现大学生增量就业的途径之一。“推进大众创业、万众创新，是经济发展的动力之源”，“对于推动经济结构调整，增强发展新动力、走创新驱动发展道路具有重要意义”，同时也是“稳增长、扩就业”的重要举措[46]。

综上所述，“双创”是当前时代发展的呼唤，是社会经济以及人才市场的呼唤。高校大力实施创新创业教育，培养社会转型发展所需的具有创新创业思维和能力的创新型、复合型高素质人才，是新时期高等教育的应有之义和时代命题。

二、政策推动：创新型人才培养的发展导向

为加快科技创新与成果转化，深化人才培养改革、扩大就业创业的发展战略，建设创新型强国，我国政府出台了一系列政策推进创新创业教育工作。这些政策既有专门针对高校创新创业教育出台的，也有内嵌于更大政策主题之中的。

1999 年颁布《面向 21 世纪教育振兴行动计划》，提出的目标之一就是“瞄准国家创新体系的目标，培养造就一批高水平的具有创新能力的人才；加强科学研究并使高校高新技术产业为培育经济新的增长点作贡献。”[47] 同年 6 月，国家颁布《关于深化教育改革全面推进素质教育的决定》提出“高等教育要

重视培养大学生的创新能力、实践能力和创业精神”。2002年，教育部高等教育司在北京召开的“普通高校创业教育试点工作座谈会”上指出“培养具有创新精神和创造、创业能力的高素质人才，是当前高等院校的重要任务”。2007年，教育部办公厅印发《大学生职业发展与就业指导课程教学要求》，要求各高校开设贯串于学生从入学到毕业整个培养过程的“职业发展与就业指导”公共课程，并对创业教育类课程提出具体的教学要求，将创业教育的目标定位于“使学生了解创业的基本知识，培养学生创业意识与创业精神，提高创业素质与能力”。[48]2008年，国家人力资源和社会保障部、发展和改革委员会、教育部等11部委颁布《关于促进以创业带动就业工作的指导意见》，将“创业”明确定义为“劳动者通过自主创办生产服务项目、企业或从事个体经营实现市场就业的重要形式”，采取的措施包括“加强创业教育，提高创业意识，建设创业文化，使更多的劳动者乐于创业、敢于创业”。[49]至此，以创业为导向的创业教育在高校教育教学实践中全面展开。2010年以后，创业教育在继续强调以创办企业为目标导向的同时，逐渐融入创新教育的要求和关注全体学生创新创业基本素质的培养。这种历史性转向的动因可从创业教育的实践效果和高校对创业教育的反思中得到答案。

2010年5月教育部颁布了《关于大力推进高等学校创新创业教育和大学生自主创业工作的意见》，该文件不仅从战略的高度指出了开展高校创新创业教育的重要性，还对转变教育观念、改革人才培养模式、课程体系建设及人才培养目标提出了明确要求，将面向对象由原来的小部分群体转向全体学生，提出“将创新创业教育融入人才培养全过程，并将提升学生创新意识和创业能力作为高校创新创业教育的核心”，为高校开展创新创业教育指出了明确方向[50]。2012年教育部印发了《普通本科学校创业教育教学基本要求(试行)》，对大学生创业教育的教学目标、教学原则、教学内容、教学方法、教学组织等给出了明确的指导[51]，为高校创新教育的全面深化开展奠定了基础。

2015年5月，国务院颁发《关于深化高等学校创新创业教育改革的实施意见》，提出“2015年起全面深化高校创新创业教育改革。2017年取得重要进展，形成科学先进、广泛认同、具有中国特色的创新创业教育理念，形成一批可复制可推广的制度成果，普及创新创业教育，实现新一轮大学生创业引领计划预期目标”。到2020年建立健全高校创新创业教育体系，普及创新创业教育的总体目标，并具体落实了高校创新创业教育改革工作的任务内容。不仅如此，该文件还从教学方法、考核方式、资源配置、学分学制等环节作了指导性要求[52]。2015年6月，国务院颁发《关于大力推进大众创业万众创新若干政策措施的意见》，再次强调了推进高校创新创业教育改革的具体内容，指出应不断增强学生的创新精神、创业意识和创新创业能力。这标志着我国全面深化高校创新创业教育改革，逐步形成了科学先进、广泛认同、具有中国特色的创新创业教育理念[53]。2015年10月，党的十八届五中全会提出坚持创新发展，不断推进理论创新、制度创新、科技创新、文化创新。2016年2月国务院办公厅发布《关于加快众创空间发展服务实体经济转型升级的指导意见》，再次指出要“实施大学生创业引领计划，以创业带动就业”[54]，并就加快众创空间发展的总体要求、基本原则、重点任务、扶持力度等方面做出具体规定。2017年7月，国务院出台《关于强化实施创新驱动发展战略进一步推进大众创业万众创新深入发展的意见》[55]，确保各项政策落到实处。2017年9月中共中央办公厅、国务院办公厅印发《关于深化教育体制机制改革的意见》，明确提出要“注重培养支撑终身发展、适应时代要求的关键能力”[56]。

2018年，李克强总理在《政府工作报告》中指出，把“双创”推向更大范围、更高层次、更深程度，促进大众创业、万众创新上更高水平，打造“双创”升级版。同年，国务院下发《关于推动创新创业高质量发展打造“双创”升级版的意见》，明确提出了“双创升级”的总体要求与着力促进创新创业环境升级、发展动力升级、平台服务升级、金融服务升级、创业带动就业能力升级、科技创新支撑能力升级以及打通政策落实“最后一公里”的主要目标。[57]各地政府也纷纷推出政策打造双创升级版的具体政策措施，而强化大学生创新创业教育培训成为各级政府重点关注的核心政策内容。我国“双创”发展，也正在由量的扩张逐步走向质的2.0转变，“双创”的主体、领域、模式和成效等也应呈现出不同于“双创”发展初期的重大阶段性特征而发生新的变化。2021年10月国务院办公厅《关于进一步支持大学生创新创业的指导意见》提出了“优化大学生创新创业环境……加强大学生创新创业服务平台建设……推动落实大学生创新创业财税扶持政策……加强对大学生创新创业的金融政策支持”[58]等一系列综合措施。中央出台创新创业政策文件汇总如表 1-2 所示。

表 1-2 国家级创新创业政策文件汇总(部分)

年度	发文机构	政策文件	文号
1999	教育部	面向 21 世纪教育振兴行动计划	国发〔1999〕4 号
2010	教育部	关于大力推进高等学校创新创业教育和大学生自主创业工作的意见	教办〔2010〕3 号
2012	教育部	普通本科学校创业教育教学基本要求(试行)的通知	教高厅〔2012〕4 号
2012	教育部	关于进一步加强高校科研项目管理的意见	教技〔2012〕14 号
2013	教育部	关于推进职业院校民族文化传承与创新工作的意见	教职成〔2013〕2 号
2014	教育部	关于做好 2015 年全国普通高等学校毕业生就业创业工作的通知	教学〔2014〕15 号
2015	国务院	关于发展众创空间推进大众创新创业的指导意见	国办发〔2015〕9 号
2015	国务院	关于深化高等学校创新创业教育改革的实施意见	国办发〔2015〕36 号
2015	国务院	关于大力推进大众创业万众创新若干政策措施的意见	国发〔2015〕32 号
2015	国务院	关于加快构建大众创业万众创新支撑平台的指导意见	国发〔2015〕53 号
2016	国务院	关于建设大众创业万众创新示范基地的实施意见	国办发〔2016〕35 号
2016	国务院	关于加快众创空间发展服务实体经济转型升级的指导意见	国办发〔2016〕7 号
2017	国务院	关于强化实施创新驱动发展战略进一步推进大众创业万众创新深入发展的意见	国发〔2017〕37 号
2017	国务院	关于深化教育体制机制改革的意见	

续表

年度	发文机构	政策文件	文号
2017	教育部	关于学习贯彻习近平总书记给第三届中国"互联网+"大学生创新创业大赛"青年红色筑梦之旅"大学生重要回信精神的通知	教党〔2017〕45 号
2017	教育部	关于做好 2018 届全国普通高等学校毕业生就业创业工作的通知	教学〔2017〕11 号
2018	国务院	关于推动创新创业高质量发展打造"双创"升级版的意见	国发〔2018〕32 号
2019	教育部	关于印发《全国职业院校教师教学创新团队建设方案》的通知	教师函〔2019〕4 号
2020	国务院	关于提升大众创业万众创新示范基地带动作用进一步促改革稳就业强动能的实施意见	国办发〔2020〕26 号
2020	教育部	关于应对新冠肺炎疫情做好 2020 届全国普通高等学校毕业生就业创业工作的通知	教学〔2020〕2 号
2020	教育部	关于政协十三届全国委员会第三次会议第 2774 号(教育类 245 号)提案答复的函	教学提案〔2020〕116 号
2020	教育部	关于做好 2021 届全国普通高校毕业生就业创业工作的通知	教学〔2020〕5 号
2021	国务院	关于进一步支持大学生创新创业的指导意见	国办发〔2021〕35 号

对于我国的创新创业教育政策而言，其动力机制和发展轨迹具有鲜明的本土特征。在国家政策引导下，中国高校创新创业教育呈现范围由点到面、内容由浅到深、模式由单一到综合的演进趋势。截至目前，我国提出创新创业已逾三十年，由政府颁布首个创新创业教育文件已二十年有余，在此背景下，探索高校创新创业教育理论在新时代的发展以及创新创业协同机制，对促进高等教育健康发展、实现高等教育人才培养和服务社会的职能具有重要意义。

创新创业教育协同是我国高校创新创业教育发展的主要趋势，国务院、教育部等部门近期发布的政策文件中均明确强调了“协同”价值取向。如国务院办公厅《关于深化高等学校创新创业教育改革的实施意见》提出“坚持协同推进，汇聚培养合力，把完善高校创新创业教育体制机制作为深化高校创新创业教育改革的支撑点”[59]。国家“十三五”规划发布创新创业专篇，强调要“明确各类创新主体功能定位，构建政产学研用一体的创新网络……推动各领域各行业协同创新”。[60]国务院《关于推动创新创业高质量发展打造“双创”升级版的意见》提到“切实打通政策落实‘最后一公里’……建立部门之间、部门与地方之间的高效协同机制”。[61]2021年10月，国务院办公厅发布《关于进一步支持大学生创新创业的指导意见》，提出“增强协同创新发展合力……集聚创新创业教育要素与资源……支持政策的协同联动”等措施[62]。这些文件都为协同推进高校创新创业教育提供总体性和原则性的指导，也充分表明我国创新创业制定者已充分认识到高校创新创业教育协同机制的重要性。

三、个体诉求：大学生自身成长成才的需要

联合国教科文组织于1998年发表《21世纪的高等教育：展望与行动世界宣言》明确提出“方便毕业生就业，培养创业技能与主动精神，应成为高等教育主要关心的问题。毕业生将愈来愈不仅仅是求职者，而首先将成为工作岗位的创造者”。[63]习近平总书记在《致2013年全球创业周中国站活动组委会的贺信》中表示“青年是国家和民族的希望，创新是社会进步的灵魂，创业是推动经济社会发展、改善民生的重要途径。青年学生富有想象力和创造力，是创新创业的有生力量”。[64]作为社会新思想、新科技的新锐力量，青年大学生是国家重点培养的高级人才，他们具备丰富知识储备和创造力，年轻、有活力，敢于创新、勇于担当，善于学习、勤于实践，是创新创业人才的“源头活水”，是我国“十四五”规划中符合创新创业的主要群体。大学生创新创业不仅能够解决大学生就业难的问题，更能够盘活社会主义市场经济，推动国家的经济结构转型。[65]

从个人层面来看，大学生所需要的不只是一份工作，更需要通过接受创新创业教育提高自身综合素质，进而实现人生价值。而当前的严峻就业形式

根本无法满足所有大学生的就业需求。从某种意义上来说，创新创业是一种高质量的，可以更好地实现人生价值的方式。而大学生双创活动的开展必须以创新创业能力为基础。根据全球化智库(CCG)发布的《中国高校学生创新创业调查报告(2017)》，97.93%的学生认为学校开展创新创业教育是必要的，超过60%的学生对创新创业感兴趣，但仅有34%的受访学生认为自身能力基本满足创新创业需求[66]。2018年麦肯锡研究院的就业蓝皮书显示，依照美国SCANS标准，我国大学生毕业时的基本工作能力的掌握水平低于企业单位对于工作岗位的要求水平，其中包括理解与交流能力、科学思维能力、管理能力、应用分析能力和动手能力五大类，说明当前大学生的整体职场就业能力不足。[67]

因此，高校创新创业教育是大学生提升实践能力、实现终身教育、促进知行合一的有效途径之一，也是大学生提升个人综合素质、走向职业成功、实现成长成才的必由之路。

四、现实之殇：高校创新创业教育现实困境

我国高校创新创业教育起步较晚，在教育部确定了试点高校后，各省市高校的双创教育建设均在观望与摸索中缓慢发展。而继"大众创业，万众创新"发展目标提出后，我国高校创新创业教育在适应经济发展新常态的背景下得到快速发展。截至2021年年底，全国共有创业学生54.1万人；各高校开设双创课程3万余门，线上慕课1.1万余门；专职双创师资3.5万余人，兼职师资约14万人；举办七届"互联网+"大学生创新创业大赛，450万大学生共同参与，其中前6届大赛共产生400多个金奖项目，带动就业50多万人，基本形成了"政府激励创业、社会支持创业、大学生勇于创业"[68]的现状。然而也依然存在着教育主体各自为政，学校之间缺少联动；不同部门分块管理，相互掣肘，缺乏协调支撑；各种资源简单叠加，无法发挥教育合力等诸多问题。"整合"与"碎片"、"协同"与"分散"、"全面"与"片面"，成为无法破解的矛盾，制约高校创新创业教育高质量、可持续发展。

鉴于此，积极探索协同视角下高校创新创业教育研究是高校创新创业教育发展的必然选择，符合培养创新型人才、建设创新型国家的发展愿景，是

响应时代号召、顺应社会发展的必然要求。

第三节　我国高校创新创业教育的发展历程

东北师范大学王占仁教授将中国高校创业教育发展划分为四个阶段[69]，2018 年李克强总理提出要将双创推向更大范围、更高层次、更深程度，促进大众创业、万众创新上水平，打造“双创”升级版[70]。从时间轴看，我国创新创业教育呈现明显的分阶段螺旋式发展趋势。鉴于此，本书将中国创新创业教育发展历程划分为以下五个阶段。

一、引入萌芽阶段

1989 年，在北京召开的“面向 21 世纪教育国际研讨会”上，澳大利亚未来委员会主席埃利雅德博士向与会人员详细介绍了创业教育这一新概念。之后，创业教育引起中国学界的关注。中国创业教育第一人胡晓风教授在《人民日报》上发表了中国创业教育的第一篇文章《创业教育简论》，具有重要的理论意义。此后，胡晓风、姚文忠、金成林在陶行知生活教育理论的基础上，在理论层面对创业教育进行了更加深入的探讨，并明确地概述了创业教育的内涵：“创业教育就是对人实施创造与职业相结合的教育，以培养合理的人生为宗旨。”[71]彭刚等人也指出：“创业教育是为了使贫困人口能够自食其力，给他们提供所需技能、技巧和资源的实践活动。”[72]毛家瑞等在相关研究的基础上进行课题研究与实践探索，提出：“创业教育是具有独特功能和体系的教育，旨在培养学生创业基本素质，使其成为具有开创性个性的下一代。”[73]

但由于受当时中国政治、经济与文化的限制，国内高校并未开展相应的创业教育实践，创业教育也未能对中国高等教育产生巨大影响。相关理论研究也并不深入且数量有限，大多集中于渗透式的基础教育、结合式的职业教育、辐射式的成人教育之中，以解决城乡就业问题，并进行职业技能技巧培训，多注重实践层面的实务操作，很少培养学生创业素养、传授学生创业知识[74]。

二、自发探索阶段

1997 年，清华大学仿照美国高校的做法，设立 MBA 创新创业教育中心，并在 MBA 培养计划中开设创业的研究方向。这被视为创业教育实践在中国兴起的标志，开创了中国高校开展创业教育的新纪元。随后，清华大学在与麻省理工学院联合培养工商管理硕士项目中，系统、深入地汲取了开展创业竞赛的经验。经过一段时间的组织与筹备，1998 年 5 月，清华大学成功举办了首届创业计划大赛，成为社会各界关注的焦点，取得较好的效果，拉开了由创业大赛带动创业教育的帷幕。

1999 至 2002 年间，共青团中央、中国科技协会、教育部、全国学联等中央单位联合各大学、地方省级人民政府共同举办三届全国“挑战杯”创业大赛，给各高校的大学生提供一个更广阔、更权威的实践平台。创业竞赛是一次有益的尝试，是创业教育在初期最常见的形式，为今后高校创业教育的发展奠定了良好的基础，在一定程度上推动中国大学生的创业潮。

1999 年颁布的《面向 21 世纪教育振兴行动计划》是中国首次正式回应创业教育的重要政策文件。它强调：“加强对教师和学生的创业教育，采取措施鼓励他们自主创办高新技术企业。”[75] 该计划的提出为创业教育的发展不仅营造了良好的政策环境，还提供了新的思路与方向。2002 年 4 月，教育部将清华大学、中国人民大学、北京航空航天大学、上海交通大学、西安交通大学、武汉大学、黑龙江大学、南京财经大学及西北工业大学 9 所高校列为创业教育的试点高校，并为其提供政策与经费等方面的支持，要求试点高校起到示范引领作用，集中精力探索创业教育的理论与实践。国家的强势推动，为试点高校提供了强大的动力。试点过程中，形成了融入式创业教育模式、“创新环”模式、综合式创业教育等典型的创业教育模式。

由此可见，1997 年至 2002 年间，中国高校创业教育基本上处于自我探索阶段，主要依赖于借鉴国外创业教育的典型先进经验，缺乏自身对创业教育深入、系统的研究与探索。除了 9 所试点高校外，其他高校基本上还未能对创业教育内涵、发展方向、教育过程、人才培养方式等有一定的认知，有规划、系统性地开展创业实践更是无从谈起。

三、多元探索阶段

伴随高校创业教育试点工作的进一步开展，师资不足的问题引起教育部的高度关注。2003 年，北京航空航天大学受教育部委托举办了“第一期创业教育骨干教师培训”，对全国各高校二百余名从事创业教育的教师进行了创业教育有关理论知识与实践的系统培训。此次培训标志着政府愈加重视如何有效地开展创业教育教学，强化创业教育师资队伍的建设[76]。2004 年，教育部、劳动和社会保障部(今人力资源和社会保障部)联合发文，在全国 37 所大学开展以 SYB(Start Your Business)为基础内容的创业教育。2005 年，团中央、中国青联与国际劳工组织合作开展了同时针对高校教师和大学生培训的 KAB(Know About Business)创业教育(中国)项目，以清华大学为代表的多所高校被选为 KAB 创业教育试点高校。该项目开发了以市场为导向的“大学生 KAB 创业基础”课程，在内容上注重创业知识与技能的传授，在功能上重视对大学生的“企业家精神”教育，旨在培养大学生的创业意识与创业能力。经新华网统计，截至 2009 年年底，我国近百余所高校开设《大学生 KAB 创业基础》课程；KAB 项目已覆盖全国 25 个省份、三百余所高校；约八百名教师接受了创业教育培训。

2007 年，党的十七大提出“提高自主创新能力，建设创新型国家”和“促进以创业带动就业”的发展战略。当时，胡锦涛总书记指出“国家的未来在创新，创新的希望在青年”，温家宝总理提出了“提高教育质量，增强学生的就业创业能力”，刘延东委员提出了“把大学生就业创业能力提高到一个新的水平”[77]。中国通过不断思考、实践，力图寻找到一条创新和创业融合之路。2008 年，教育部在九所高校试点的基础上，通过“质量工程”项目，又设立 32 个创新与创业教育类人才培养模式创新实验区，以期通过这些试点成功经验，为全国高校全面推进创业教育发挥重要的示范引领作用。

2009 年，国际劳工组织 KAB 项目全球协调人克劳斯·哈弗腾顿(Klaus Haverton)教授在“KAB 创业教育(中国)项目年会”上肯定了中国创业市场的广袤：“目前，全球任何一个地方都不像中国那样有这么多的创业机会。”[78]良好的创业政策环境与社会环境，加之大量的创业机会促使众多高校大学生瞄准中国市场，加速推进了我国创业教育的发展。同年，中国高等教育学会成立创业教育分会。2010 年，该分会与中南大学联合创办了专门发表创新、创业教育相关理论知识与对策分析的学术理论类期刊《创新与创业教育》，搭建了开展学术活动与交流的平台，促进了高校创新、创业教育的蓬勃发展。

总体而言，2002 年至 2010 年间，我国政府愈加重视高校创业教育。在政府的大力推动与引领下，各高校的创业教育取得体系化的发展，基本形成多元化的创业教育模式。截至 2010 年年底，各地各高校共举办创业大赛、论坛等活动两万余场，参加学生超过三百余万人。各级政府和高校设立创业资金累计已达十六亿元，广泛建设了总面积约三百三十万平方米，共计两千余个创业实习或孵化基地。六十多家国家级大学科技园建立了“高校学生科技创业实习基地”[79]。当然，也存在一定的问题，如高校创业教育比较单一，大学生主要通过第一课堂学习创业理论知识，以及通过第二课堂进行创业实践活动；在培养目标上出现偏差，诸多高校片面地理解创业教育的培养目标，导致创业教育在形式与内容上呈现出表面化倾向[80]，等等。

四、全面推进阶段

经过前期的发展，高校创业教育虽然取得丰富的经验，但也暴露出一系列亟待解决的问题。在新时期，如何突破创业教育面临的困境，推动其深入的改革与发展日渐成为政府、高校探讨的焦点。2010 年 5 月，教育部公布了《关于大力推进高等学校创新创业教育和大学生自主创业工作的意见》。该意见首次将创新创业一起表述，提出“创新创业教育是适应经济社会和国家发展战略需要而产生的一种教学理念与模式”。其明确强调了创新创业教育对于建设创新型国家和实施以创业带动就业战略实施的重大意义，并对推进工作提出了具体要求。同年，中共中央、国务院出台的《国家中长期教育改革和发展规划纲要(2010-2020 年)》列入有关于创新创业教育与自主创业等内容，并提出了“加强就业创业教育和就业指导服务”。这些都是党和政府从宏观层面对高等教育开展创业教育提出的要求，着重强调了创新创业教育对人才培养的重要作用，并要将其融入人才培养的全过程。由此可见，2010 年成为中国高校全面推进创新创业教育的全新开端。

除政策扶持外，教育部还成立了“高等学校创新创业教育指导委员会”，其是由知名企业家、企事业单位专家、高校教师、有关部门负责人构成的专家组织，主要任务是在教育部领导下，对高校创新创业教育开展研究、咨询、指导、评估和服务等工作。另外，教育部建立了高教司、科技司、学生司、就业指导中心四个司局的联动机制，形成了创新创业教育、创业基地建设、创业政策支持、创业服务“四位一体、整体推进”的格局[81]。随后，每年教育部或有关部门就如何更有效地开展创业教育、培养创新创业型人才陆续出台一系列政策。这些政策在一定程度上营造了良好氛围，指导着创新创业教育的开展。

2012年，教育部在《教育部关于全面提高高等教育质量的若干意见》提出“加强创新创业教育和就业指导服务”的意见，要求“把创新创业教育贯穿人才培养全过程”[82]。同年8月，教育部印发《普通本科学校创业教育教学基本要求(试行)》，对普通本科学校创业教育的教学目标、教学原则、教学内容、教学方法和教学组织进行了整体规划和顶层设计，推动了高等学校创新创业教育的科学化、制度化、规范化建设[83]。经过努力，逐步形成了“政府促进创业、市场驱动创业、学校助推创业、社会扶持创业、个人自主创业”的良好局面[84]。与此同时，高校科技园、创业园、创业基地等就业平台在这一时期大量兴起。截至2013年1月，共有94所高校被认定为国家大学科技园。各类创业教育平台，通过线上与线下、课堂与实训、院校教师与行业专家相结合的教育模式，为大学生提供创意和援助。[85]政府优惠的创新创业政策、基础设施条件的相对完善、各类机构便捷的优质服务，极大地激发了大学生的创新创业热情，形成了蓬勃发展的局面。

2014年9月，李克强总理在夏季达沃斯论坛上提出“大众创业，万众创新”的号召，次年5月，国务院办公厅出台《国务院关于深化高等学校创新创业教育改革的实施意见》，站在国家实施创新驱动发展战略、促进经济提质增效升级、推进高等教育综合改革、促进高校毕业生更高质量创业就业的高度，明确了深化高等学校创新创业教育改革的指导思想、基本原则、总体目标，提出了9项改革任务、30条具体举措[86]。该文件是中国创新创业教育又一个里程碑式的文件，它的出台标志着中国双创教育进入了在国家统一领导下深入推进的新阶段。

信息技术的发展，为高校创新创业教育注入新的活力。2015年10月，教育部与有关部委和吉林省人民政府共同主办了中国首届“互联网+”大学生创新创业大赛。此次大赛以“互联网+成就梦想 创新创业开辟未来”为主题，旨在培育产生基于互联网的新产品、新服务、新业态、新模式，包含“互联网+传统产业”“互联网+新业态”“互联网+公共服务”“互联网+技术支撑平台”等四种类型，旨在敦促大学生紧跟时代潮流，开发出更多基于互联网的创新创业新项目[87]。截至2020年，该项大赛已经成功举办六届。

2016年11月，教育部发布了《关于做好2017届全国普通高等学校毕业生就业创业工作的通知》，并重点提到“深入推进创新创业教育和自主创业工作”，并且在创业教育改革、政策落实、场地、资金投入及服务工作上都进行较为详细的说明[88]。

综上所述，2010年至2018年间，在各省各级政府的大力扶持、引导下，在高校自身的不断探索、实践中，我国创新创业教育逐渐系统化、全面化、科学化。以创业大赛为核心的创业实践重新回归大众视线；以比赛、活动、实践为契机的产学研合作不断融合、逐渐深化，基本上形成创新创业教育的中国模式。

五、双创升级阶段

从1989年到2018年，中国高校创新创业教育历经近三十年的发展已形成燎原之势。在此背景下，2018年，李克强总理在《政府工作报告》中指出，把“双创”推向更大范围、更高层次、更深程度，促进大众创业、万众创新上水平，打造“双创”升级版[89]。同年9月，国务院下发《关于推动创新创业高质量发展打造“双创”升级版的意见》，明确提出了“双创升级”的总体要求与着力促进创新创业环境升级、发展动力升级、平台服务升级、金融服务升级、创业带动就业能力升级、科技创新支撑能力升级、加快构筑创新创业发展高地以及打通政策落实“最后一公里”的主要目标[90]。2021年11月24日，教育部组织中央宣传部、发展改革委等15个部委召开支持大学生创新创业部际工作座谈会，研究从走好人才自主培养之路、从推进双创工作纵深发展认识和把握大学生创新创业工作，推进大学生创新创业工作高质量发展。

由此可见，2018 年至今，我国创新创业教育在量的扩张的同时，逐步实现质的转变。正在从以商业模式创新和消费领域创业为主的 1.0 阶段向以技术创新为核心、生产领域创新创业为重点的 2.0 阶段不断升级演进。创新创业与技术创新、效率变革、产业升级和现代化经济体系建设结合更为紧密，“双创”的主体、领域、模式和成效等也应呈现出不同于“双创”发展初期的重大阶段性特征而发生新的变化，如表 1-3 所示。

表 1-3　双创 1.0 与双创 2.0 的主要特征比较

维度	双创 1.0 时期	双创 2.0 时期
双创主体	少量科研人员和归国留学生、农民工、社会流动人员等	科研人员、有科技成果或项目经验的归国留学生、企业高管、青年大学生等
双创领域	互联网消费领域（电子商务、社交、游戏、旅游等）	高科技生产领域（信息、生物、技术研发等）
双创模式	商业模式创新	科学技术创新
双创成效	解决就业困境 方便网络购物 初步激发创新创业活力	成果转化更为活跃 产业升级结合紧密 推动制造业升级 发展电子商务等现代服务业 催生基于数据的高技术产业
阶段性特征	数量化、大众化发展	高质量、专业化发展

第二章 我国高校创新创业教育存在的问题

第一节 我国高校创新创业教育现状调查研究设计

一、调查意义与调查目标

（一）调查意义

创新的关键在于人才，人才的培养在于教育。我国高校创新创业教育在取得一定成绩的同时，也面临着一些发展困境。要了解我国创新创业教育的现状及存在的问题，必须通过广泛的调研，这有利于高校进一步调整工作重心或加强管理，将创新创业教育工作由“普适化”转变为“精准化”。

（二）调查目标

本章旨在调查和描述高校创新创业教育现状及存在的问题，可分为下述两个研究问题：

（1）如何描述和分析我国高校创新创业教育实施现状？采用文献研究、德尔菲法等研究方法实现。

（2）高校创新创业教育实施现状及问题的具体表现如何？采用问卷调查、深度访谈等研究方法实现。

这两个研究问题又可以细化为若干次级问题：

（1）如何描述和分析我国高校创新创业教育实施现状？

①高校创新创业教育划分的维度是什么？

②高校创新创业教育各维度中包含的核心要素有哪些？

(2)高校创新创业教育实施现状及问题的具体表现如何？

①高校创新创业教育现状如何？

②高校创新创业教育运行中存在哪些具体问题？

③从协同视角剖析产生这些问题的深层原因是什么？

二、调查维度与层次确定

在提出研究问题并对研究问题进行分解后，需要对高校创新创业教育调查维度与要素指标构成进行框架分析和研究设计。为保证指标的全面性，借鉴美国、欧盟高校创业教育评价框架，结合我国高校创新创业教育评价现状，对高校创新创业教育进行较为全面的描述，形成初步的结构层、要素层、测量层三级指标库。

(一)国外高校创新创业教育描述框架

作为创业教育的先行者与领军者，1947 年，美国以哈佛大学开设创业课程为标志开始创业教育探索，其有关创业教育的理论与实践研究成果较多，同时，具有一套完备的教育指标评价体系，为实施者提供可操作的依据。[91]欧盟创业教育经过几十年的发展，已经形成了具有国际影响力的欧洲视角，且欧盟创业教育的起源、“自上而下”的动力驱动及其核心理念，都与我国颇有相似。因此，本书借鉴美国和欧盟创业教育评价标准，在对这些框架进行分析总结的基础上，结合我国本土实际，形成高校创新创业教育分析框架，对我国高校创新创业教育现状进行描述。

1. 美国学者 Vespa 和 Gartner 基于国家质量标准提出美国高校创业教育的评价标准

美国著名创业学者维斯帕(Vespa)和加特纳(Gartner)依据马尔科姆·鲍德里奇(Malcolm Baldrige)的国家质量奖得出了美国高校创业教育的评价框架，如表 2-1 所示。该标准包含创业项目操作计划和战略布局、创业师资和领导的参与情况、数据信息和学生分析、人力资源管理、学生及相关者的满意度、创业教育和商业过程的管理等六个维度及各维度详细的评价指标[92]。

表 2-1 美国学者 Vespa 和 Gartner 基于国家质量标准提出创业教育的评价框架[93]

评价维度	评价指标
创业项目操作计划和战略布局	实施创业计划的内在和外在因素 学生对创业的需求和期望 改变创业项目实施过程中的障碍
创业师资和领导的参与情况	创业教师参与学生的情况 教师和领导是否有明确的目标 大学的管理者和咨询委员会对创业教育的重视程度和参与程度
数据信息和学生分析	学生的表现 商学院和普通院校创业学生的比较情况 利用数据信息分析创业项目是否顺利进行
人力资源管理	教职员工的工作效率和积极性 教职员工为学生服务的情况 创业教师的研讨和训练情况
学生及相关者的满意度	学生的满意度 董事会的满意度
创业教育和商业过程的管理	创业教育的有效性 对此过程的考察情况

2. 美国学者 Robinson 和 Haynes 提出美国高校创业教育评价体系

美国著名创业教育学者罗宾逊(Robinson)和海恩斯(Haynes)代表美国大学创业家组织(ACE)发起了对美国大学院校创业教育的评论，拟通过考察高校所拥有的资源来评价美国高校的创业教育。其研究认为毕业生质量是衡量高校创业教育质量的重要因素之一，并构建了包括对高校开设创业课程的数量、开展的学术项目、高校具备的师资力量与人力资源、高校组织结构设置、学生创业组织和社团协会、学生可能获得的奖学金等六个维度的美国高校创业教育评价体系。美国的《商业周刊》《成功》《创业者》等杂志据此标准对美国高校大学创业教育项目进行每年一次的定期评估，并根据评估结果给出排名。

3. 美国创业教育联盟制定创业教育国家评估标准(AEE)

2004年，美国创业教育联盟在考夫曼基金会的支持下，制定了《创业教育国家评估标准》(AEE，以下简称《评估标准》)，如表2-2所示。《评估标准》旨在给依据实践标准进行创业教育工作的组织机构提供一个衡量的标准，为课程开发和提供者在实践标准中的课程设计理念、教学方法、组织管理给出参考依据，以及用以检查自身应用创业教育国家实践标准的程度。

表2-2　创业教育国家评估标准(AEE)

维度	指标
对创业教育课程设计理念的评估	提供系统性的课程，构建以创业为背景的基础学术课程、经济学基础知识、个人兴趣培养及投资实践、风险管理知识、商业计划指导、职业指导、职业道德原则培养，培养创业在经济中的重要地位的意识
对教学方法的评估	引导式教学、探究式教学、个性化教学、问题式教学、社区化教学，以及其他教授形式，创建创业教育的终身学习模型
对组织与管理的评估	提供专业人才支持环境、保证创业教育工作与创业教育组织者的目标一致性、设置达标的课程体系、建立绩效衡量体系、建立教学评估体系、提供多元化的授课教师、邀请社区企业家参与
实践标准评估总结	创业教育课程设计理念、创业教育的教学方法、创业教育的组织管理

4. 美国学者Vespa和Gartner基于调查反馈提出高校创业教育评价体系

美国学者维斯帕和加特纳开展了一项针对商学院院长(包含美国941所商学院、加拿大42所商学院和270所其他国家商学院院长)的关于大学创业项目排名的调查。通过调查提出对创业教育进行排名的前七个标准：学校开设的创业教育课程、教育师资情况、学校的社会影响力、杰出创业校友参与情况、创业项目、毕业校友创建新企业情况、外部学术联系。如表2-3所示。七因素评价法一经提出，即成为美国评价高校创业教育质量最具影响力的高校创业教育评价体系。

表 2-3　Vespa 和 Gartner 基于对商学院院长调查提出的高校创业教育评价体系

维度	指　标
学校开设的创业教育课程	课程门数、学分分配、教学方法等
教育师资情况	具有博士学位的教师数量、具有创业能力的教师梳理、教师的发表论文及出版著作情况
对社会影响力	创业讲座、学生咨询机构
毕业校友的成就	校友投资、企业合作社会参与情况
创业教育项目自身的创新	创新精神、创业项目的革新
毕业校友创建新企业情况	毕业生创业人数
学者外部学术拓展活动	举(承)办创业领域的重要学术会议、发表学术期刊

5. 欧盟“高等教育机构创业评价”项目框架(HE Innovate)

2011 年，欧盟委员会和经济合作与发展组织共同推动和研发“高等教育机构创业评价”项目作为在线高等教育机构评价工具。该工具的评价对象为高等教育机构，通过机构自评的方式，帮助其认清当前形势以及潜在行动领域，从而最终发掘机构的创业和创新潜力，已有 100 多个高等教育机构参与到评价之中[94]，如表 2-4 所示。

表 2-4　欧盟“高等教育机构创业评价”项目框架

维度	指　标
领导力与治理能力	确保创业议程的实施；创业精神和创新精神的驱动力；支持并鼓励教员和部门更具创业性；全校性协调并整合创业活动的模式
组织容纳力	组织机构间建立协同效应；资金的持续支持；为教职员工的发展助力；招聘和吸纳有创业态度、创业行为和创业经历的个体；激励机制
创业教育和学习	研究成果；通过承认创业研究成果推动创业课程的设计和实施；多样化的教学内容与教学方法以发展教师创业思维及技能

续表

维度	指　　标
对创业者的支持和培养	邀请学术界和行业中有经验的个体做创业导师；提供创业培训；促进创业者融资；创业价值的认识和创业意向培养；提供和促进商业孵化；将产生的创意转化为商业创造
知识交流和合作	积极发展与利益相关者的伙伴关系；为员工和学生提供就业机会，让其参与商业或外部环境的创新活动；与行业、公共部门和社会合作与知识交流；与孵化器、科技园和其他外部项目建立联系；整合了研究、教育和产业活动，发掘新的知识
机构的国际化	国际化是机构创业议程的主要部分；明确支持其教职员工和学生国际流动；教学方法与科研中的国际视野在招聘中体现国际化
测量的影响	定期评价其人员和资源是支持其创业议程的；定期评价其创业议程的影响；定期评价对创办新企业的支持；定期评价整个机构的创业教授和学习；经常评价其与创业议程相关的国际活动；定期评价知识的交流与合作

6. 国外创业教育描述框架综合分析

对上述美国评价创业教育以及欧盟组织中高等教育机构的在线自评共五个评价框架进行梳理，并对各框架维度进行标注分析，如表 2-5 所示，在五个评价框架中，创业项目实践、师资力量与领导的参与情况、人力资源管理、创业课程开设与教学管理、创业组织机构设置五项是共同项，是创业教育评价指标中的重要部分，需予以足够重视。

表2-5　五个框架综合分析

框架	美国学者Vespa和Gartner基于国家质量标准提出美国高校创业教育的评价标准	美国学者Robinson和Haynes提出美国高校创业教育评价体系	美国创业教育联盟制定创业教育国家评估标准(AEE)	美国学者Vespa和Gartner基于调查反馈提出高校创业教育评价体系	欧盟“高等教育机构创业评价”项目框架
校方重视与参与程度	√				√
制度支持			√		√
创业项目设置与战略布局	√	√	√	√	√
创业组织机构设置	√	√	√	√	√
人力资源管理	√	√	√	√	√
专项经费投入		√	√		√
创业师资设置	√	√	√	√	√
创业教育过程管理、监督	√		√		√
创业课程开设	√	√	√	√	√
教学方法			√	√	√
学生及相关者的满意度	√				
数据信息和学生分析	√			√	
学生创业组织和社团协会		√			
社会影响力				√	√
校友参与情况				√	
知识交流与合作					√
机构国际化					√

参考上述分析框架可知，国外高校创业教育的描述框架大体可分为以下七个维度，分别为学校重视及参与程度、战略布局与教学理念、制度建设、组织机构设置、专项经费投入的校方支持体系；包括人才支持环境、师资投入、教师培训、指导与服务学生的人力资源管理体系；包括教学评估体系、

定期测量评价、满意度测评的过程管理体系；包括提供的课程和教学方法在内的课程与教学体系；包括学生创新创业素养、创新创业表现的学生分析体系；包括实践平台搭建、学生组织与社团协会在内的软硬件平台搭建教育环境体系；以及包括教师科研能力成果、校友成就、知识交流和合作、国际化的社会影响力体系，共7个维度，22个分析指标，如表2-6所示。

表2-6　高校创新创业教育描述框架

维度	具体描述指标
校方支持	重视及参与程度、战略布局与教学理念、制度建设、组织机构设置、经费投入
人力资源	人才支持环境、师资投入、师资培训、指导与服务学生
过程管理	教学评估体系、定期测量评价、满意度测评
课程与教学	课程体系、教学方法
学生分析	学生的表现、学生创新创业素养
教育环境	基础设置与基地建设、学生组织与社团协会
社会影响力	教师科研能力成果、校友成就、知识交流和合作、国际化

(二)国内高校创新创业教育描述框架

随着国内高校创新创业教育的发展，涌现出不少具有中国特色的创新创业教育模式，但与西方相比，描述创新创业教育体系的研究尚付阙如，未形成科学合理的创新创业教育描述与评价研究。下面将选取几个有代表性的高校创新创业教育分析框架进行描述。

1. 新时代教育评价改革总体方案

2020年3月，中共中央、国务院印发的《深化新时代教育评价改革总体方案》为新时代高校创新创业教育质量评价改革提供了根本遵循。其要求在进行教育评价时“强化过程评价，探索增值评价，健全综合评价，充分利用信息技术，提高教育评价的科学性、专业性、客观性”，并提出高等学校评价应“推进分类评价……突出生师比、生均课程门数、优势特色专业、学生管理与服务、学生参加社会实践、毕业生发展、用人单位满意度等数量指标”“突出教育教学实绩……把参与创新创业计入工作量”“突出质量导向，重点评价学术贡献、社会贡献以及支撑人才培养情况”[95]。

2. 黄兆信创新创业教育质量评价指标核心框架

温州医科大学黄兆信教授通过“创新创业教育质量评价问卷”对全国 1 231 所高等学校 201 034 名学生和教师进行问卷调查，基于大样本数据，从发展现状评价、最终结果评价及实施过程的评价三个维度构建中国情境下科学合理的创新创业教育质量评价体系[96]。如表 2–7 所示。

表 2–7　黄兆信创新创业教育质量评价指标的核心框架

一级指标	二级指标
现状指标	全面体检
过程指标	组织领导、师资建设、教学管理、机制保障、课程体系、创业实践、创业教育与专业融合
结果指标	师生评价结果

3. 王占仁“广谱式”创新创业教育体系

东北师范大学王占仁教授提出高校开展创新创业教育的基本价值定位为“面向全体学生，结合专业教育，融入人才培养全过程”，并在“大创业观”指导下，构建包括价值体系、课程教学体系、实践教育体系、运行体系和评价体系五个方面内容的“广谱式”创新创业教育体系[97]。如表 2–8 所示。

表 2–8　王占仁“广谱式”创新创业教育的体系框架

一级指标	二级指标
价值体系	大创业观思想、人的自由而全面发展、面向全体学生、结合专业教育、融入人才培养全过程
课程教学体系	多层次立体化的创业教育课程、案例教学、科学设定“广谱式”创业教育目标
实践教育体系	创新创业能力结构、实践教育平台建设、创新创业实践教育竞赛活动、创新创业实践活动与专业实践教学结合
运行体系	教育环境建设、组织管理机制、师资队伍建设
评价体系	长期与短期效果评价相结合、创新创业教育质量、专业教学质量、教学管理、学生学习状态与效果评估

4. 冯霞、侯士兵创业教育评估层次框架

冯霞、侯士兵结合上海交通大学自身创新创业教育的多年实践，构建了由 7 个一级指标、22 个二级指标和 67 个三级指标组成的创业教育评估层次框架[98]。如表 2-9 所示。

表 2-9　冯霞、侯士兵创业教育评估层次框架(简化)

一级指标	二级指标
组织保障	实施方案、组织机构、制度办法
教学培养	通识类课程、提高类课程
实训实践	双创活动、双创载体、双创研发、双创资金
理论研究	创业研究机构、创业研究人员、创业领域的学科建设、创业论文数量、创业课题研究经费
资源整合	政策扶持、产业对接、资金支持、专业服务
国际交流	学习先进的创业人才教育培养模式和经验、引进专业人才、建立国际化创新创业教育资源网络
成果转化	科技成果转化与双创教育和人才培养相结合、科技创新支撑创业实践、产学研合作

5. 基于柯氏模型的高校创新创业教育体系

东北大学贾建锋、姚旭生基于消费者导向评价模式理论，将柯氏评估模型的框架引入到创新创业教育评价体系的构建中，从反应层、学习层、行为层和结果层四个层面出发，构建了具有 4 项一级指标、9 项二级指标和 22 项三级指标的高校创新创业教育评价体系[99]。如表 2-10 所示。

表 2-10　贾建锋、姚旭生基于柯氏模型的高校创新创业教育评价体系

一级指标	二级指标	三级指标
反应层	课程体系	课程内容设置、课程机构安排
	师资队伍	教师教学能力、教师队伍构成
	环境建设	基础设施、经费支持、文化氛围
	学生自身	创业自我效能
学习层	创新能力	创新思维能力、创新学习能力
	创业能力	创业综合能力、创业专业能力
行为层	理论运用	学术论文撰写、发明专利申请
	实践运用	活动竞赛参与、企业实习、社会实践
结果层	组织成果	竞赛获奖次数、论文发表数量、专利授权数量、创业率、创业增长率

(三)高校创新创业教育描述指标体系构建

结合上述文献分析与质性研究方法，从以下三个步骤确定高校创新创业教育调查维度与描述指标体系。

首先，通过上述国内外高校创新创业评价指标文献及我国政策性文件的全面梳理，围绕教育过程中的五要素加教育评价，即“谁来学”(教育者)、“谁来教”(受教育者)、“教/学什么”(教育内容)、“如何教/学”(组织方式)、“学习条件”(教育环境)，以及教育效果的评估“怎么样”为基本框架，总结、提炼，形成初步的结构层、要素层、测量层三级指标库；

其次，围绕“高校创新创业教育的表现形态是什么”及“上述评价指标体系能否完整描述以高校创新创业教育”两个核心问题，形成高校创新创业描述指标体系结构图；

再次，根据高校创新创业描述指标体系结构图，设计访谈提纲，选取“全国创新创业典型经验高校50强”和“创新创业试点高校”中创新创业学院院长、主管创新创业教育的行政管理人员及骨干教师、大学生进行深度访谈，挖掘师生对创新创业教育的潜在需求及意见，对指标库进行查漏补缺，形成最终高校创新创业教育描述指标体系结构图，如图 2-1 所示。

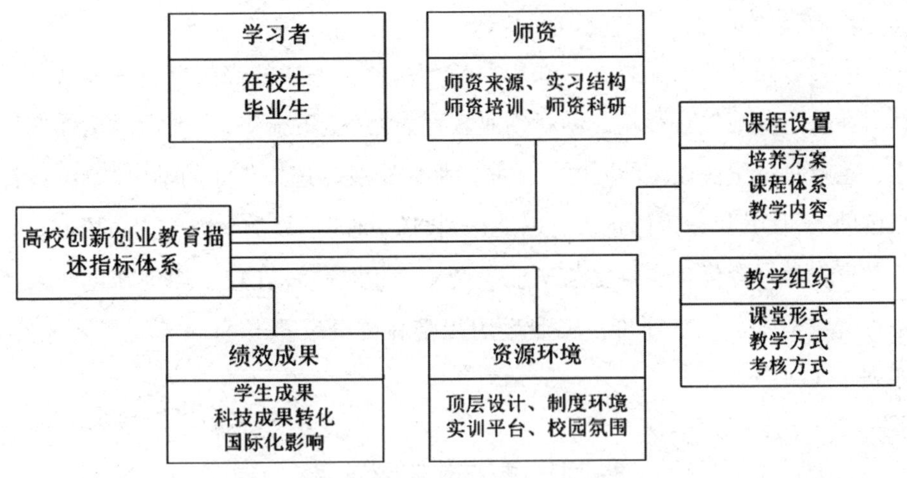

图 2-1 高校创新创业教育描述指标体系结构图

“谁来学”：学习者是高校提供创新创业教育、培训、服务、咨询和援助的对象，是创新创业教育的主体，这里包含在校生与毕业生两大群体。

“谁来教”：教育师资是创新创业教育的另一主体，可以从师资来源(如企业管理者、创业校友等)、师资结构(即教师年龄、专业背景、职称结构等)、师资接受培训的情况和教师完成科研情况四方面全面描述。

“教/学什么”：创新创业课程及其内容设置，包含培养方案制定、课程体系的构建和教学内容的选择三方面。

“如何教/学”：教学组织方式，包括课堂组织形式、教学方式和考核方式三方面。

“学习条件如何”：教育资源环境，包括学校办学方向等顶层设计、规章条例等制度环境、实训平台等硬件环境，以及校园氛围等软件环境四部分。

“效果如何”：教育成效、教育效果，可以从所培养的学生、高校科研成果转化所服务行业、区域经济的贡献及对国际影响三方面来体现。

对评价指标库中指标的全面性、代表性和可测性开展专家意见征询，筛选关键评价指标，经过两轮征询、反馈、修订闭环过程，专家一致性达到 0.85，获得高新创新创业教育描述框架，其包含 7 个一级结构指标，22 个二级要素指标和 53 个三级测量指标。53 个测量指标中，51 个为定量评价指标，

2个为定性指标。

1. 学习者指标

学习者是创新创业教育的实施对象与主体，一般的高校创新创业教育只针对在校生实施教育影响，创新创业教育强调“全覆盖”，即在面向全体在校生，惠及每一位在校生的同时，主张对那些毕业时选择创业的学生“继续教育与援助”，使其快速走向正规，以期达到“送一程”的目的。因此，高校创新创业教育中学习者包含在校生与毕业生两个学生群体。在校生用创新创业教育是否覆盖全体学生来评价，毕业生用接受高校继续指导与服务情况来评价，如表2-11所示。

表2-11　学习者维度的评价指标

结构指标	要素指标	测量指标
学习者	在校生	创新创业教育是否覆盖全体学生
	毕业生	毕业生接受高校继续指导与服务情况

2. 双创师资指标

教师是教育的实施者，学生学习的促进者与引导者，是人才培养工作中的核心资源。一流的师资是一流教育的保障。高校创新创业教育师资可以从师资来源、师资结构、师资培训、师资科研四个方面来描述。(1)师资来源，只由高校专任教师和学生工作者组成的创新创业教师队伍，由于缺乏学科知识和实践经历，不能适应创新创业教育需求，因此需将企业高管、创新创业楷模、优秀校友等都纳入师资体系中，同时充分发掘校际、网络师资，形成广阔的教师共享网络；(2)师资结构，其测量指标为：师生比与专兼职教师数、教师学术背景跨学科、年龄与职称分布；(3)师资培训，即提供高质量的创新创业师资培训，以提高教育质量和效益；(4)教师科研，即教师成立创新创业教育研究室、组织研究力量情况以及教师在创新创业领域发表论文数、课题、论文被引、出版专著情况及相关获奖情况、专利授权情况。如表2-12所示。

表 2–12　师资力量维度的评价指标

结构指标	要素指标	测量指标
双创师资	师资来源	高校教师、企业高管、创新创业楷模、优秀校友等
		校际、网络师资共享
	师资结构	师生比、专兼职教师数
		教师学术背景
		年龄、职称分布
	师资培训	提供高质量的师资培训
	教师科研	成立创新创业教育研究室、组织研究力量
		在创新创业领域发表论文数、课题、论文被引、出版专著情况及相关获奖情况、专利授权情况

3. 课程设置指标

创新创业课程是创新创业教育的客体，由培养方案、课程体系和教学内容三部分组成：培养方案的描述指标包括将创新创业教育贯串人才培养全过程、以发展创新创业素养为导向、将创新创业教育与专业教育深度融合、学生可跨学院、跨学科、跨专业选课以及明确课程学分学时及学分转换五部分内容；课程体系包含“通识型”创新创业启蒙教育课程、与相关专业结合的“嵌入型”教育课程、“专业型”创业管理教育课程、“职业型”创新创业“继续教育”课程以及引进和建设网络在线课程；教学内容着重体现对学生创新创业精神的培养、意识的唤醒与能力的提升。如表 2–13 所示。

表 2-13　课程设置维度评价指标

结构指标	要素指标	测量指标
课程设置	培养方案	将创新创业教育贯串人才培养全过程
		以发展学生创新创业素养为导向
		将创新创业教育与专业教育深度融合
		学生可跨学院、跨学科、跨专业选课
		明确课程学分学时及学分转换
	课程体系	开设“通识型”创新创业启蒙教育课程
		开设与相关专业结合的“嵌入型”教育课程
		开设“专业型”创业管理教育课程
		开设“职业型”创新创业“继续教育”课程
		引进和建设网络在线课程
	教学内容	创新创业精神、创新创业意识、创新创业能力

4. 教学组织指标

有效的教学组织可提高教育效率与效果，创新创业教育教学组织可从课堂形式、教学方式和考核方式三方面评价：①课堂形式，即除传统课堂讲授、项目实践外，还应包含专家讲座、疑难问答活动、沙龙等多种教学形式；②教学方式，灵活运用个性化、引导式、问题式、探究式、社区化等多种教学方式；③考核方式，采用传统考试形式的同时，也可采用商业计划、调研报告、具体实践等多途径进行考核。具体如表 2-14 所示。

表 2-14　教学组织维度评价指标

结构指标	要素指标	测量指标
教学组织	课堂形式	课堂讲授、项目实践、专家讲座、疑难问答活动、沙龙等
	教学方式	个性化教学、引导式教学、问题式教学、探究式教学、社区化教学等
	考核方式	商业计划、调研报告、具体实践等多途径

5. 教育教学环境指标

教育环境指标包含顶层设计、制度环境、实训平台硬件环境和校园氛围软件环境四部分，具体为：①顶层设计。作为高校人才培养规划的“方向盘”，只有制定科学、合理的顶层设计，才能实现对创业教育的总体把控，将办学理念贯串人才培养的全过程。可从校领导重视、参与创新创业教育、把创新创业教育纳入高校人才培养总体框架、成立创新创业学院、设立校院两级创新创业工作领导小组、设立专门的创新创业服务中心五方面评价；②制度环境。具体测量指标为：多学院、多部门协同配合，服务机构有详细的人员分工与任务划分，制定学校层面相关制度文件；设立创新创业奖学金、创业基金、项目孵化种子基金等专项经费用于创新创业教育，制定科学合理考评机制、激励机制、教学评估体系等；提供继续指导跟踪服务，即对创业学生建立个人档案，毕业后仍提供指导跟踪服务；③实训平台。其测量指标为：设立创新创业类项目，积极宣传、组织、承办创新创业大赛，高校自主建设或校企合作创办创新创业教育基地，入驻团队数量及实践基地开放率；④校园文化氛围等软件环境，其测量指标为：成立创新创业类学生组织与社团协会并扶持发展，通过微信公众号、网站或广播形式发布创新创业类讲座、课程、竞赛等信息。详见表 2–15 所示。

表 2–15　教育教学环境维度评价指标

结构指标	要素指标	测量指标
教育资源环境	顶层设计	校领导重视、参与创新创业教育
		把创新创业教育纳入高校人才培养总体框架
		成立创新创业学院
		设立校院两级创新创业工作领导小组
		设立专门的创新创业服务中心

续表

结构指标	要素指标	测量指标
教育资源环境	制度环境	多学院、多部门协同配合
		服务机构有详细的人员分工与任务划分
		制定学校层面相关制度文件
		有专项经费投入创新创业教育
		制定科学合理考评机制、激励机制、教学评估体系等
		提供继续指导跟踪服务
	实训平台	设立创新创业类项目
		积极宣传、组织、承办创新创业大赛(如学科竞赛、创业大赛)
		高校自主建设或校企合作创办创新创业教育基地
		入驻团队数量及实践基地开放率
	校园氛围	成立创新创业类学生组织与社团协会并扶持发展
		通过微信公众号、网站或广播形式发布创新创业类讲座、课程、竞赛等信息

6. 绩效成果指标

作为衡量高校创新创业教育实施效果的手段，可以从学生成果、高校科研成果转化情况、国际化三方面描述创新创业教育绩效成果：学生成果，其测量指标为在校生及毕业校友创办企业情况；高校科研成果转化情况，其测量指标为各级各类创新创业大赛、活动的省级以上获奖情况，创业课程获得省级以上奖励数量，创新创业模式被其他高校借鉴情况，科研成果转化对行业、区域经济发展贡献情况、被政府采纳的次数；国际化，即教师与学生的国际交流、招聘中的国际化、教学方法与科研中的国际化，以及组织、承办创新创业类大赛或重要学术会议、出版学术期刊情况，详见表 2-16。

表 2-16　绩效成果维度评价指标

结构指标	要素指标	测量指标
绩效成果	学生成果	在校生创办企业情况
		毕业校友创办企业情况
	高校科研成果转化情况	各级各类创新创业大赛、活动的省级以上获奖情况
		创业课程获得省级以上奖励数量
		创新创业模式被其他高校借鉴情况
		科研成果转化对行业、区域经济发展贡献情况
		被政府采纳的次数(国家、省、市、县)
	国际化	教师与学生的国际交流、招聘中的国际化、教学方法与科研中的国际化
		组织、承办创新创业类大赛或重要学术会议、出版学术期刊

三、调查方式与样本选取

(一)调查方式

本次调研以问卷调查和深度访谈为主，辅之以实地考察。量化研究与质性研究相结合，以便对高校创新创业发展现状获得更全面、科学的掌握。

1. 问卷调查

(1)问卷设计

围绕上述高校创新创业教育描述指标体系设计问卷内容。在高校创新创业教育中，学生、教师、管理人员、研究人员、企业等都是参与主体，其中学生和教师是高校创新创业教育中开展创新竞赛、创业实践、教育培训等各种教育活动最主要的群体。因此，按照教师群体、学生群体特点，设计了三份调查问卷："高校创新创业教育现状调查问卷(高校版)"(详情参见附录一)、"高校创新创业教育现状调查问卷(教师版)"(详情参见附录二)与"高校创新创业教育现状调查问卷(学生版)"(详情参见附录三)。考虑到创新创业教育的整体实施和组织情况主要由学校管理部门负责，因此"高校版"采用一校一份的形式填写，对教师和学生的问卷则通过一定的样本数量来考察师生在创新创业教育中的认知和体验。这从三类主体的视角了解当前我国高校创新创业教育发展现状与存在的问题，并为后续创新创业教育协同机制相关研究提供数据支持与信息参考。

问卷的整体结构设置为三部分：

一是被调查高校、教师或学生的基本信息；

二是客观题，包括高校创新创业教育所涉及的各个测量指标要素；

三是开放式问题，请师生谈谈高校创新创业教育存在的问题，并提出建议，供定性分析时参考。

(2)调查程序

本次调研通过问卷星发放，问卷为电子自填式问卷。被测者根据自己的时间安排答题并在规定时间内提交，具体步骤为：

首先，根据研究目的和研究假设设计问卷调查，并采取专家访谈的形式对问卷进行效度咨询，征求行业专家意见，按照三类群体进行问卷设计(高校版、教师版、学生版)。

其次，对问卷进行预测试，以Y大学T学院和S学院等师生为施测对象，将问卷发放给部分师生，征求他们对问卷结构及测试问题的意见，在此基础上进行修正与编制。

再次，确定调查对象。为了保证问卷回收的数量和质量，研究者通过走访、电话及邮件的形式与施测高校取得联系，提前告知被测师生填写及说明调查目的、调查方式和填写要求。由于事先联络，调查者配合度较高，有利于更好地实现调查目的。本次调研保留完整的原始答卷记录，保证了问卷的有效性。我们逐个梳理原始答卷，只保留有效答卷，使统计数据更加准确。

最后，对问卷进行回收，利用SPSS对所收集的数据进行整理、归类和分析。

2. 深度访谈

通过问卷调查，本研究将获取高校创新创业教育发展的一手数据，从管理者、教师和学生的角度对高校创新创业教育现状有一定了解。但是受样本选取的限制及变量设定的有限性以及问卷的效度和信度等原因，针对问卷调查中尚未涉及或尚未了解清楚的问题，又开展了深度访谈与实地考察。研究采用的是半结构式访谈，对一些无法用数据体现和反映的数据进行分析，并作为问卷调查的补充对当前现状有更全面、科学的掌握。

(1)访谈设计

在查阅整理大量文献基础上，围绕研究主题与调查框架编制了访谈提纲(详见附录四~附录七)。访谈提纲主要有两部分：一是收集受访者的基本信息；二是关于创新创业教育现状的问题。

根据访谈提纲，梳理出不同访谈对象访谈内容与侧重点，如表2-17所示。访谈以面对面访谈、视频访谈或电话访谈为主。在访谈结束后，在部分调研高校还进行了实地的走访与考察，重点考察了高校创新创业教育课堂教学、组织运行、设施条件情况等。

表2-17　不同访谈对象访谈内容

类型	政府、企业、科研机构、金融机构、科技中介、孵化基地等“双创”管理人员	高校中主管创新创业教育的(副)校长或创新创业学院(副)院长	高校从事创新创业教育与管理的骨干教师	有一年以上创新创业经历的在校生
个性问题	各省及地方相关政策制定情况；各部门对内对外职能分工与协作情况；社会经费投入、平台搭建、环境创设情况等	高校重视程度；政策制定、组织机构设置及管理运行情况；校内课程开设、师资结构、平台建设、资金投入、环境创设情况	教学组织情况；学生参与情况；学生成果情况	学生参与创新创业教育情况；参与创新创业课堂体验、实践活动的体验评价等
共性问题	1. 对高校创新创业教育的认识和理解 2. 对高校创新创业教育开展中面临的主要困难、问题以及建议			

关于研究效度的检验手段，研究采用参与者检验法进行信度检验，即研究者将研究结果反馈给研究对象，如果参与者对研究者所做的结论有不同看法，或者认为研究者误解了他们所做的事和所说的话，研究者应该尊重他们的意见，对结论进行修改[100]。因此，在访谈结束后，将整理后的访谈资料反

馈给受访者，请受访者对访谈真实性和访谈文本符合度进行打分评估及提出修改建议。最终，29 位受访者反馈的打分情况，说明本次访谈具有良好的信度。

(2)访谈程序

对研究对象的访谈主要以面对面访谈、视频访谈或电话访谈为主。访谈历时六个月，每位访谈对象的访谈时间为 20～35 分钟，所有访谈都在征询受访者的同意后用录音笔进行了录音，并根据受访者的不同情况和现场表现，适当调整或追加访谈问题，以尽可能全面掌握调研信息。访谈过程中，对于受访者的神态语气、动作表情也进行随时记录。访谈结束后，及时对访谈资料进行转录整理，并使用 NVivo11 软件进行聚类分析和主题编码。最后，对归纳概括而成的理论框架进行深入分析。

除深度访谈外，研究者还通过观察与实物收集的方式，参与大学生创新创业者的日常学习生活、项目讨论、活动组织、比赛等活动，观察、记录了他们的日常工作，并收集了他们的创新创业计划书，工作简报，实验室/孵化基地内部宣传、展示资料及创新创业成果。

(二)样本选取

1. 问卷调查样本选取

由于各省市高校所处地域环境不同，区域经济发展不一，创新创业教育发展模式也各有特色。因此，本调查以陕西省为例，选取陕西省获得“全国创新创业典型高校”和“创新创业试点高校”的六所高校与六所普通高校为研究对象进行调研。具体原因：第一，教育资源丰富。陕西省作为全国高等教育大省，每年向周边地区输送数以百万计的优秀人才，对服务地方经济、激活区域活力发挥重要作用；第二，政府大力支持。陕西省政府大力支持大学生创新创业教育工作，并颁布多项政策予以支持、保障；第三，高校积极推进。陕西省各高校高度重视创新创业教育，以大学生创新创业训练计划项目等为有效载体，建立各具特色的创新创业理论和实践教育体系；第四，社会氛围浓厚。陕西创新创业联盟于 2015 年成立，主要引导广泛社会资源支持创新创业，发现、培养、扶持和助推高素质创新创业团队和高成长性科技企业发展。此外，共青团陕西省委、陕西省科协、中国建设银行陕西省分行等都曾联合主办过陕西省各类创新创业大赛，社会创新创业氛围浓厚；第五，调研样本具有代表性。研究所选择的十二所高校涵盖一流大学、普通高校、民办院校，学校类型丰富，调查范围及层次都具有一定的可靠性与代表性。且这十二所高校分别分布在陕西省陕南、陕北、关中地区，在一定程度上可以代表陕西地区整体现状。

具体调查对象是：

(1)高校主管创新创业教育的(副)校长或创新创业学院(副)院长；

(2)高校从事创新创业教育或管理的骨干教师；

(3)至少有一年以上创新创业经历的在校生或毕业生。

2. 深度访谈样本选取

质性研究中样本数量的选取，一般以收集的资料数据能充分反映研究目的为目标，研究样本不要求过多。根据典型的扎根理论，一般以 10~60 个参与者为宜。因此，在设计访谈方案时，选择有一定代表性的对象，同时充分考虑性别、学历、职称、岗位等因素，选择了 42 人进行深度访谈，包括政府、企业、科研机构、金融机构、科技中介和孵化基地等机构的管理与工作人员，高校从事创新创业教育管理的人员，创新创业教师和参与过创新创业教育的在校学生等四类人员。考虑到对创新创业教育的整体性情况的了解，访谈主要以创新创业教育的管理者为主，占到访谈人数一半以上。深度访谈样本选取情况如表 2-18 所示。

表 2-18　深度访谈样本选取情况

主体	样　　本	样本数
政府	省教育厅、科技厅、财政厅等相关行政管理人员	8
企业	校企合作的企业中有指导学生创新创业经验的企业人员	9
科研机构	与高校有科研合作的研究院所中有指导学生经验的科研人员	3
金融机构	有创业毕业生贷款业务的部分银行	3
科技中介	专业中介公司职员	3
孵化机构	社会孵化机构工作人员	2

续表

主体	样　本	样本数
高校	有三年以上创新创业经验且目前仍在创业中的大学毕业生及高校主管创新创业教育的(副)校长、创新创业学院(副)院长、从事创新创业教育与管理的骨干教师	14

四、数据回收与数据处理

本次调研历时六个月(2021 年 7 月初至 2021 年 12 月底)，面向陕西省 12 所高校教师生及高校创新创业教育主体的管理及工作人员。

调查问卷采用问卷星进行线上调查，问卷回收情况如表 2-19 所示，符合抽样调查要求。利用 SPSS 对所收集的数据进行分析、归类和整理，我们了解了高校创新创业教育的发展现状、问题及师生对创新创业教育的态度、意见、建议等多方面的情况。

表 2-19　调查问卷回收情况

问卷	调查者	回收份数	有效份数	有效率
高校创新创业教育现状调查问卷(高校版)	高校管理者	24	24	100%
高校创新创业教育现状调查问卷(教师版)	专任教师	120	112	93. 33%
高校创新创业教育现状调查问卷(学生版)	学生	654	603	92. 20%

访谈数据收集整理：每次访谈结束后，及时将录音稿转录为文字稿件，并保持最大程度的客观性。同时，将受访者访谈时的神态语气、动作表情等作为备注记录。经过资料的收集和整理，最终 42 位受访者访谈所用总时长为 1 723 分钟，其中最长时间为 52 分钟，最短时间为 23 分钟，平均时长 41 分钟，形成访谈文字共计262 385个字。在 Nvivo 11 软件中将上述访谈文稿全部导入，以便分析访谈资料。

第二节　我国高校创新创业教育现状调查结果描述

一、调查结果

(一)高校创新创业教育政策扶持情况

自1999年教育部颁布我国首份大学生创业政策至今已三十余年。三十年来，各省各级政府及相关机构相继出台了一系列鼓励并扶持大学生创新创业的政策。根据调查结果，结合中国政府网“双创政策库”、国家创新创业政策信息服务网等权威政策发布平台发布的与大学生创新创业相关度较高的政策，共同勾勒出我国创新创业教育的政策扶持情况。

1. 政府层面

近年来，国务院及各部委高度重视高校创新创业问题，几乎每年都会发布一定数量的政策文件予以支持和引导。自2014年，李克强总理发出“大众创业，万众创新”的号召后，又多次在相关会议和报告中解释和强调创新创业。因此，2014年和2015年，国家出台的与“双创”相关的政策文件数量较往年大幅增加。随后，中央层面出台的双创政策数量逐步缩减，而各部委出台政策数量明显增加，这说明中央在搭建好创新创业政策的总体框架后，还需各部委、各机构进一步细化与完善。

从双创政策发布部门来看，近十年参与制定和发布创新创业教育政策的国务院部门就超过20个，如图2-2所示。教育部、人社部、财政部、工信部等多部门都发挥自身作用支持大学生双创工作。其中教育部、人社部、财政部和国家税务总局四部门发布的政策数量最多，为主要制定和发布单位，在高校双创工作中发挥着重要的作用和影响。随着“双创”教育的深入发展，发布双创政策的部门和机构也渐渐增加，越来越多的部门加入到支持大学生创业的队伍中来。

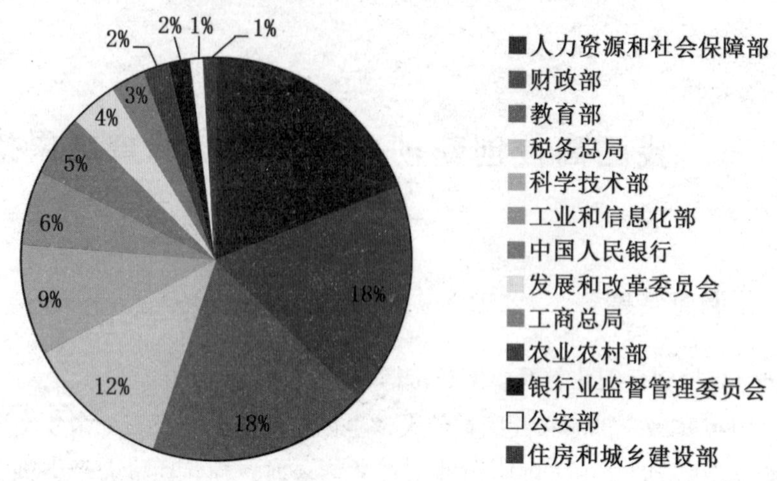

图 2-2　我国高校创新创业政策发布部门情况[101]

从双创政策的主要内容来看，国务院颁布的双创政策多是宏观层面的意见和通知，各部委发布的双创文件则是根据各自工作职能对上级文件的进一步落实和细化。国务院及各部委发布的双创政策主要围绕以下三个方面：①双创教育政策。该类政策拟通过丰富双创教育组织形式、创新双创考核和学籍管理制度、提高双创师资教育能力、提升大学生实践能力等方式，达到提高大学生创新创业能力的目的，如《国务院办公厅关于深化高等学校创新创业教育改革的实施意见》[102]；②税收优惠政策。通过免税、减税等税收措施减轻大学生的创业压力，从而提高创业的成功率，如《财政部国家税务总局人力资源社会保障部关于继续实施支持和促进重点群体创业就业有关税收政策的通知》[103]；③金融服务政策。旨在通过创新和完善融资服务，提高金融服务水平、拓宽融资渠道、降低融资压力，如《中国银保监会关于完善和创新小微企业贷款服务 提高小微企业金融服务水平的通知》[104]。

各级地方政府为响应并贯彻落实中央相关文件精神，相继出台了多项政策以鼓励高校创新创业教育，这些政策的制定经历了从缓慢探索到逐渐深入的发展过程。以陕西省为例：2014 年，陕西省人社厅、发改委、教育厅等 13 部门联合印发《陕西省大学生创业引领计划实施方案(2014—2017)》的通知，决定组织启动新一轮大学生创业引领计划，并对指导思想、目标任务、政策措施、工作要求等作出明确说明[105]。2016 年，陕西省科技厅发布《陕西“众创空间”孵化基地建设实施方案》，大力推进陕西“众创空间”孵化基地建设，支持校企合作，共建新型研发平台[106]。同年，陕西省政府立足本省建设创新型省份实际，加快推动众创、众包、众扶、众筹等新业态、新模式发展，颁布《大力推进大众创业万众创新工作的实施意见》，提出深化体制机制改革、充分激发人才活力、着力拓宽融资渠道、加快构建众创空间、完善公共服务功能、积极营造发展环境、强化组织体系等举措[107]。同时，陕西省委、陕西省人民政府印发《陕西省促进科技成果转化若干规定(试行)》的通知，要求深入实施创新驱动发展战略，加快促进科技成果转化，等等[108]。有关陕西省、西安市高校创新创业政策文件部分汇总如表2-20、表2-21所示。

表2-20　陕西省创新创业政策文件汇总(部分)

文件名称	文号
陕西省大学生创业引领计划实施方案(2014—2017)	陕人社发〔2014〕65号
陕西“众创空间”孵化基地建设实施方案	陕科高发〔2015〕163号
陕西省科技厅关于“四主体一联合”省级工程技术研究中心建设要求	陕科发〔2016〕12号
陕西省科技厅关于陕西省工程技术研究中心提升工作方案	陕科发〔2016〕12号
陕西省科技厅支持校企合作共建新型研发平台工作指引	陕科发〔2016〕11号
关于支持众创空间建设发展促进科技型创业的行动方案(2016-2020)	陕科高发〔2016〕114号
关于实施高等学校创新创业教育推进计划的意见	陕教高〔2016〕4号
大力推进大众创业万众创新工作的实施意见	陕政发〔2016〕10号
大力发展电子商务加快培育经济新动力的实施意见	陕政发〔2016〕8号
陕西省促进科技成果转化若干规定(试行)	陕发〔2016〕24号
关于进一步激发人才创新创造创业活力的若干措施	陕办发〔2017〕5号
关于创新管理优化服务培育壮大经济发展新动能加快新旧动能接续转换的实施意见	陕政办发〔2017〕101号
关于开展促进高校毕业生就业创业十大行动的通知	陕政办发〔2020〕12号
陕西省人民政府办公厅关于切实做好高校毕业生等青年就业创业工作的通知	陕政办发〔2022〕26号

表 2-21　西安市创新创业政策文件汇总(部分)

文件名称	文号
西安市人民政府关于推进大众创业万众创新的指导意见	市政发〔2015〕24 号
西安市人力资源和社会保障局西安市财政局关于印发西安市创业孵化基地(园区)认定管理实施办法的通知	市人社发〔2015〕243 号
西安市人力资源和社会保障局关于建立西安市大学生创业实训基地的通知	市人社发〔2015〕118 号
西安市关于全面推进小微企业创业创新基地城市示范支持政策	市政办发〔2016〕104 号
西安市人民政府办公厅转发市财政局关于全面推进小微企业创业创新基地城市示范支持政策的通知	市政办发〔2016〕104 号
西安市推进“5552”众创载体建设实施方案	市办字〔2017〕127 号
“创业西安”行动计划(2017—2021)	市办字〔2017〕125 号
西安市支持创业的十条措施	市办字〔2017〕126 号
西安市人民政府办公厅关于进一步鼓励吸引高校毕业生在西安就业创业的意见	市政办发〔2017〕112 号
西安市人民政府办公厅关于进一步做好高校毕业生等青年群体就业创业工作的通知	市政办发〔2022〕46 号

梳理近年陕西省、西安市出台的扶持高校创新创业的相关政策，其主要呈现以下特征：首先，降低门槛，放宽条件，在税收及工商注册方面提供优惠政策；其次，通过一次性补贴、贴息、小额担保贷款、就业奖励等方式，多渠道筹措双创资金；再次，通过建立学分置换、双创导师制度，搭建双创平台等方式，加强对高校创新创业的教育、指导及服务力度；最后，通过传统媒体和新媒体大力宣传创新创业政策，打造浓郁的双创社会氛围。

2. 高校层面

高校作为创新创业教育的主要实施者扮演着重要角色。调查结果显示，陕西省各高校能积极落实各省有关创新创业教育的文件精神，成立创新创业教育工作领导小组，并由校长、主管教学的副校长担任组长、副组长，教务处、科研处、团委、学工处等相关各二级部门的主要负责人为成员，形成各部门齐抓共管、全校共同关注的良好局面。同时，高校依托教务处、学工处、团委或联合企业、研究院成立创新创业学院，为创新创业教育的统筹规划奠定了组织基础。其次，92%的高校出台校级《创新创业教育改革实施意见》《创业基金管理办法》《创新奖励学分管理办法》《大学生自主创业保留学籍的规定》等一系列配套政策，从机构、人员、场地、经费等方面扶持大学生创新创业。具体内容如下：一是设立专项经费，通过设立创新创业专项基金、奖学金和争取校友、社会捐赠等途径，多方筹集双创资金；二是搭建创新创业实践平台，与企业、研究所合作，建设创新创业实践教学基地，在实际操作中提升学生创新创业能力；三是成立创新团队，设立“创新团队发展计划”等，自校内选拔优秀师资成立创新团队，指导、服务大学生双创活动；四是实施弹性学制，允许学生保留学籍休学创新创业；五是成立创新创业协会、双创服务中心、双创俱乐部等专门机构对大学生双创给予指导和服务；六是加强宣传引导，通过校内外新闻媒体、各类创新创业活动等，营造浓郁的创新创业氛围。

（二）高校创新创业教育课程体系情况

2014年，陕西省人社厅、发改委、教育厅等十三部门印发《陕西省大学生创业引领计划实施方案（2014—2017）》要求“有条件的高校要积极开发开设创新创业类课程，并将其纳入人才培养方案和学分管理”。[109]然而，通过查阅陕西省各高校本科教学质量报告、公开发布的新闻、学校主页、教务处网站，以及陕西省教育评估研究中心发布的《陕西省普通高校创新创业教育监测报告》及《2022届毕业生就业质量评估报告》发现：截至2022年年底，陕西省高校开设线上线下创新创业教育课程869门，其中必修课325门，选修课544门。90%以上的本科高校都开设了创新创业教育课程。但各高校开设课程的情况良莠不齐，且基本上集中在开设1~5门课，只有少部分高校开设8~10门课程，如D大学、S大学、G大学、N大学开设创新创业类课程3门。J大学开设“创业管理与实践模拟”“医学情怀与职业能力导论（基于德能双育的医学生职业能力培养课程）”“胰腺疾病和“互联网+”创新实践”等10门课程。调查中有82%的学生参与过顶岗实习/假期实习/课外兼职、75.25%的学生参与过社会实践活动、89.66%的学生参与过各级各类创新创业大赛、95.25%的学生参与过学生社团活动、57.56%的学生参与过培训与咨询、91.63%的学生参与过课程或讲座、35.62%的学生参与过孵化基地、34.58%的学生参与过模拟创业活动，并且95.24%的学生都认为这些活动是有助于创新创业教育能力提升的。这也在一定程度说明高校的创新创业教育课程体系建设得到了相应的发展。

另外调查结果显示，陕西省高校双创课程设置的形式和内容主要呈现三个层次：一是旨在激发大学生双创动力和兴趣、培养大学生双创思维和意识的面向全体学生的通识类课程；二是旨在提高大学生基本理论知识、技能的面向部分有双创意愿和潜质的选修类课程；三是旨在培养学生的双创实践能力，以活动、项目、赛事为主的活动类课程。后期，陕西省将加大力度建设一批"专创融合""思创融合"的省级特色示范课程。

（三）高校创新创业教育服务体系情况

近年来，陕西省政府、高校及社会各界高度重视创新创业教育。陕西省政府把创新创业教育纳入"十四五"高等教育综合改革、作为"四个一流"建设的重要支撑进行系统部署，全面推进高校创新创业教育改革融入人才培养全过程[110]。目前，已初步形成了"政府主导、学校联盟、社会参与"服务支持体系。

首先，发挥双创平台作用。加速"两链"①深度融合。充分发挥本省秦创原创新驱动平台、丝绸之路国际产学研用合作会议平台、国家级大众创业万众创新示范基地等双创平台作用，建立大学生双创项目与平台有机衔接机制，促进科技成果转化。一方面构建以地方政府为主导的"环大学创新经济圈"，规划和布局高校周边产业。另一方面，促进行业企业、科研院所及其他相关公共服务机构结合自身人才、资本、技术等方面的优势，建设一批集研发、投资、孵化于一体的高校创新创业培育中心、科技产业园区和互联网双创平台等。如，G大学联合三所法国著名工科大学——特鲁瓦技术大学、贡比涅技术大学、贝尔福-蒙贝利亚技术大学组建新侨创新创业基地"工程联合实验室"；W职院贴近农业产业办学思想，与大荔冯村共建"农村电商创新创业基地"，进一步促进了学院产学研一体化发展，也是学院创新创业教育与农村发

① "两链"指产业链和创新链，两链融合是指围绕产业链部署创新链，围绕创新链布局产业链。

展相结合的重要成果。

其次，推进高校实践平台建设。鼓励各高校结合自身学科专业特色及优势，对接陕西经济发展需求，建设一批有鲜明特色的校内实践育人基地，并联合相关行业企业建设产学研联合研发中心、校外实践教学基地等。2015年—2018年陕西省共建设四批创新创业实践教育基地，入选高校27所，如表2-22所示。2022年度，评选西安交通大学等15所高校为陕西省高等学校创新创业学院建设单位，西北工业大学等15所高校为陕西省高等学校创新创业教育实践基地建设单位，如表2-23所示。预计“十四五”规划期间评定50个省级特色创新创业训练基地及300个省级大学生校外创新创业实践基地。

表2-22　2015—2018年陕西省高校实践育人创新创业基地

入选年份	批次	入选单位
2015年	第一批	西北大学、西安理工大学、西安邮电大学、西安外事学院、杨凌职业技术学院
2016年	第二批	西北工业大学、陕西师范大学、长安大学、西安建筑科技大学、西安工业大学、西安工程大学、西安美术学院、西安航空学院、西京学院
2017年	第三批	西安科技大学、西安石油大学、商洛学院、西安翻译学院、陕西服装工程学院
2018年	第四批	西安外国语大学、陕西理工大学、咸阳师范学院、安康学院、西安培华学院、陕西服装工程学院、陕西工业职业技术学院、陕西国防工业职业技术学院

表2-23　2022年度陕西省高等学校创新创业学院及创新创业教育实践基地建设单位名单

入选项目	入选单位
创新创业学院建设单位名单	西安交通大学、西北农林科技大学、西安电子科技大学、西安建筑科技大学、陕西科技大学、西安科技大学、西安工业大学、西安外国语大学、西安邮电大学、西安财经大学、渭南师范学院、西安翻译学院、西京学院、西安航空职业技术学院、陕西铁路工程职业技术学院

续表

入选项目	入选单位
创新创业教育实践基地建设单位名单	西北工业大学、陕西师范大学、长安大学、西北大学、西安理工大学、西安石油大学、延安大学、西安工程大学、西北政法大学、陕西中医药大学、商洛学院、西安培华学院、杨凌职业技术学院、陕西工业职业技术学院、陕西国防工业职业技术学院

再次，提升高校双创平台水平。整合国家和省部级实验室、专业实验室、校企合作实验室等实验实训平台资源，面向在校大学生免费开放。推进高校科技园、创业园、创客空间等校内创新创业实践平台建设，完善高校“创新+孵化器+人才培养”的创新创业教育模式。

第四，汇聚优势资源，实现开放共享。2022 年 8 月，陕西省教育厅发布《关于建设秦创原陕西高校创业孵化基地的通知》，省教育厅结合高校区域布局，依托条件成熟的大学科技园等孵化载体建设一批“秦创原陕西高校创业孵化基地”，激发高校创业活力，加速成果就地转化[111]。除此之外，陕西省教育厅与中国建设银行陕西省分行签署深化创新创业教育改革战略合作协议；各高校与一大批企业签订了共建创新创业学院协议；会同有关行业企业，启动了陕西校企创新创业教育服务联盟建设；聘任一批优秀企业家、创投机构负责人担任创新创业导师，为学生提供个性化深度指导，初步形成了良好的双创教育生态。[112]

第五，加强高校创新创业信息资源整合。依托陕西高等教育综合管理系统，对接全国高校毕业生就业管理系统、国家智慧教育平台、大学生创业服务网以及产业和孵化网络平台等，搭建陕西省省级“大学生创新创业信息服务功能模块”，实现双创信息资源有效整合。

第六，充分发挥社会团体、基金会、企业等社会组织的重要作用。2015 年 7 月 30 日，由陕西省 163 家科技企业孵化器、高等院校、众创空间、创投机构、金融机构、中介服务机构等共同组成的陕西创新创业联盟在西安成立。该联盟主要是为提升陕西省创新创业环境，构建以专业孵化器和创新型孵化器为重点，各类中介服务机构、金融机构提供服务的创新创业生态体系。[113]

第七，营造浓郁的创新创业社会氛围。积极主办、承办各级各类双创竞赛活动，激活高校创新创业活力。2017 年，陕西省政府协同教育部、中央网信办、发改委、工信部、人社部、知识产权局等多部门共同主办第三届中国“互联网+”大学生创新创业大赛，“1+7”大赛总体方案顺利实施，教育部评价本届大赛“有热度、有高度、有广度”[114]，陕西省高校获金奖 8 项、银奖 10 项、铜奖 11 项，金奖数和总成绩均位居全国第一位。2022 年，为深入贯彻落实中央、省委人才工作会议精神，充分发挥以赛引才、以赛荐才、以赛聚才的积极作用，激发博士后创新创业潜能，打通科技成果转化的难点、痛点，陕西省政府举办第一届博士后创新创业大赛，315 个申报项目积极参与，充分展现了陕西省青年人才的创新活力和创业潜力。[115]此外，共青团陕西省委、陕西省科协、中国建设银行陕西省分行等也都曾主办、承办了各类创新创业大赛。

(四) 高校创新创业教育师资建设情况

教师是教育的实施者、推进者，素质高、业务强的师资队伍是创新创业教育有序和取得成效的前提和保障。随着双创课程改革的客观要求与体系发展变化，师资队伍也需要进一步得到优化配置。陕西省在加强创新创业师资建设方面的具体做法如下。

一是开展高校教师创新创业教育专题培训。首先，为了保证创新创业教育这项系统教育教学工程有效开展，各高校定期邀请创新创业教育方面的专家学者、行业企业的领军人物对高校双创教师进行专题辅导。其次，积极与海内外知名大学展开合作。J 大学、D 大学等高校先后与美国、澳大利亚、比利时、韩国等国的知名高校签订校际合作协议，互派教师交流学习，不仅加强了创新创业教育师资队伍的建设，也开阔了办学视野。再次，为落实陕西省省级“创新创业教育研究与培训基地”工作任务，各基地每年面向全省高校举办的各类培训活动不少于 2 次，每次培训参加学校不少于 5 所，实现新进教师创新创业教育相关培训全覆盖。

二是深化教育评价改革。号召各高校在教师职称评聘、绩效考核时，将教师创新创业教育成果纳入考核指标体系。完善高校教师到行业企业挂职锻炼制度，推动教师将国际前沿学术研究、行业精尖技术和实践经验反哺教学，探索产教融合教学模式。如，X 大学组建“校内+校外+专家”双创师资团队，使所有承担校级创新创业课程的教师受训覆盖率达 100%，且均有企业挂职锻炼经历。

三是推行优秀创新创业导师人才库建设工作。2016 年 11 月陕西省教育厅印发《关于做好优秀创新创业导师人才库建设工作的通知》，将知名科学家、企业家、创业成功者、风险投资人等各行各业优秀人才，创新创业教育教学能力强、实践经验丰富的高校教师纳入导师人才库。这旨在集聚优质共享的创新创业导师资源，切实发挥导师的教育引导和指导帮扶作用，提高创新创业教育的针对性、时代性、实效性，努力造就大众创业、万众创新的生力军。[116]

四是实施校外双创导师专项人才计划。实施校外双创导师专项人才计划，探索驻校企业家制度，校外双创导师数量与在校学生人数比例不低于 1∶2000，驻校企业家每校不少于 3 名。

（五）高校创新创业教育经费投入情况

作为高成本、高投入的教育活动，高校双创教育要求持续性地投入巨额资金以支撑教育软硬件设备的更新改造与开发建设。

2021 年度，为强化保障增加投入，陕西省财政厅围绕陕西省委建设秦创原创新驱动平台重大决策，新增安排秦创原建设资金 2.26 亿元、高校创新创业资金 2 亿元，全力推进创新驱动发展。[117]同时，省财政厅下达 1.4 亿元对中小企业融资担保业务降费进行奖补。截至 2021 年 12 月底，政府性融资担保体系对科技型中小企业和高新技术企业担保贷款 32.45 亿元，在保规模 45.14 亿元，有效缓解了科技型中小企业、高新技术企业融资难题。[118]

高校建立健全双创教育经费保障机制。首先，设立高校创新创业专项资金。将双创所需各项经费列入学校整体预算中，积极优化经费支出结构。据调查，86.34%的高校设立创新创业专项基金和奖学金用于表彰在创新创业方面表现突出的学生。如 G 大学每年设立 300 万的专项基金、100 余万的双创奖学金、不少于 100 万元项目经费开展双创教育工作。其次，通过自设、校企合作、风险投资等方式拓宽经费来源渠道。各高校积极争取政府部门、行业企业、社会组织、基金会、公益团体、校友等设立双创基金，以加大对大学生创新创业项目的风险投资，在大学生创业实践和成果孵化中提供资金保障。

二、问题困境

通过对本次调查结果的梳理以及以往学界关于高校创新创业教育实证研究的借鉴和统计分析，可以得出目前我国高校创新创业教育从价值层面到实践层面尚存在一些问题阻碍其高质量发展。

（一）政产学研各方理念认知滞后

受传统的“封闭式”传统教育观束缚，政府、高校、企业等教育主体尚未树立多元合作、协同育人的思想共识，总认为教育是以高校为单一主体或以高校为主导的，缺失创新创业教育共建共管共享的建设理念、整体构想和系统规划。

据调查，陕西省90%以上的高校都成立了创新创业学院，但大多数是以兼职为主，整合校内有关部门人员、职能、资源的以虚拟形式存在的创新创业学院。而将创新创业学院真正作为实体性质的二级学院来建设的只有18所高校，有企业参与建设的只有23所高校。通过人才、资金、技术、设备等深度介入，实现政产学研共投共建共管共享创新创业学院的仅有6所高校。同时，高校受传统办学模式、人才考评机制与科研管理体制等固有思维的影响，更加注重双创项目的社会效益、学术论文发表情况、创新成果水平的领先性，以及创新创业成果获奖等，而缺乏对企业方带来的经济效益、科技成果转化、专利权益保障等的综合考虑。国家知识产权局发布的《2019年中国专利调查报告》显示，接受调查的全国660所高校中，97.3%的高校表示科研成果用以完成科研考核指标和评奖获奖目的。[119]

企业方面，产学研协同意识不强，创新意愿较弱。科技部发布的《我国企业创新活动特征统计分析》显示，2021年，全国开展创新活动并实现创新的企业占比只有43.3%，规模以上工业企业有R&D(Research and Development，研究与试验发展)活动的占比为47.4%，R&D经费支出仅占主营业务收入的2.44%。绝大多数企业都是通过自主研发开展创新活动，实施产学研协同创新的企业占比仅有6.9%。[120]

(二)高校双创教育科技化、本土化不够

突显“差异化”“地方性”“应用型”的办学特色，是高校立足地方区域经济，开展创新创业教育的办学定位和发展方向。然而，高校创新创业教育在“两个对接”上依然存在着“学科专业链—科技创新链—区域产业链”衔接不紧密的问题。

首先是学科专业建设与科技创新连接不紧密。高校在进行学科专业设置与后期经费投入上，往往依据的是教育行政部门设置的学科目录，对标的是传统研究型高校的办学模式，而忽视了自身“差异化”“地方性”“应用型”的办学定位，导致学科建设与地方产业结构和发展需求相脱离，人才培养目标、规格与企业需求相脱离。

其次是科技创新链与区域产业链衔接不紧密。《2021 年中国专利调查报告》显示，2021 年，我国高校发明专利产业化率为 3. 0%，许可率为 9. 0%，超五成高校和科研单位专利权人认为“专利不能满足市场化实际需要”“专利申请本身不以转移转化为目的”是制约专利转移转化的主要因素。[121]这也进一步说明了高校科技研发脱离科技创新、脱离市场需求、脱离企业需求，研发水平不高。

(三)高校双创教育发展不均衡

由于各高校开展创新创业教育的时间不同、进度不同，校级领导的重视程度不同，其双创教育发展成熟度也不尽相同。一些早期设置创新创业试点的高校，经过多年的发展与优化，其创新创业教育培养体系已初步完善，发展模式较为成熟和稳定，并呈现出以点带面的双创成果。但其他高校的双创教育发展进程就没那么理想，或缺乏明确的教学目标与任务，或缺乏学校自身特色的双创课程与教材……总而言之，各高校创新创业教育整体发展很不均衡。另外，日益增长的创新创业教育需求与高校教育资源供给之间的矛盾日益凸显。学科力量受限、创新创业教育资源总体不足、资源利用率不高、学校之间缺少联动、资源无法共享等问题，制约了创新创业教育改革的推进。

(四)高校双创课程开设存在同质化现象

首先，高校创新创业课程体系尚未实现系统化。尽管各高校纷纷响应国家号召，开设了创新创业教育相关课程。但调查发现：完整系统的创新创业

课程群没有形成，课程较为零散，无法与其他学科课程产生有效联系；课程结构及内容涉及面较窄，无法实现多层次覆盖；未将创新创业教育融入高等教育人才培养的全过程，而是作为一个单独零散的、以选修课形式出现的支系，无法实现对双创实践活动长期跟踪和指导。

其次，相比其他的教育，双创教育本身更具创新性、独特性，因此在教育内容、教育方式和教育评价时，更应坚持以学生为中心，因材施教，发挥学生的自主性。但诸多原因导致现行高校创新创业教育缺乏有效的统筹，普遍采取效仿高水平院校采用统一的教学课程体系、全面性的教学方式开展双创工作，不仅没有根据自身的定位类型、办学层次、人才培养目标等设计适用于自己的双创教育模式，也没有考虑到学生之间的差异性。这在很大程度上降低了双创校园的成效。

再次，调研发现高校双创教育的投入与产出没有达到均衡的状态，即尽管高校投入一定数量的人力、物力、财力，创新创业教育成效却不尽如人意。一方面是因为人才培养成效的滞后性，另一方面主要是因为个别高校教育理念的偏颇，要么仅以参加“挑战杯”“互联网+”等各级各类双创竞赛代替完整的双创教育，以偏概全，要么仅为了应付上级部门的要求，建立双创实践平台或孵化基地，但资源利用率不高，还造成了极大的资源浪费。

（五）与实践教育平台缺少融合，尚未形成教育优势

传统专业实践教育平台与创新创业实践活动结合不紧密，部分学校受限于本校场地，各类创新创业实践教育竞赛活动只给少数精英学生提供创新创业实践平台，“精英化”倾向严重，导致赛后成果转化弱，学生参与率不高。另外，高校创新创业教育多将注意力集中到课程建设、师资培养、实践平台搭建等方面，缺乏双创平台与专业平台相融合的“实战型”创新创业园区的建设。因此，实践教育平台尚未发挥示范引领以及整合资源的作用，将专业优势转化为双创优势，以达到激发双创活力的目的。

（六）评价体系不健全，缺乏质量评估教学监测

目前，高校创新创业教育的评价基本是以行政为主导的，市场的评价权重比较少或是基本没有，这非常不利于创新创业教育的全面实施。对教师的评价，往往关注教师所承担的教学任务量、参与课题数量、发表学术论文数量以及毕业生就业情况等量化指标。对学生的评价缺乏灵活多样的考核方式，多为沿用传统教育中常规的理论考核为主，辅之以提交相关论文的方式，而尚未将大学生的创新能力、创新创业获奖、创新创业实践指导、创新创业计划书等评价指标纳入评价体系，使得学习成效无法真正体现出来。对双创教育本身的元评价，如双创课程质量的评估、双创教育教学的评价也尚未提出明确的细节和标准。现有评价指标体系缺乏系统理论支撑，内部评价体系缺乏规范性与客观性，外部评价体系更是空白，导致总体上无法形成规范的创新。

三、归因分析

(一)创新创业教育认识缺乏“协同”融合

认识是行动的先导，是大学教育组织和人员在教育教学过程中所秉承或信奉的观念。部门及高校领导对开展双创教育的重要性、迫切性认识不够，难以形成开放创新、多元协作发展态势。

1. 教育主体协同意识有待加强

不同的价值导向产生不同的教育目标。目标存在差异、缺乏利益共同点是各教育主体难以形成合力促进创新创业人才培养的根本原因。具体来说，政府的目标是推行创新驱动发展战略，解决日益严峻的就业困境、强化创新人才培养等；高校作为教育的重要主体，其目的则是在响应国家号召的基础上，提高人才培养质量，深化教育教学改革，提升大学生创新创业的意识与能力；企业作为经营性质的营利机构，最终目标是追求经济以及为企业未来发展储备人才，因此，其希望加快创新人才培养以达到经济利益最大化，在高校创新创业教育的问题上更倾向于“搭便车”，参与意愿较低。虽然有的企业愿意承担更大的人才培养责任，投入一些人力、物力资源支持双创教育，但也希望扩大企业知名度、为企业的商业活动创造更多机会，其目的也是追求经济利益；而其他公共服务机构，如大众媒体、科研院所、中介机构、风险投资机构等则尚未认识到支持并参与创新创业对它们自身发展的重要意义，而将双创教育归结于政府与高校的事情，介入不多。

其次，目前人才培养的质量评价标准主要掌握在各级教育行政部门，参与人才培养的企业缺少话语权，企业很少能够对学生进行终结性评价，其作用有限。此外，企业参与高校的管理权力同样有限。高校对于创新创业人才的培养标准和企业需要的人才有一定差别，企业不能按照自身需要对创新创业人才进行监控、考核，导致企业的回报率低，影响企业加入协同育人的积极性。另外，企业对于培养创新人才的贡献往往被社会低估，导致社会认可度不足，也使得企业的投入与回报不成正比。

最后，高校自身对双创人才培养定位有偏差。将创新创业简单地定义为创办新企业，并在学生未完成学业或学校没有给予学生指导的情况下，鼓励学生盲目地参与创新创业实践，把学生创业是否成功当成培养创新创业人才的唯一标准，不注重对学生专业技能、创新思维与创业能力的培养，造成校企合作中高校的单向性，不利于校企双方深度合作，协同育人。

2. *高校内部协同意识存在差异*

尽管高校积极推动并主动探索创新创业教育的协同工作，但实际仍存在各子系统之间、工作群体之间协同意识不强的问题。

一方面，由于高校内部也存在不同的利益诉求，且受到工作守成性思想的影响，很多工作部门抑或工作群体，对于与其他系统之间或工作群体之间的协同工作积极性不高，仅限于围绕自身工作及利益安排执行政策，妥善完成所在岗位或部门的工作，如教务处专注于创新创业课程体系构建与实践平台搭建；团委则对大学生创新创业相关竞赛与孵化基地建设投入较多人力、物力；科技处则关注双创成果研究与科技成果落地转化；招生就业部门则关注大学生就业创业情况。在上述背景下，不同的部门之间存在目标和价值导向差异，使得教育效果不明显。

另一方面，缺乏对已有经验性工作的大胆尝试。依赖经验是工作过程中难以避免的现象，不可否认，依靠经验可以避免走弯路、犯错误，从而缩短办事过程中对事物的摸索时间和不必要的磨合损耗，提高办事的效率[123]。但“经验并不提供必然性的联系”，尤其对于高校双创教育工作来说，其教育对象、教学内容、教学环境等各种因素都是不断变化的，依赖经验只会使思维固化、僵化，脱离时代和实际。另外，教育中各子系统所扮演的角色和职责定位不同，各自保有的经验也不尽相同，在开展协同工作时，如果都按自己的固有经验办事，不仅不会提高效率、优化过程，反而会成为一种羁绊和束缚，限制各子系统开放融合的可能性和效率。

（二）创新创业教育主体缺乏“协同”建设

首先是高校外部教育主体碎片化。随着创新驱动战略的发展与创新人才培养需要，越来越多的企业机构和社会组织在政策驱动和宣传感召下，参与了双创教育工作，但参与程度与参与范围较低。加上各主体之间利益和诉求不统一，而且自身发展不完善，内部有局限性，不能与高校部门进行良好的协调、联动，极大地削弱了这些主体参与教育的积极性和能动性，使得它们发挥的作用减小，社会资源和经济资源整合能力降低，社会公众作用虚化。

其次是高校内部教育主体碎片化。受传统科层制管理的影响，高校已普遍形成了以党委和行政为主的治理结构，创新创业育人管理体制受其影响依然是一个较为封闭的行政管理系统，以教授委员会、教代会、学生代表大会等为代表的民主权利参与程度有限、监督作用发挥不足，导致高校治理决策的科学性和有效性缺少有效反馈，民主参与与监督虚化，制约了行政执行质量的提升。尤其是身处高校双创教育中的大学生，他们不仅是教育对象，也是重要的教育主体。但跟企业等组织一样，其参与治理的能力和积极性都比较低，主体和客体定位比较模糊，习惯于将自己作为被管理、被教育的对象，没有参与教育的意愿，以至于大学生主体的作用被严重虚化。

再次是高校师资主体碎片化。一是双创教师数量无法满足双创教育发展的需要。高校创新创业教育师资队伍有专职和兼职教师。专职教师一般是本校各类专职从事和负责学生创新创业工作的人员，兼职教师则多为聘请的校外企业家、企业高管、创业成功人士、其他公共服务机构中的管理人员等。这两支教师队伍由于工作定位和职责不同，在工作的具体分工、讲授内容、业务水平的要求上也不尽相同，但是都肩负着人才培养的重任。教育部高等教育司司长吴岩在教育部召开的发布会上通报：截至 2021 年 10 月，我国高校创新创业专职教师有 3.5 万余人，兼职创新创业导师接近 14 万人，[124]而同年我国普通高校在校生人数达 2.91 亿人，将专兼职教师总数加在一起，师生比也仅有 1∶1 662，师资数量远远不能满足要求。二是双创教师质量及标准无法满足双创教育发展的需要。专职教师由于自身缺乏创新创业实践经验，在双创过程中欠缺发现问题、解决问题和把握问题的实践能力，属于从“象牙塔”到“象牙塔”式的教育。兼职教师则由于外聘性质，存在教育时间不固定、教育内容不系统等问题。双创师资队伍的薄弱，一定程度上反映出高校在双创教育师资建设上遭遇的瓶颈，师资队伍建设缺乏专任与兼职协同，有待进一步完善化、标准化、合理化。除此之外，现行的对双创教师队伍建设的制度，多为针对专职教师和相关管理人员的工作职责、身份待遇、培训进修、考核评价等，对于兼职教师队伍建设方面的措施则稍显薄弱。

（三）创新创业教育结构缺乏“协同”跃迁

教育结构是对高校不同部门之间权力与关系进行协调、制衡的正式制度安排，是负责治理主体权力配置、运行及制衡的具体组织载体。近年来高校创新创业治理结构方面的一些弊端反复出现，并已逐渐成为高校双创工作可持续发展的桎梏。

首先是创新创业教育外部治理结构碎片化。其具体体现在：一是忽视了政府的主导作用，从原来的政府大包大揽到目前的“放管服”政策，层级过分清晰、功能过度划分导致的碎片化问题；二是漠视了企业在整体结构中的地位，企业参与高校教育的渠道不畅通，造成了高校与行业企业之间难以融合，局限于为学生提供创新实习岗位和创业发展提供咨询等浅层次的校企合作；三是拒绝了社会力量的参与，一定程度上影响高校的人才培养质量和挫伤社会组织等主动参与高校治校办学的热情。

其次是高校创新创业教育内部治理层级碎片化。高校创新创业教育工作是涉及层级之间及各层级内部的协同合作，具有系统性和复杂性，而非某一个或某几个职能机构单方面的工作。创新创业教育工作的四个纵向层级自上而下包含学校层面、职能部门层面、二级院系层面以及具体的教育客体层面，其中每个层级又可横向划分为若干个不同的单元。纵向的合作沟通与横向的协同推进在双创人才培养中缺一不可。[125]层级之间和层级内部存在断裂和冲突是目前创新创业教育体系碎片化的根本原因。内部不同权力部门之间常常职责不明、权责不清，加上受制度缺失等因素影响，实际工作中常常出现不同治理结构职能交叉、重复管理等现象，造成高校的相关工作推进缓慢、整体治理效益不高。

(四)创新创业教育机制缺乏"协同"完善

教育机制指遵循学校办学规律，维系或调整各相关教育主体之间的关系，以达到预期教育目标的作用过程，是维持高校办学与教育活动正常运转的基本路径和关键保障。与教育结构相比，教育机制则更强调各要素之间的调适与互动。目前，高校创新创业教育存在的部门分割、资源整合能力较弱、评价监督制度难以发挥激励作用等问题，都与教育机制中存在的制度碎片化、治理流程碎片化的缺陷有着密切联系。

1. 创新创业教育制度的碎片化

总的来说，我国创新创业教育制度在制度建设与制度执行上协同性不足，呈现"碎片化"现象。

一是政府出台的政策缺乏协同。作为宏观调控的主体，政府对高校、企业及其他公共服务机构融入创新创业教育活动有着政策推动和引导激励的作用。近年来，国务院、教育部、财政部、科技部、发改委等中央各部委与各级地方政府出台了一系列相关政策予以支持，涉及财政支持、中介服务、基地建设、人才培养、信息咨询、知识产权保护等多方面，为促进大学生创新创业教育目标的实现擘画了任务书和路线图。但从政策体系上看，政策缺乏系统性与协调性。第一，颁布的文件大多为单行政策文件，比如《国务院办公厅关于加快众创空间发展服务实体经济转型升级的指导意见》《关于进一步扩大小型微利企业所得税优惠政策范围的通知》等。这种立足于单项要素的模式难以适应整体和系统的治理，甚至还导致了各种法律之间相互重叠和矛盾的困境，致使创新创业教育体系治理呈现"碎片化"的特征。第二，目前已出台的很多创新创业优惠政策仅为了解决当前教育中出现的问题，基本上属于宏观政策，完善措施和相关资源的引导政策和支持体系尚未形成。在双创教育体系建构、资金投入、成果转化、税务减免等方面缺乏系统性和配套性，不能满足大学生创新创业的实际需要，导致政策支持效果减弱。第三，政府部门在制定创业培训、信息服务、平台支撑、项目立项、工商登记、税收减免等创新创业扶持政策时，未充分考虑大学生创新创业的实际情况，存在门槛过高、手续烦琐、力度不够、配套性弱等问题，抑制了大学生的创新创业热情，使高校的创新创业教育得不到顺利开展。[126]第四，出台的政策大多未上升到法律层面。对政府、高校、企业、其他公共服务机构等在高校创新创业教育中应履行的义务、发挥的作用、享有的权益等方面，政策制定缺乏规划，政策边界不够清晰。第五，相关制度缺乏刚性约束。如诸多文件中关于校企合作内容的表述多为“鼓励”“应当”，涉及校企合作相关条款所用的关键词多是“引导”“自愿”。显然，现有的法律和政策对企业的约束作用非常有限。

二是高校出台的政策缺乏协同。第一，不同类型的高校因所处区域、优势学科及校友资源的不同，其办学定位、人才培养规格也不尽相同。因此，各高校开展创新创业教育发展走向与集成资源需要更加务实和细化的政策指导。然而，当前高校双创制度的顶层设计呈现个性化不强、执行力不强、典型性不足等问题。高校要么简单模仿，跟着别人过河；要么自由发挥，摸着石头过河，尚未立足本体，进入自己搭桥过河的状态。因此，难免出现急功近利的倾向，进而难以符合国家层面的政策预期。第二，职能部门之间、职能部门与二级院系间政策不一致导致制度碎片化。例如，招生就业处鼓励教师投入大学生双创工作中，承担教学、竞赛与创业指导、科学研究等工作，但人事处、教务处、科研处没有出台相应政策对教师付出的工作予以认可；学生处制定的关于学生创新创业及评优评奖的相关政策，在二级院系的具体实施中有可能存在更重视能力或智育成绩之间的差异。

2. 创新创业教育流程的碎片化

教育主体的多元化导致创新创业教育系统诸多要素之间彼此孤立脱节，教育秩序不够均衡与稳定，同时也影响了双创教育体系综合功能的发挥。

高校创新创业教育系统要素涉及教育主体、教育内容、教育平台、教育环境等多方面。要提高创新创业教育工作的实效性，就需要关联、协调这些要素，使之相互联系、相互衔接、相互配合、发挥合力。无论哪一要素出现协同断裂，都会极大地影响协同效果。现存创新创业教育就存在系统要素彼此孤立脱节的现象。例如，媒体单位或宣传部门对各省相关创新创业优惠政策宣传不到位，导致有意愿的大学生对各项优惠政策和具体内容、条款、措施不了解或认识不到位，这在一定程度上影响创新创业教育实效。其次，由于教育主体的不一致，执行时会造成多头指挥、功能交叉和重叠，使得理应连贯完整的业务流程被分为不同职能部门的业务片段。例如，大学生各类创新创业大赛由教务处、团委分类管理，创业就业培训由招生就业部门及二级学院负责，实践平台的搭建则由教务处、各二级学院负责管理，孵化基地由团委管理。多部门管理造成各管一段，泾渭分明，而组织界限难以固定使各种资源简单叠加，产生浪费与内耗，无法发挥教育合力。

（五）创新创业教育资源缺乏“协同”共享

一是省际双创教育资源缺乏共享。众所周知，我国不同地区经济、教育发展水平不同。就师资而言，教育较为发达的地区“双师型”教师资源较为充沛，而教育欠发达地区，能够从事产学研融合教学的“双师型”教师资源则严重缺乏。[128]因而，在教育欠发达地区的高校很难实现高级技能人才的培养。省际因缺乏政策、制度、机制上的支持，双创资源缺乏互通共享。

二是校企间双创教育资源缺乏共享。创新创业教育需要突破高校和产业间的屏障，互通师资、课程、资金等教育要素，让“围墙”外具有实战经验的企业家、投资人等进入创新创业生态圈，校外导师进入教育平台，参与教学设计、授课和指导创新创业课程。[129]

（六）创新创业教育环境缺乏“协同”应对

无论是教育工作者还是大学生，作为独立的个体处于社会生活中，都受到社会政治、经济、文化、环境对行为意识的潜移默化的影响。在我国，儒家思想长期处于主导地位，传统文化提倡中庸、保守和集体主义，反对冒尖和个人英雄主义，比如“学而优则仕”“枪打出头鸟”“成王败寇”等传统观念，在人们的头脑中仍然根深蒂固，这在一定的程度上给大学生的创新创业活动带来了负面影响和消极作用，也说明社会尚未形成鼓励创新、支持创业、宽容失败的良好创新创业氛围。[130]

（七）创新创业教育信息化缺乏“协同”互通

掌握的信息不对称，不仅影响各主体间的良性互动，也阻碍了统计监测体系的形成。各主体之间的差异性和自治性影响信息共享和互通。社会专业化和分工使权责关系比较死板，人们习惯于将各自所占有的信息资源作为“私人财产”和“特殊资源”，不愿主动共享，阻滞了信息的互通，数据分割明显。事实上，不少主体都有一个要素、功能都一样的信息系统，但各自的信息收集、标准和维护等方面均存在差异，这导致了信息不对称。比如，新设市场主体的数据由国家市场监督管理总局掌握，中小微企业的数据由工业和信息化部掌握，创业担保贷款余额的数据由央行发布，创业投资的相关数据主要由科技部和相关市场机构发布。[131]由此可知，全国或各区域整体的创新创业发展情况难以准确掌握，也无法形成大学生创新创业活动统计监测评估机制。另外，对信息掌握的不充分也直接影响各治理主体参与合作的意愿。

第三章　高校创新创业教育协同的意义与可行性

第一节　高校创新创业教育相关理论阐述

一、创新创业生态系统理论阐述

创新创业教育生态系统是一个多学科交叉的新兴概念，既包含了系统理论相关知识，又涉及教育学与生态的知识。对生态系统、教育生态等理论和概念的分析，是研究创新创业教育生态系统的前提。

(一)生态学与生态系统

1. 生态学

作为一门科学，生态学(Ecology)源于希腊文，最早于1865年由勒特(Reiter)将Eco(房屋、住所)与Logos(学科)两个词汇组合构成，结合词义来看，探究生物栖息地的学科即为生态学。1866年，德国动物学家海克尔(Ernst Heinrich Haeckel)在《生物体普通形态学》中首次对生态学进行概念界定，即研究动物与环境之间，特别是动物与其他生物之间的有益和有害的关系的科学。生态学主要研究种群的组成、分布、迁徙规律和稳定性等，以及生态系统的结构和功能、能量和物质转换与其发展和演化，即研究生物与环境之间的辩证关系。

2. 生态系统

(1)生态系统的概念与特征

1935 年，受丹麦植物学家尤金纽斯 · 瓦尔明(Eugenius Warming)的启发和影响，英国生态学家阿瑟 · 乔治 · 坦斯利爵士(Sir Arthur George Tansley)用系统的方法解释生物与其所属自然环境的关系，并提出生态系统的概念。他认为"整个系统，不仅仅包括复杂的有机体成分，还有环境这个复杂的物理要素，上述复杂因素共同构成了一个物理系统，称为生态系统。生态系统具有不同的大小和种类"。[132]因此，我们认为生态系统是特定空间内各生物群落与环境之间因为发生物质、信息、能量交换形成的一个整体，它是生态学的基本功能单位。

生态系统中的"系统"来源于系统理论，主要是指由各要素组成的有机整体。相对较高一级系统的一个要素或子系统，通常又是较低一级的系统。因此，生态系统理论与系统论的提出和发展有着密切的关系。系统论最初为一般系统论，是一门运用逻辑和数学方法研究一般系统运动规律的理论。它从系统的角度揭示了事物、对象之间相互联系、相互作用的共同本质、内在规律，而狭义的一般系统论把系统定义为相互作用着的若干要素的复合体。[133]

生态系统有八大重要特点：整体性、复杂性、开放性、功能性、进化性、自发性、动态性和可持续性。生态系统的进化是从简单到复杂，最终趋于相对稳定的状态，但是系统内的能量流动、物质交换以及信息交流均在不停地发生，从而保证了在一定时间和范围内，物种的种类和数量以及能量都保持在稳定状态，这种状态即为生态系统的动态平衡。

(2)生态系统组成结构

生态系统由生物要素和非生物要素组成，其中生物要素为生产者、消费者、分解者；非生物要素为非生物环境，包括太阳产生的辐射以及所有有机和无机成分等。生物要素从非生物要素中获取维持生命活动所需的营养成分与能量，同时非生物要素也为生物要素提供良好的生活环境。生态系统各要素之间互相关联并且发生作用，从而形成固定的结构模式。常见的结构有物种结构、食物链和食物网结构、时间和空间结构、层级系统结构。[134]物种结构由各物种在生态系统中所处的地位和作用决定。时间和空间结构则是根据时间和空间的分化与配置形成的结构。层级系统结构是由各个亚系统相互作用而形成的结构。食物链和食物网结构是指通过食性关系构建出各种生物之间的营养关联而形成的一种被捕食者与捕食者的关系链，其中各个食物链之间交错连接而成的网状结构则称为食物网。美国科学家林德曼(R. L. Lindeman)提出了生态系统中能量转移的“十分之一定律”，[135]即通过观察生态系统的营养动态变化过程，证实了营养物质转移的规律——能量沿食物链流动。

(3)生态系统的协同进化理论

协同进化论是在达尔文的进化论基础上衍生而来的，达尔文的进化论强调了优胜劣汰的生存竞争，将生物与环境孤立地看待，忽略了生物之间或生物与环境之间的其他联系，如共生关系和协同关系，因此协同进化论应运而生。1964 年，埃尔利希(Ehrlich)和雷文(Raven)在研究植物与植食昆虫(蝴蝶)之间的相互作用对进化的影响时提出了“协同进化”(Co-evolution)一词，但二位学者并未给予协同进化准确的定义。直到 1980 年，扬岑(Jazen)给出了被广泛认同的、严格的协同进化的定义，即“一个物种的某一特性由于回应另一物种的某一特性而进化，而后者的特性也同样由于回应前者的特性而进化”。[136]此定义突出了协同进化的特殊性、相互性、同时性三大特性。

此外，德国物理学家哈肯(H. Haken)在 1976 年全面性地描述了“协同进化论”，其对系统内各要素在进化时发生的协同过程进行研究，认为该协同方式是系统进化的必然因素。协同进化论的研究角度多样，包括竞争物种之间、捕食者与被捕食者之间、寄生物与寄主之间、拟态的协同进化等，体现了物种与物种、物种与环境间的特定生存关系，包含细胞、个体、种群、群落及生态系统各个层面。

(二)教育生态理论

1. 教育生态理论的产生

随着生态学的发展，它与社会科学中的许多学科融合形成了新的生态化的社会边缘学科。教育生态学就是其中之一。最早用生态思维探讨教育问题的是美国学者沃勒(Willard Waller)，他在 20 世纪 30 年代发表的《教育社会学》一书中提出了“课堂生态学”的概念。而用生态学的方法研究教育问题并创造性地提出“教育生态学”的学者是美国教育学家劳伦斯·克雷明（Lawrence Cremin）。从此，世界各国的教育学者开始关于教育生态理论的研究和实践，论证生态环境对教育的影响和作用，运用生态学研究教育改革的问题以及预测和决策教育的发展。

20世纪70年代至今，西方教育学界主要关注的是教育结构与要素、教育过程，以及教育内部各系统关系的研究。进入21世纪，我国教育生态学研究渐呈兴起之势，范睿国提出“教育生态学是研究教育生态系统与各种生态环境及其构成要素之间关系的科学”。[137]郭丽君认为，“高等教育生态系统是高等教育系统内部各要素之间及其与自然、社会环境之间相互作用所形成的一个开放的、非线性的复杂系统”。[138]一些研究者以生态学的视角研究和考察高等教育中课堂教学、学校文化、人才培养等普适性的问题，并着手研究课堂生态、德育生态、学术生态、就业生态等问题。

教育生态理论是以教育学和生态学为理论基础，以整体的思维研究教育内外的相互关系和运行机制。教育生态系统作为教育生态理论中的核心概念，可以定义为：教育的各生态子系统之间、内外部生态系统之间、系统内部各要素之间相互影响及制约，从而生成的一种动态发展的生态复合体。其中影响教育生态系统生态平衡的关键因素被称为教育生态系统的生态因子，简称为生态因子。

2. 教育生态理论的基本内容

教育生态系统具有类似自然生态系统的基本特征，属于人工生态系统的范畴，由于教育自身特定的发展与演替过程以及结构、功能、生产力与承载力，其又具有一些特性。

第一，共生性与竞争性。生态系统各要素共同处于一定的环境中，并与这一环境紧密联系形成一种共生关系，即生态中各要素主体相互依存。共生关系实际上是由主体与环境的互动产生的，系统中的各种因素在共生中相互联系、相互依赖、相互作用，使系统成为一个和谐的有机整体。教育生态系统是以人才培养为核心目标，以人的全面发展为宗旨的一种生态系统。[139]因此，教育生态各因子的运行将围绕这一教育目标进行竞争、共生和有序发展。从系统的要素构成来说，教育生态系统由主体要素和相关参与要素组成，包括高校、企业、政府等多主体要素，以及课程、活动、组织、机制、场域等相关参与要素。这些要素都是学校教育中的一部分，相互共生演进。

第二，动态性与平衡性。生态的有序平衡是生态系统得以维持的前提和可持续发展的重要保证。生态系统的开放性和复杂性往往会导致生态因子的组成和特性发生改变，或引起其他生态因子的连锁变化，从而打破平衡状态，使系统内部的生态因子总是处于“无序—有序—无序”“平衡—不平衡—平衡”的运动变化和相互转化中。因此，生态系统在实际发展过程中总是呈现出一种动态的平衡，这也是内外系统和因素之间互相调适、协同进步的必然状态。但“当生态系统的平衡被打破、整体功能失调时，系统中某些成分会趁机膨胀成为主导成分，使系统发生变化；而有些成分则自动补偿或代替系统的原有功能，使整体功能趋于稳定”。[140]这体现了生态系统的自调节能力，但这种自我调节能力是有限度的，一旦超过限度，调节就失去了作用。只要系统是一个统一的整体，在经历不平衡之后还是会达到新的平衡静态。但如果系统分裂为一条条独立的因果链，调节能力就丧失了。[141]教育内部自发产生的一些改革正是教育生态系统动态发展的一种体现。

第三，多样性与层次性。生态系统中，越是具有多样性要素和复杂结构的生态系统，自我调节能力也就越强，越能够促成生态系统的稳定，有着较高的生态承载力和生产力。相反，当生态系统的生态要素和结构出现单一的情况，生态系统缺乏稳定，就会出现结构失衡、质量失调等问题。在教育生态中，课程、平台、支持体系等生态要素的多样化都有利于教育的可持续发展，让整个生态系统保持平衡和稳定。从层次性看，生态系统在动态发展的过程中可以形成多个层次，层次间的要素和行为相互作用、相互影响，系统的层次越高、越丰富，系统的结构和功能越多种多样，系统的运行过程越复杂。

(三)创新创业教育生态系统理论

创新创业生态系统理论是借用自然生态系统的理论和方法，赋予创新创业教育“生态化”内涵与视角。

1. 创新创业教育生态系统的内涵、结构及特征

与自然生态系统类似，创新创业教育生态系统是各创新创业主体(政府、

企业、高校、其他公共服务机构等实体组织及创业实体聚集成的种群等)、要素(制度、目的、课程、机制、环境等)及环节共生共存、协同演进的系统，具有结构复杂、动态变化、互动循环的特征。从生态的动态性和平衡性来看，创新创业教育不断变化发展，在外部环境的影响和自身要素发展下，将逐步走向基于系统变革的生态发展；从生态系统的共生性来看，创新创业教育嵌在大学教育生态和社会创新生态系统中，进行教育系统内外能量、物质和信息的交换；从生态的多样性和层次性来看，不同类型大学的创新创业教育发展模式应有所区别且各具特色。[142]同时，应注重双创课程、双创平台与双创机制等要素和资源的多样化，以提升创新创业教育生态系统的生态承载力及稳定性。

创新创业教育生态系统是一个新生词汇，与“创新创业生态系统”容易混淆。生态系统中企业是最重要的角色，高校只是参与者，更多地与企业发挥合作关系。但在创新创业教育生态中高校是最重要的角色，需要联合校内外的资源和关系，结合正确的教育理念，做到整合资源。

2. 创新创业教育生态系统的生态性分析

正如黄鲁成教授所说，“将某一学科的研究对象与生态系统的研究对象进行构成要素的比较，从而建立起该学科运用生态学理论与方法的基础，这是不同学科领域应用生态学理论与方法的通行做法”。创新创业教育生态系统理论是在生态学理论与教育学理论的相互结合中产生的，因此在要素构成与行为方面均存在诸多生态学特征。在哈尔滨工程大学张小燕相关研究的基础上，得出自然生态系统与创新创业教育生态系统的要素对比，如表 3-1 所示。

表 3-1 自然生态系统与创新创业教育生态系统要素对比[142]

自然生态系统	内　涵	双创教育生态系统	内　涵
生物个体	具有生长、发育和繁殖等功能的生物有机体	创新创业主体	独立的创新创业主体，如政府、高校、企业、科研院所等其他公共服务机构
物种	具有相同的基因频率和形态、生理特征的生物个体集合，是生物繁殖、遗传和进化的基本单元	创新创业物种	具有相似性质、功能或产品的创新实体聚集成的种群
群落	特定环境下具有直接或间接关系的多种生物种群有规律地组合，具有复杂的种间关系并形成一定结构和功能的集合体	创新创业群落	在特定创新创业环境下，具有直接或间接关系的各创新创业种群有规律地组合，并与环境相互作用，形成一定结构和功能的创新创业集合体
食物链	以物质和能量的传递为依据，各种生物按(被)取食关系排列的链状顺序和结构	创新创业链	以满足市场需求为导向，从科技创新的产生、研发、生产到商业化销售的整个链状结构
生态位	一个种群在生态系统中，在时间、空间、功能等所占据的位置及与相关种群间的关系与作用	创新创业生态位	在特定区域创新创业教育生态系统内，创业创业种群在空间、资源、性质、功能等维度所占据的位置及与相关创新创业种群间的关系
生态系统	一定空间范围内，生物成分与非生物环境间通过物质循环、能量流动和信息传递而形成的相互作用、相互依存的动态复合体	创新创业教育生态系统	一定时空范围内，由创新创业教育主体和创新创业教育要素及环境构成的相互作用、相互依存、互动共生的具有生态系统特征的动态复杂系统
基因	生物遗传性状主要物质	创新创业惯例	创新创业组织在创新活动中持续遵守与实施的惯常做法与规则

由上图可知，通过类比和自然生态系统来创新创业教育生态系统，创新创业教育生态系统的主体可以分为创新个体、物种和群落。系统内的政府、高校、企业及其他公共服务机构等是创新创业教育生态系统的主要物种，具有仿生学视角下的生命特征，属于创新创业教育生态系统的生物成分。其中的每一个企业、高校、科研院所等均是构成创新创业教育生态系统的基本单位。每个创新创业种群和个体均具有其赖以生存的创新创业生存环境，这些环境性因素与表征生物成分的创新创业教育主体构成了创新创业教育生态系统关键要素，每个创新创业教育主体在生态系统均占据着一定生态位，并依据所处生态位的性质与其他创新创业主体及环境进行相互作用。[143]

3. 创新创业教育生态系统的基本结构

不同的系统有不同的特质，而系统特质要通过要素的相互作用以及一定的结构表现出来。因此，要分析创新创业教育生态系统框架，首先要明确生态系统的基本结构。[144]根据创新创业教育生态系统的整体、共生、多样等构建原则，从微观——课程与教学生态、中观——组织生态和宏观——环境生态三个维度审视、考察生态系统的结构。

(1)课程与教学生态。创新创业教育第一课堂与第二课堂是创新创业教育在大学最直接的体现。而第一课堂和第二课堂又可以分成若干个层次，如理念层面、课程层面、教学层面、师资层面等，各层面要素相互影响和相互作用而形成“课程与教学生态”。在课程与教学生态中，教师和学生不仅是知识传授和接受关系，也是相互促进、相互塑造的成长体，二者互为参照，共同构成课程生态的主体。如在创新创业实践活动中，指导老师往往只是给予方法、技术的引导和保障的支持，更多的创新性活动和创造性产品都是学生自主完成的。除了第一课堂的创新创业课程，第二课堂的内容涵盖了学科创新竞赛、创新创业竞赛、论坛讲座等多种形式。生态系统中，第一课堂与第二课堂应成为一个统一体，第一课堂的许多理论知识、价值引导内容应该通过第二课堂的实践活动得到进一步的深化，同时第二课堂的实践活动反过来对第一课堂的知识进行补充甚至建构新的知识，两者形成互惠互利、彼此适应的生态关系。除此之外，师资队伍的水平、教学方式的选择、学科研究的支撑等对要素课程与教学有着重要的影响，共同构成创新创业教育课程与教学生态。

(2)组织生态。通过系统的组织运行，高校形成创新创业课程、实践、研究、竞赛、活动等多个相互交叉和支持的领域。组织运行的过程包括决策、规划、研究实施等环节。在这一过程中，通过对生态系统中的相关主体、设备、平台及知识等各类资源的配置形成了各种组织机制，以实现资源的有序流动。这个涉及组织运行层面的系统被称为“组织生态”，包括内部运行机制、外部协调机制以及组织实施创新创业教育的各类组织机构。不同类别的参与主体在生态系统中还可以形成相应的组织主体中心，每个组织在其特定目标和资源基础上又可以产生其他衍生组织，共同构成创业活动开展的组织网络，如设立创新创业实践中心或创新创业管理协调机构。所有参与主体在大学创新创业生态系统中相互影响，通过主体、组织与周围环境的互动交流，形成校企合作、奖励激励、成果转化、评价反馈等机制要素。总之，创新创业教育组织生态系统是一个由主体(人)、组织(教育活动)、环境共同构成的复合系统。只有科学有效的组织机制，才能生成生态系统中的有序的生态位和完整的生态链，系统中的各要素才能相互作用、相互联系、相互依赖，使系统成为一个和谐的有机整体。

(3)环境生态。从宏观上看，创新创业教育与国家的创新需求、知识经济的发展、高等教育的改革密切相关。创新创业教育生态是整个创新创业生态的重要组成部分，它既受到教育系统本身的环境影响，也受到整个社会创新创业环境的影响。“环境生态”既包括大学内部的教育理念、研究治理、文化氛围环境，也包括大学外部经济发展、社会舆论环境。这里的“环境”更多的是大学外部环境对创新创业教育生态系统内部各要素的运行所起到的作用。这一与环境密切相关的生态系统被称为“环境生态”。具体来看，环境生态主要包括支持创新创业教育的政治、经济、文化等层面。政治生态环境，包括国家对创新创业的战略行动、指导方针、整体布局及政策支持体系等；经济生态环境，包括所在区域市场经济、产业发展、金融支持等；文化生态环境，包括高校双创教育理念、教育目标和组织方式，以及高校根据国家双创教育战略与指导方针所制定的鼓励和支持创新创业的制度体系、组织架构、文化氛围等。从生态系统的整体性和共生性来看，一方面，大学创新创业教育的发展离不开外部环境的支持；另一方面，大学也将创新创业成果输出到社会、企业，并对外部环境产生影响。

4. 三者之间的关系

在教育生态系统理论下，创新创业教育生态体现的是教育主体与环境之间的互动关系以及教育系统内部各要素之间的运行机制。创新创业教育生态系统不能只关注它的构成成分，还必须厘清它们的关系，从联系、整体、系统的角度去把握要素之间、子系统与子系统之间的相互依赖、相互影响、相互作用的关系。首先，课程与教学生态作为创新创业教育的核心层，负责为整个创新创业教育生态系统中的生物(教育主体)制作和传递物质和能量(创新创业精神、知识和能力)，承担着“生产”和“传递”的任务，即通过创新创业理论教学、实践教学与活动教学，将创新精神与意识、创业能力等传递给受教育者。其次，组织生态作为创新创业教育的运行层，在生态系统中起着联结创新创业教育要素和资源的“桥梁”作用。通过各种机制的有效运行，把生态系统中的物质和能量进行分解并传送，承担着“分解”和“协调”的任务。如果组织机制无法有效运行，就无法完成创新知识的转化及成果运用，也不能反馈到创新创业人才培养的教育教学活动中。第三，环境生态作为创新创业教育的保障层，可以看作生态系统中的“无机环境”。创新创业教育只有在良好的政治环境、健康的经济环境和包容的文化环境下才能持续激发师生的创新创业动力和活力，实现整个生态系统的健康发展。如图 3-1 所示。

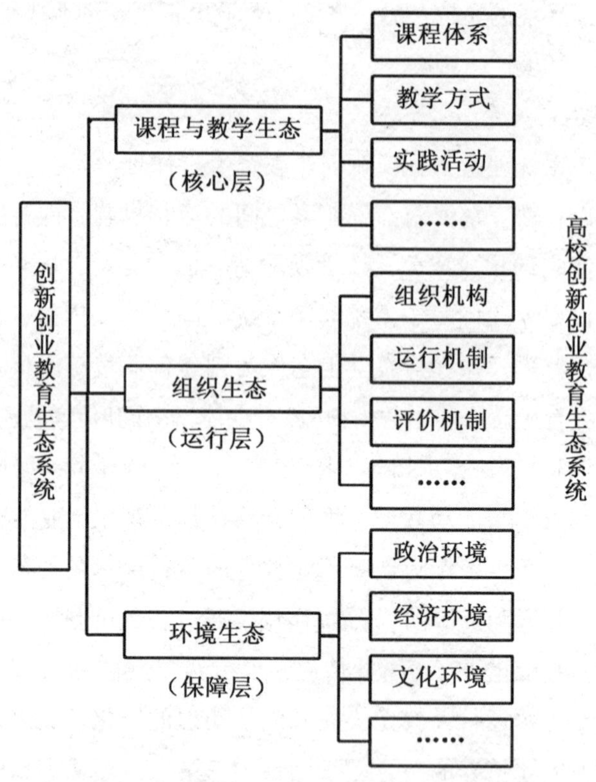

图 3-1　创新创业教育生态系统的基本机构

综上所述，课程与教学生态、组织生态、环境生态三个层面并不是对创新创业教育生态系统的简单割裂，而是以圈层运转的形式彼此交叉、互融互通，在形成一个完整的创新创业教育生态链条的同时，与高校人才培养、科学研究、社会服务、文化传递、国际交流等功能不断调节、适应、融入，在动态发展中促进了创新创业教育生态系统的平衡。比如双创师资队伍不仅是课程与教学生态中的一个重要因素，还在组织生态中承担着重要角色，同时他们的态度观点、言行举止及精神面貌也影响着整个大学创新创业教育文化，又成为环境生态中的一个重要内容。[145] 因此，在生态系统中，各要素既要实现自我功能的充分发挥，还要加强要素间的良性互动、协同培养，在开放联动的生态环境中实现创新发展。

二、“螺旋”创新驱动理论阐述

“螺旋”创新驱动理论与创新生态系统理论有着高度的重叠性，是创新动力的来源。

（一）“三螺旋”理论

1. “三螺旋”理论的提出

“三螺旋”源于生命科学的研究。1953 年莱纳斯·鲍林（Linus Pauling）和罗伯特·科里（Robert Corey）提出了 DNA 的三重螺旋结构模型，其认为 DNA 是由三条肽链组成的，呈现螺旋式的互相缠绕。[146]随着知识经济的发展，大学逐渐成为社会创新的中心，三重螺旋结构模型在高等教育领域得到了广泛应用。美国社会学家亨利·埃茨科维兹（Henry Etzkowitz）和阿姆斯特丹科技学院罗伊特·雷德斯多夫（Loet Leydesdorff）教授借鉴此思想应用于创新创业教育领域，发表了《大学—企业—政府关系的三重螺旋：以知识为基础的经济发展的实验室》一文，探讨了知识经济时代创新活动的模型，反映创新主体间特殊的关系，[147]即作为螺旋主体，政府、产业、大学在创新过程中密切合作、相互作用，同时每一方都保持着自己的独立地位。[148]三个主体如同“螺旋上升的螺旋线一样互动、交叉、重叠和融合演变出层出不穷的关联模式和组织结构，从而推动整个创新活动的螺旋式上升”，[149]两两合作互惠互利，彼此重叠相互促进，[150]使三者的效能达到最大化。三螺旋理论不仅阐释了产学研合作中的制度、组织、文化等问题，而且进一步推动了产学研合作的纵深发展，打破了任何一方处于绝对主导地位的研究思路，自提出后引起国际社会的广泛关注，被学界认为开创了创新理论研究的新领域、新范式，现已成为目前分析大学、政府和企业三者间关系的主流模型。

2. “三螺旋”理论的内涵

三螺旋创新理论模型将创新主体由原来的一个或两个开创性的延伸到三个，创新过程也由曲线性发展到非曲线性。在创新创业过程中，政府—企业—大学三个主体动态性地进行角色调整，把不同环节的功能要素和资源要素进行重新地、动态地、有机地组合，以实现技术创新、基础研究和应用型研究的整合互动。

在三螺旋理论当中，政府作为创新创业教育的引导者，发挥着牵引的作用。政府为创新创业教育提供政策保障、金融财政、产学研联合等方面的支持，以及不断优化现有的营商环境来提升企业参与的积极性，为大学创新创业教育提供宽松的创新创业氛围。政府主要通过财政拨款来建设大学的创业园、产业园及各种创新创业实训基地。政府只有积极引导学校与企业之间进行充分沟通，才可以全方位提升教育的效率并促进人才资源与物质资源的有效互通。

高校是创新创业教育的主导者，是人力、技术、知识的重要来源，培养了诸多创新型人才。高校教师促进了学生高质量发展，学生也可以满足实现创新创业的需求。同时，高校在推进政府和企业参与创新创业教育过程中起到桥梁和中介作用。因此，在三螺旋模型中，高校发挥着助推器的作用。

企业作为“高校—企业—政府”三螺旋模式中的组成部分，是技术创新的主体，是高校人才的需求者，是创新创业教育的协助者。企业可以通过提供实践实习的岗位来缓解人才资源的紧张状况；高校也可以聘请企业家或企业的中高层到高校担任兼职教师，让师生接触到最新的技术与设备，为师生提供广阔的实践平台和成果转化平台。企业充分发挥其创新创业经验、创业实践人才及真实场地等独特的优势，同时在学生实践过程中发现教育中存在的不足，为人才培养找到改善的方向，为储备优质人才做好准备。因此高校只有在企业的协助下才能更全面地发挥其创新创业教育的实践，为企业提供人力资本。

政府—大学—企业三个主体在三螺旋理论模型中互相交融、互为依存，不同主体之间相互支撑发挥主体的职能。三螺旋模型将不同主体的供求与需要搭配起来，使三者之间形成良性的动态合作，类似于螺旋线一样在重叠和融合中螺旋式上升，建立起紧密联系，以加强资源、信息的沟通。[151] 因此，三螺旋理论所探讨的是创新创业的三个主体，即政府、大学、企业在围绕知识生产与成果转化时，形成的相互作用、相互连接而又螺旋上升的互动关系。在这种互动关系中，政府、大学、企业各自发挥着不可替代的重要作用。三螺旋理论内涵包括三层含义。

(1)第一层含义：政府、大学、企业三者在螺旋体形成过程中既相互独立又相互影响，即政府作为公共管理主体，通过公共政策的制定为政产学合作提供支持；大学作为知识创新的主体，承担着科技创新与知识传播的职能；企业作为市场主体，是科技创新成果市场化的推动者。[152]

(2)第二层含义：政府、大学、企业三者的角色职能在螺旋体内既实现逐步地整合又实现部分的转化。随着经济的发展、科技的进步与教育的改革，大学作为知识创造的主体，逐步承担部分创新成果转化、创造新产品、开拓市场、发展新企业的职能；企业在进行产业化和市场化活动的同时，也发挥了大学知识创新的作用，建立了相关的科研机构或中心以实现技术知识创新；政府从政策支持到投资科技园区、孵化园区、产业园区等，也逐渐增加其职能。

(3)第三层含义：政府、大学、企业通过三条螺旋链的相互作用产生新的重叠组织机构和网络，以此为政产学合作创造性地提供新平台。[153]在创新创业的三个主体相互作用及合作的过程中，孵化中心、科技园、产业园等混合性组织不断涌现。

(二)“螺旋”理论的演变与演进

(1)“三螺旋”理论模型的演变

三螺旋理论在发展过程中，出现过以下三种形态：钳制模型、放任模型与关系模型。

(1)钳制模型。该模型是三螺旋发展史上的里程碑。在该框架下，政府占据主导地位，包含大学和企业两个主体，政府参与企业和大学的事务并在其中协调它们之间的关系，大学和企业由政府所控制，属于中央集权模式。苏联、东欧、南美洲及部分欧洲国家采用过这种模型。由于大学和企业的自主权受限，创新受到压制而非鼓励，该模型在很大程度上被认为是失败的。[154]如图 3-2 所示。

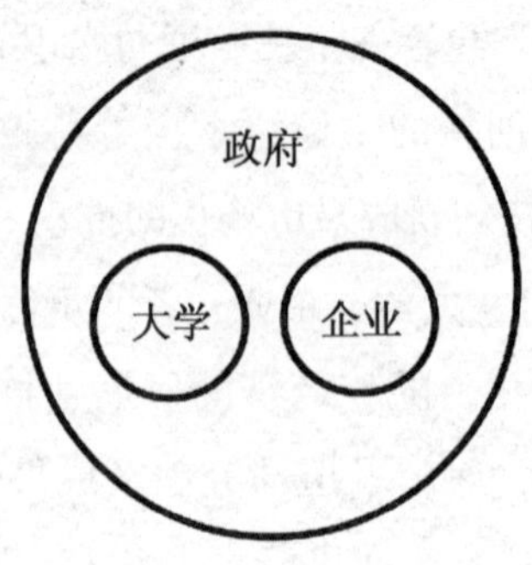

图 3-2　三螺旋钳制模型图

(2)放任模型。该模型中政府、大学和企业三者相互独立，且缺乏互动，三者之间的竞争多于合作。在这种模式中，大学的任务是基础研究和人才培育，大学与企业间的联系是为其输送高素质人才。相较于钳制模型，该模型受到推崇。如图 3-3 所示。

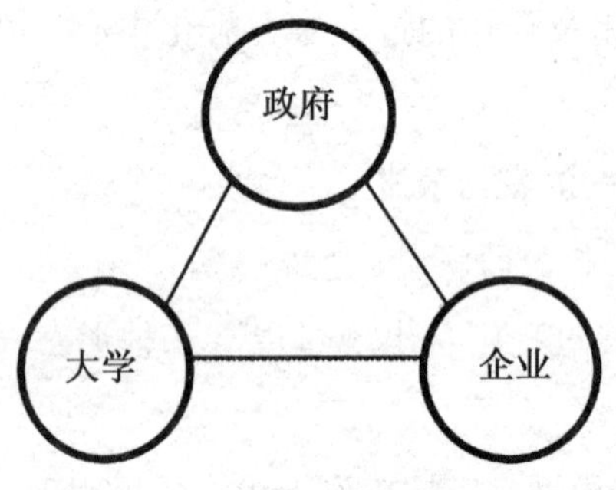

图 3-3　三螺旋放任模型图

(3)关系模型。该模型是政府、大学和企业在各自领域内保持自身独立性的同时也参与到其他领域中，形成一个全覆盖的网络。三者的竞争关系、合作关系、共存性和互动性都有所增强。目前大多数国家比较倾向于努力构建这种模型，致力于打造一种公司和研究组织并存的新环境。如图 3-4 所示。

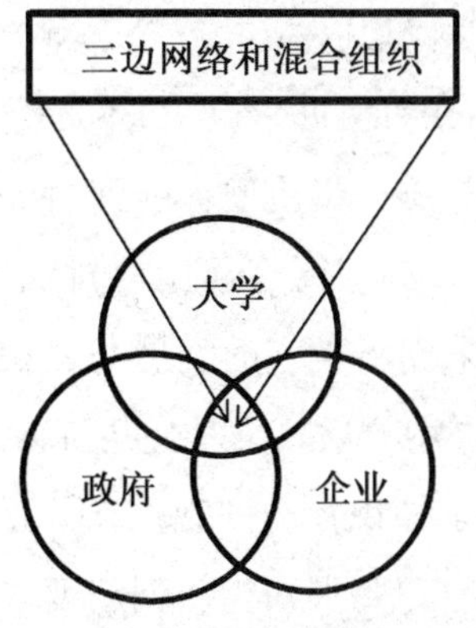

图 3-4　三螺旋关系模型图

2. “三螺旋”理论模型的演进

“螺旋”概念的目标是为社会创造具有附加价值的知识资源，以便在可持续发展领域发挥领导作用。在“三螺旋”的基础上，该理论后期演进为“四螺旋”到“五螺旋”。如图 3-5 所示。

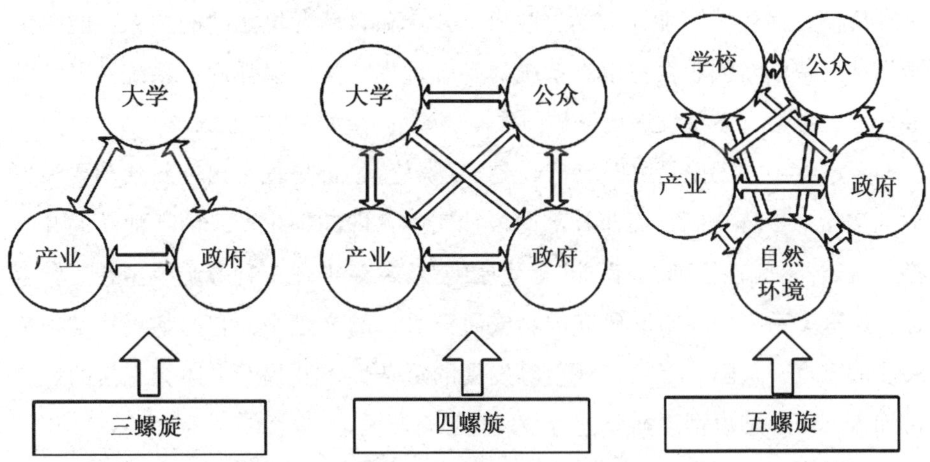

图 3-5　“三螺旋”理论模型随要素结构的演进

在这三种螺旋模型中，“三螺旋”模型是大学、产业和政府之间具有的非线性关系，强调和关注它们在知识创造与共享方面的关联关系，即产业是生产的来源、政府提供法规和政策、大学提供新的知识和技术。在相关的研究中，产业多以企业来替代。这种螺旋模型精准刻画和反映了经济实践中的知识和创新应当与知识经济时代相适应。

卡拉扬尼斯(Carayannis)和坎贝尔(Campbell)于2009年在“三螺旋”模型中加入代表公众(用户)的螺旋，将模型扩展到“四螺旋”，该模型的建立考虑了产业、大学和研究机构、政府及公众(用户)四者之间的交互关系，其中重点强调了公众及社会对未来创新生态的发展与平衡的作用，认可了政府政策及市场力量对创新生态的作用，反映了对公共价值和社会主导的创新的重视。“四螺旋”模型整体上突出了知识社会的观点，并强调了知识民主化对知识生产和创新的作用，用以描绘和要求知识、创新要与社会共同进化，这使得相对封闭的政产学创新政策制定与实践过程得以开放。

随着21世纪的到来，全球社会和经济等在发展过程中日益显现出鲜明的生态敏感性特征，这使得自然环境效应逐渐被视为知识生产及创新的重要驱动力之一。2009年，欧盟明确将社会生态转型确定为未来发展路线图的一大挑战。随后，有学者在“四螺旋”的基础上，再加入“自然环境”作为第五个螺旋，用于反映和体现创新要满足“可持续发展”和“社会生态转型”的需要。这种螺旋模型描述了产业、大学、政府、公众和自然环境之间的关系，能够更全面地反映创新创业教育生态系统的生态过程，其不仅强调了系统要素及其多样性，也使得系统发展更依赖与强调要素的互动与协同。

可以看出，无论是“四螺旋”还是“五螺旋”，都更加突出创新活动要根据地区实际来量身定制，而非外部的最佳实践，即知识生产、创新活动的开展都应遵循“适宜性原则”，而非“最优原则”。尽管上述三种螺旋模型在逻辑上存在递进关系，但在不同研究内容或研究目标的文献中，它们都仍然是当前关注的重点，且随着经济、社会等发展的复杂性不断提升，还会有新的螺旋再加入，使螺旋模型逐渐演进为“N螺旋”。

通过上述对创新创业生态系统理论与“螺旋”创新驱动理论的阐述，我们发现二者都指向了协同的工作视角，强调系统中的要素与要素及其所处的环境之间存在特定的生存关系，在各自独立发挥作用的同时又相互补充，在协同、合作中推动整个系统呈现不断向上的发展态势。

三、协同学理论阐述

“创新”“协同”不仅是当前时代发展、经济转型的重要关键词，也是各学科融合发展的核心思想和方法论。深入剖析协同学理论的科学内涵与思想方法，有助于为后期推进高校创新创业教育协同机制研究打下坚实的理论基础。

（一）协同学理论的创立及发展

协同理论（synergetics）也称协同学，来自希腊语，指关于“合作的科学”，是20世纪70年代在多学科研究基础上逐渐形成和发展起来的一门新兴学科，是系统科学的重要分支理论。1965年，美国“战略管理学鼻祖”伊戈尔·安索夫（Igor Ansoff）在《公司战略》一书中把协同思想引进了管理学，他认为协同效应是一种系统的联合效应，[155]是企业通过各业务单元之间的合作，使企业经济活动的整体收益大于各业务单元独立活动收益的总和。[156]而“协同理论”的概念则由联邦德国斯图加特大学教授、著名物理学家赫尔曼·哈肯（Hermann Haken）于1969年在斯图加特大学讲课时首次提出。1971年，哈肯再次发表文章进一步阐述协同理论的基本思想和概念。1972年举行了有关协同理论的国际学术会议。1977年，哈肯发表《协同学引论》，书中建立并详细阐述了协同理论的理论框架，这标志着协同学学科的正式诞生。随后协同学理论在世界范围内取得了迅速发展，越来越多的学者关注并致力于研究这门科学。

哈肯认为无论是自然界的事物还是人类世界的事物和活动，都存在无序和有序两种状况。如果把无序视为混沌，而把有序视为协同，那么在某一特定的条件下，这种有序和无序是可以相互转换的。事实上，协同无处不在，没有协同，生产将无法继续，人类将无法生存，社会也不能前进。协同学融合了一般系统理论的基本观念，将所有研究对象都看作“组元、部分或子系统构成的开放系统”。在任何一个系统中，如果各子系统之间或各子系统内部诸多要素之间无法形成协同，即长时间处于一种混乱的无序状态，那么该系统终将因无法发挥整体性功能而走向瓦解。只有各子系统之间或各子系统内部诸要素之间围绕共同目标，通过非线性的物质、能量或信息交换等方式相互作用产生协同效果，才能使整个系统形成一种新型结构或发挥一种个体单独所不能实现的整体效应，产生“1+1>2”的协同效应。[157]这种整体效应具有某种全新的性质，而这种性质可能在微观层次是不具备的。[158] 因此，其又被称为“有序化的理论”。

继哈肯之后，随着知识生产和技术变革的发展需要，协同的机制和管理模式得到越来越多人重视，学者们也扩大了协同理论的研究范围，广泛应用于自然科学和社会科学的各个领域。

（二）协同学理论的思想与方法

协同学是一个非常复杂的动态过程，主要研究远离平衡态的开放系统在与外界有物质或能量交换的情况下，如何通过自己内部协同作用，自发地出现时间、空间和功能上的有序结构，涉及跨部门、跨学科、跨机构、跨行业的合作、知识融合与扩散等。[159] 协同理论以现代科学的最新成果——系统论、信息论、控制论、突变论等为理论基础，以开放与非平衡态、竞争与协同为基本特征，采用统计学和动力学相结合的方法，通过对不同领域的分析，提出了多维空间理论，建立了一整套的数学模型和处理方案。[160] 协同学理论描述了从微观世界到宏观世界各种系统和现象中从无序到有序转变的共同规律，它的实践涉及参与主体的创造性和积极性。应用协同学的理论和方法，可以把已经取得的研究成果应用于其他学科，尤其是软科学研究，针对合作效应和组织现象能够解决一些系统的复杂性问题，增进不同学科之间“相互了解”和“相互促进”，建立一个协调的组织系统以实现工作的目标。[161] 协同学理论的主要概念和原理有：序参量、协同效应、伺服原理和自组织原理。

1. 序参量

系统内部所有变量可分为快变量和慢变量，这两种变量相互联系、相互制约、相互作用，均不能独立存在。其中，慢变量是决定系统内部能否达到有序状态的决定性影响变量，也成为系统的序参量。[162] 序参量通过对子系统的支配作用，主宰着系统整体演化的过程，如图 3-6 所示。

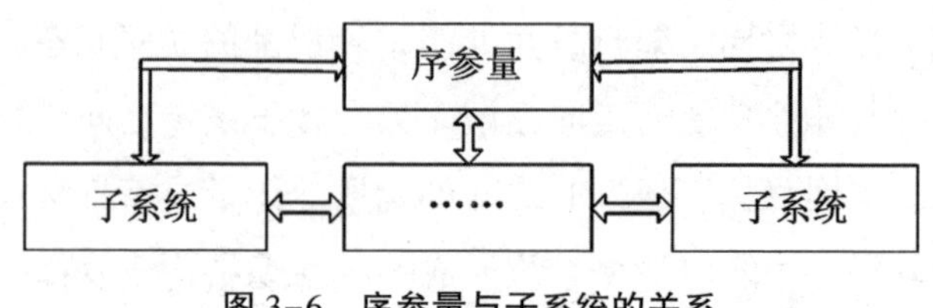

图 3-6　序参量与子系统的关系

与其他变量相比，序参量不仅数量较少，而且衰减速度较慢，它们决定着系统相变的规律与特征。系统从无序状态走向有序状态必须依靠这些序参量之间的相互作用，序参量不仅可以表征和度量子系统之间的合作效应，还能度量系统整体的运动状态。相比序参量，快变量数目较多，衰减速度也较快，但其对系统的功能和结构的变化不起主导作用，必须服从于序参量。[163]

哈肯指出，即使外界环境发生很小的变化，系统也有可能产生全新的序参量系统或全新的序参量。他认为当系统的动态变化达到临界点时，序参量也会相应增长到最大，系统中会出现一种全新的宏观有序的具有组织性的结构，这种系统可以自发地偏离某一平衡点的现象叫作涨落。[164]局域性的涨落在控制参量的引导下，通过非线性反馈的作用能产生放大效应，此时，涨落的态势就会支配原系统的全部或部分行为。基于这种特殊的作用，涨落被看作判别系统是否更新的依据。也就是说，系统所进行的创新转换，即系统通过涨落达到有序和高级有序。[165]

哈肯进一步指出，有的系统不仅会存在一个序参量，还会存在许多序参量协同的情况。正如在创新创业教育系统中，影响创新创业教育协同的关键因素有很多，这些因素共同对高校创新创业教育的协同起到决定和支配作用。哈肯也对这些序参量之间的关系进行了明确的阐述：在一定的时间段内，某一特定的序参量会支配其他的序参量起到主导作用，其他的序参量在这个主序参量的支配和规定下，配合主要序参量进行运动。如果环境条件一旦发生变化，以前的主序参量就有可能被其他的序参量取代，而失去其原有的主导地位。值得注意的是，这种序参量主导地位的转变是随机的，完全没有规律，也就是混沌的。[166]

在序参量之间一般会发生三种基本形式的“协同—竞争”关系。倘若只有两个序参量，那么第一种“协同—竞争”形式就是序参量之间互不干扰、各自运行。这种形式只存在于理想状态，现实生活中很难发生。第二种形式是其中一个序参量支配另外一个序参量的运行。第三种形式是两个序参量按照共同的约定相互协商去运行。第二种与第三种情况太绝对，也很难发生。在现实的经济生活中，最常见的是第二种和第三种“协同—竞争”形式的互补，也就是本书所要研究的高校创新创业教育协同。在高校创新创业教育系统中，高校这一教育主体在共同协商和约定的情况下，支配着系统中其他教育主体的运行活动。需要注意的是，在任何系统中，单一序参量的主导地位不是绝对的，而是存在依次上演的现象。

2. 协同效应

“协同效应”是协同学理论的核心概念，即“协同导致有序”，指复杂开放系统中大量子系统相互作用而产生的集体或整体效应，是市场有序结构形成的内驱力。任何复杂系统，当在外来物质和能量的作用下或物质的聚集态达到某种临界值时，子系统之间就会产生有序的内驱力，进而发生协同作用。这种协同作用能使系统在临界点发生质变产生协同效应，使系统从无序变为有序，从混沌中产生某种稳定结构。[167]协同效应进一步证明了市场具有自组织现象的观点。

3. 伺服原理(支配原理)

伺服原理也被称为支配原理，意指慢变量支配快变量，子系统服从序参量的行为。当系统越发接近临界点时，慢变量不是迅速衰减，而是缓慢增长，表示系统的不稳定模快变量以指数形式迅速衰减。系统的自组织过程是系统内部稳定模和不稳定模发生了“协同—竞争”而产生的，最终形成大量快变量服从少量慢变量的局面。

伺服原理的应用可以说明，系统从无序转变为有序以及从有序转变为更为复杂的有序过程，也就是在一再形成新的自组织过程中，总是由序参量支配其他稳定模而形成了一定的结构或序，是序参量起主导作用的结果，[168]如图3-7所示。如果不存在序参量的支配中心，系统将总是处于混乱状态，由此可见，序参量在系统中的地位和作用是显而易见的。

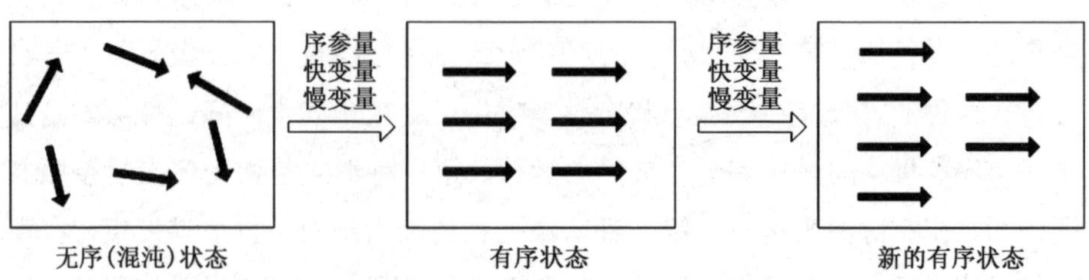

图 3-7　系统“无序—有序—新的有序”的状态变化

4. 自组织原理

自组织理论是20世纪60年代末建立并发展起来的一种系统理论。自组织的概念从产生开始，就不断地有专家学者对其进行发展和完善，其中哈肯给自组织的定义得到了学术界一致的认同，他认为如果一个体系在获得空间的、时间的或功能的结构的过程中，没有外界的特定干涉，便视该体系是自组织的。[169]“自组织”是协同思想的内核。[170]

自组织原理解释了系统在一定的外部物质流、能量流、信息流输入的情况下，将会通过系统内部各子系统之间产生“协同—竞争”的协同作用，从而形成新的有序的结构。这种协同作用是自发的，而非外力作用强制形成的。自组织系统的功能是以子系统行为的随机性、偶然性、不稳定性和非线性涨落为基础的，具有动力学性质，更具有普遍性，涵盖了不同的领域和学科中的各类系统。自组织包括由非组织向组织的演化过程、由组织程度低向组织程度高的演化过程，以及由简单到复杂的演化过程三种形式过程。

第二节　高校创新创业教育协同的意义与可行性

一、高校创新创业教育协同的意义

政府、高校、企业及其他公共服务机构既是落实高校创新创业教育的责任主体，也是实施高校创新创业教育的四大场域。它们协同推进高校双创教育不仅是对教育政策的贯彻落实，也是高等教育特点的应有之义，更是突破创新创业教育困境的现实之需，四元协同推进高校创新创业教育具有重要意义。

（一）高校创新创业教育协同的时代意义

进入21世纪，随着我国经济的高速发展、科技的日新月异与国际地位的日益提高，国家“五位一体”总体布局和“四个全面”战略布局都已步入提质增速的高质量发展快车道，新时代、新征程，中国踏上了建设社会主义现代化强国、实现中华民族伟大复兴之路。与此同时，国际局势复杂变化，全球经济复苏缓慢、能源危机不断加剧、地区冲突动荡不安，世界各国发展面临着前所未有的巨大挑战。面对错综复杂的国际、国内形势，我国政府大力推进双创教育工作，加快科技创新与成果转化，建设创新型强国，并出台了一系列政策予以支持。大力推进由政府、高校、企业、其他公共服务机构建立的“四元协同”合作关系，以培养社会需要的高素质人才成为高校创新创业教育高质量发展的必经之路。

(二)高校创新创业教育协同的理论意义

随着国家创新驱动发展战略的实施、“大众创业，万众创新”口号的提出及草根创业热潮的兴起，社会对创新创业型人才的需求愈来愈迫切，同样的，对高校的创新创业教育也提出了更新更高的要求。理论是实践的先导，当下正在全国高校轰轰烈烈开展的创新创业教育实践，呼唤创新创业教育理论研究不断走向深入，而对创新创业教育协同机制的深化研究，便是其中一个重要的研究方向。[171]协同理念不仅表现出多角色参与、开放循环的多元主体互动的特点，还打破传统的链式、线性的创新创业形式。用协同学视角审视目前我国高校创新创业教育，不仅有助于培育新的创新创业教育理念，还有助于高等教育理论体系的完善与创新。

(三)高校创新创业教育协同的实践意义

从已有的国内外实践来看，协同已逐渐被视为可以有效提高系统绩效的创新形式。高校创新创业教育是一个包括政府、高校、企业和社会其他公共服务机构等多方主体、要素的系统工程。促进创新创业教育协同的多元化探索，意味着高校不再是“象牙塔”中的“闭门造车”，而是要通过构建开放型创新系统来发展创新创业教育，打破高校与政府、企业、社会的边界，将双创教育从学校延伸至企业、社会、政府，促进多元创新主体的协同沟通合作，融合补充以形成教育合力，培养出具备创新创业意识和能力的创新型创业人才，有效提高高校双创教育质量与效果，扩大高校创新创业教育范围，为终生教育服务，并通过协同各要素间的和谐互动，推进和谐社会建设。

二、高校创新创业教育协同的可行性

首先，无论是千差万别的自然系统还是社会系统，均存在着协同作用。

协同学理论不仅科学地把握了组织系统运转的发生机理与基本规律，还为现代组织系统的运转指明了实践方向，已经被理论与实践反复证明是科学的理论体系。任何组织或系统都无法在封闭的状态下，获取满足自身发展全部的资源，特别是高校创新创业人才培养工作。高校需要通过协同机制的建构与运行来加强、保障其与企业、社会等其他组织系统间的物质、能量、信息和资源等方面的交流互动，确保培养出国家急需的创新创业人才。

其次，协同作用是高校创新创业教育系统有序结构形成的内驱力。这种协同作用能使系统在临界点发生质变产生协同效应，从混沌中产生某种稳定结构。[172]高校创新创业教育作为一个系统性工程，包含了政府、高校、企业、科研院所、金融机构、中介机构、孵化机构等一系列子系统。子系统间相互独立又相互作用、补充，在协同作用下，使系统从无序变为有序，进而推动整个创新创业呈现不断向上发展的态势。

再次，高校创新创业教育协同源自于高校自我发展的需要，包括创造知识价值、育人成本和创新风险分摊三方面。第一，创造知识价值。协同机制的运行过程本质上是知识增值的过程，即通过协同育人机制将书本上静态的知识与当前社会需求联系起来，使知识的价值在创新创业的过程中得到实现，最终达到培养创新创业人才的目的。在这一过程中，相关的知识活动得以不断互动循环，形成规模效应和范围效应，而合作的绩效高低很大程度上取决于知识增值的效率和运行模式。[173]第二，育人成本。单纯凭借高校开展理论教育和经验性教学、讲座，难以培养出在实战中经得起考验的创新创业人才，还需培养学生相关的实践能力和技能训练。而这些单凭高校是无法完成的，需要企业、政府及其他教育主体协同以实现共同育人。协同育人不仅能最大限度地拓宽育人的范围和深度，还能根据当前经济社会或某一领域需要，有针对性地培养所需要的人才。更重要的是，诸多创新主体通过协同的方式参与到创新创业人才培养过程中，不仅能够使所培养的人才与社会需求、行业需要相对接，还能够降低高校培养创新创业人才所需的时间、经费、场地、资源等各方面成本。第三，创新风险的分摊。高校创新创业教育协同机制的建构与运行能够在实现协同育人的过程中分摊创新风险。创新创业人才培养的提出改变了传统的育人理念、模式与路径，其培养主体的多方性、过程的协同性、模式与路径的多元化都要求体现创新与创业的精神，释放创新的活力，这也意味着人才培养探索过程中面临着更多错综复杂的发展变化与不确定性。协同育人发挥各创新主体优势与合力，协调各方关系，分散和转移创新风险，使创新创业人才培养及创新创业过程风险控制在一定的范围之内，保障创新行为不会因为高风险创新项目的失败而中断，共同分摊高校协同育人和创新创业过程、行为中的风险，以培养出“大众创业，万众创新”的生力军，实现整体创新创业活动的最优效益。

第四章　高校创新创业教育协同机制构建的逻辑

第一节　高校创新创业教育协同机制的内涵特征

一、协同机制的概念及内涵

(一)协同的概念及内涵

我国传统文化中很早就有协同的思想和理念，但多用于军事方面，具有协调一致、合同共同与团结统一之意，如《汉书·律历志上》“咸得其实，靡不协同”；《后汉书·吕布传》“将军宜与协同策谋，共存大计”；《三国志·魏志·邓艾传》“艾性刚急，轻犯雅俗，不能协同朋类，故莫肯理之”。随着“协同”在其他领域的广泛运用，协同的思想和理念也渐渐走向了更广阔的领域，内涵也不断延伸、发展，具有共同合作、调和、和谐等含义，可以被引申为协调、协助或相互配合等含义。《社会科学大词典》中将协同定义：协同，也称协作，是协同学的重要基本概念，指由大量子系统组成的系统，在一定的条件下，子系统之间会产生相关作用和协作，从而形成有一定功能的自组织结构，在宏观上便会产生时间结构、空间结构或时间空间结构，达到新的有序态。[174]

协同学理论的创始人赫尔曼·哈肯在研究激光的过程中发现：激光的产生是一种系统内部的无序状态通过与外界发生能量或者物质的传递后，逐渐转化为有序状态的自组织现象。由此，哈肯提出“在任何系统中，各子系统之间，均依靠有调节、有目的的自组织过程，使不同的子系统协同作用，产生新的稳定有序的结构。”[175]因此，无论是自然科学还是社会科学的研究对象，都可以将其看作一个开放的系统，也可以以系统论的方式或相对微观的视角将其划分为多个不同的子系统。比如，生物个体作为自然科学中的研究对象，可以被看作一个开放的系统，因为它不仅需要与自然界的其他生物个体发生信息、物质和能量的交换或传递，其本身也是由多个生命系统和多个器官系统共同构成的。当然，我们甚至还可以从更加微观的视角，如细胞、基因等维度对这个生物个体进行更为精细的子系统划分。再比如，高校作为哲学社会科学的研究对象，同样也可以被看作一个开放的系统，因为高校无法孤立存在，它必然要与人类社会的其他组织、其他机构和其他团体发生社会关系；而高校自身又是由党政职能部门、行政服务机构、二级院系等部门和单位构成的。同样的，我们也可以从更加微观的视角，如从党政工作队伍、教师队伍、后勤保障队伍等视角对高校进行更为精细的划分。需要强调的是，无论是生物个体的生命延续，还是高校工作的顺利开展，都离不开各自的诸多子系统之间的配合、协调和合作。

因此，所谓的协同，可以被认为是在事物发展过程中，通过内部或者外部影响因素对事物的发展施加干预，使两个或两个以上的不同部分或者个体，在共同的目标导向下，通过整合各种方法或者手段实现整体利益的过程。从概念内涵的逻辑演化上来看，协同是与其相近的“协作”“协调”等一般概念的高级形态。“协作”一词最基本的特征就是各个独立部分通过组合搭配，实现共同目标的活动，一般与劳动分工对应；而“协调”则不仅强调要集合各种特定要素，还要考虑这些要素如何在时间和数量上实现合理配置，通过最优的组合搭配，实现资源要素配置效率的最大化。而“协同”是比协调更高级的运动形态，其不但含有协调、合作的意思，更加强调在协调合作的作用下，事物发展产生质的变化，事物发展形成新结构和功能，事物内部运动关系更加有序合理，事物组成的各个部分能够利用集体行动和关联，最大程度上利用资源和尽可能放大整体的功能。协同也可以被认为是协调两个或者两个以上的不同资源或个体，通过优势互补、相互协作完成某一目标，从而达到共同发展和互利共赢的效果。[176]与优胜劣汰理论一样，协同发展论已被当今世界许多国家和地区视为实现社会可持续发展的基础，是自然法则对人类的贡献。

基于此，我们认为协同指系统内部多个子系统为了实现整个系统的功效，围绕着一个共同的协同目标，结合子系统之间的有机关系和系统作用对象的实际情况，通过不断相互作用和相互协调，所开展的以信息沟通、资源互补和能量聚合为途径的，以功能最大化、效益最高化、实效最强化为特征的动态过程。[177]在本书中，研究对象为高校创新创业教育，协同即高校创新创业教育的相关要素之间的沟通协调、有效整合，其本质是经过疏通相关创新创业主体和各相关因素之间的联系，破除矛盾障碍，消除利益壁垒，以达到教育资源的效益最大化。而协同包含有机协同、有效协同和科学协同三个维度。

有机协同，是指不同的系统或要素之间进行协同，并不是纯粹的类似机械装置的零部件一样进行简单的拼接或集合，而是彼此之间要构成能够相互关联协调，形成紧密的不可分割的有机统一体。在高校创新创业教育这个大的系统中，其包含的教育工作体系其实是多个相对独立运转的子系统，这些子系统各自的职责、工作目标、人员配备、工作方式、可用资源都相对独立且各不相同。[178]然而，这些子系统身处于创新创业教育这一更大的系统内，就需要具备良好的协同机制，以协调各子系统之间的关系，使各子系统间形成协同效应，共同围绕着系统的总的工作目标开展工作。如果在子系统之间没有形成良好的协同机制进行串联和润滑，那么各子系统仍将孤立存在、各自为政，协同效应近乎为零，甚至系统出现内部损耗，协同效应为负值。

依据哈肯有关协同理论的论述，我们认为有效协同指两个或两个以上的子系统相加或相互作用，产生的作用效果大于单个系统作用效果之和，即“1+1>2”或“1+1=3”。有效协同体现了一种增效作用。

科学协同，就是在进行高校创新创业教育协同工作时，始终秉持将教书育人规律、创新人才培养工作规律与学生成长成才规律有机统一起来。

(二)机制的概念及内涵

“机制”一词原本是系统工程学理论与实践中对机器的构造和运转原理的表述，或有机体的内在构造、功能和相互关系，后来在自然科学和社会科学领域广泛使用。其含义主要是指系统(事件)在运行过程中内部构成要素运行变化的规律。在《宣传舆论学大辞典》中将“机制”定义为：泛指引起、制约事物运动、转化、发展的内在结构和作用方式，包括事物内部因素的耦合关系，各因素相互作用的形式，功能作用的程序以及转变的契机等。在《文史哲百科辞典》中将“机制”表述为制约、引起事物运动、转化、发展的内在的结构和作用方式。作为哲学概念，它包括有关事物结构、组成部分的相互关系及其间发生的各种变化过程的运动性质和相互关系。随着系统科学、管理科学与哲学社会科学的不断发展，机制的概念和内涵被多学科所广泛引入，与原有的概念和范畴相结合，展现出新的理论生命力。[179] 比如，医学和生物学引入机制的概念，用来表述生物个体内部不同器官与不同组织之间的互动关系；经济学引入机制的概念，用来厘清复杂的市场主体中，各社会经济机体内各要素之间的相互联系、相互制约的关系和功能；心理学引入机制的概念，用来表述复杂的神经系统之间，特别是人的大脑内部不同部位之间的相互调节和作用关系；同理，高等教育学引入机制的概念，用来表示不同教育主体、教育资源、教育平台之间的协调，以利于高等教育整体教育目标和科学管理目标的有效实现。

高校创新创业教育属于社会科学领域，机制指社会系统内部各子系统之间借助物质、能量、信息、资源，通过组织沟通、协商共享、调配合作等方式有机结合，在相互影响和相互作用下共同达成的具有一定规律性的良性运转方式。

（三）协同机制的概念及内涵

综合“协同”与“机制”各自的概念及内涵，我们得出协同机制是指系统内部各子系统之间，以及子系统各要素之间以人才、政策、信息、资源、技术、能量等为媒介，通过组织沟通、协商共享、调配合作等有效的协同途径，以实现突破性、创新性的深度合作，从而达成的能够实现效益最高化、实效最强化及系统功能最大化的特殊运转方式，产生“1+1>2”的协同创新效应。对协同机制的内涵应从以下四个方面重点理解，如图 4-1 所示。

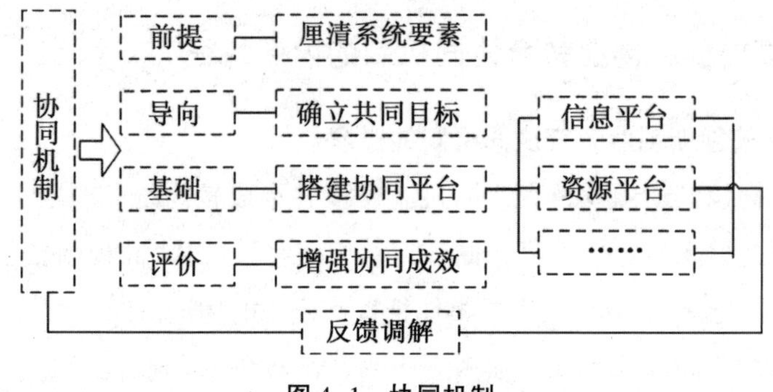

图 4-1　协同机制

1. 协同机制建设的前提——厘清系统要素

如果将社会系统看作一个结构复杂的有机体，那么根据不同的社会条件或不同的划分依据，可以将系统划分为不同的子系统和要素结构。

2. 协同机制构建的导向——确定共同目标

同一个系统在围绕某一具体的工作任务或在某一特定的工作领域内，只可能有一个共同的目标，也就是说具有协同目标的一致性。然而，由于系统内各子系统和各要素的自身定位、功能资源各不相同，在具体工作时其各自的工作目标也就不尽相同。鉴于此，需要各子系统和各要素在共同合作、协调沟通时，始终将共同目标摆在首位。

3. 协同机制构建的基础——搭建协同平台

由于目标、载体、内容、方法、技术等各项工作的差异性，系统中各子系统及各要素在参与协同机制共建时，需要搭建协同平台。比如搭建资源平台，对于各子系统和各要素之间的资源共享、协调配置的效率提高就起着至关重要的作用。搭建信息平台则能够将各子系统和各要素掌握的数据和信息及时、准确地共享和上报，有利于其他子系统和要素的积极参与和良好互动。协同方式是否有效、科学，不仅反映系统的本质特征、内部矛盾与运转规律，还体现对系统的发展趋势的认识和判断。

4. 协同机制构建的评价——增强协同成效

利用和围绕协同机制开展各项工作的主要目的就是要实现系统效益和功能的最大化、最强化，以达到增强系统的协同成效。因此，在系统协调机制下，系统实现效益和功能的最大化、最强化是协同机制评价的根本指标。

二、高校创新创业教育协同机制的内涵特征

(一)高校创新创业教育协同机制的概念

目前，高校创新创业教育协同机制还没有形成较为统一的定义，不同研究视角之下的概念界定也不尽相同，但总体而言，可从“高校创新创业教育”“协同”“机制”三个关键词入手，整体把握该概念的理论内涵。

由哈肯的协同理论可知，从微观上看，高校创新创业教育属于社会系统的子系统，该子系统顺利运转离不开政府、企业、高校、科研院所、中介机构、金融机构、孵化机构等子系统的合作。[180]在运转过程中，上述子系统不断地进行自组织，共同促使该子系统稳定、有序运转。[181]因此，高校创新创业教育需要政府、社会、高校及其他公共服务机构(含科研院所、中介机构、金融机构、孵化机构等)“四元”协同主体通过相互协作的方式，构建科学有效的协同机制，以推动创新创业教育的深化发展。

在综合考量“高校创新创业教育”“协同”“机制”三个基本概念及其内涵的基础上，我们将高校创新创业教育协同机制定义为：在相关理论指导下，以培养创新创业人才为根本目标，通过政策、能量、信息、资源、技术等，以组织共享、合作沟通、协商调配等为协同方式，在高校与外界其他社会组织之间、高校内部不同单位部门之间所共同达成的，切实确保整体效益和功能最大化、最强化的特殊工作机制。

(二)高校创新创业教育协同机制的特征

基于“价值—制度—行动”的认知层次，可以从价值层面的导向性、制度层面的规范性、行动层面的多元合作性三方面对高校创新创业教育协同机制的基本特征进行描述。

1. 价值导向性

创新创业理论与协同理念共同构成高校创新创业教育协同机制的基本价值遵循。价值理念是人们认知世界的客观水平的集中体现，特定的价值理念一旦形成，将在日常生活中对人们的一言一行产生持久的潜移默化的影响，起到对行为的导向与调节作用，成为人们行动指向的动力源泉。高校创新创业教育协同机制将创新创业理论与协同理念作为核心理念，不仅将贯彻落实

国家技术创新驱动发展战略为最高统领，确立以建设创新型国家为价值依归，还为包括政府、高校、企业、其他公共服务机构在内的诸多教育主体明确了高校创新创业教育的根本方向与行动指南。

2. 制度规范性

制度的重要性在于它能够通过规范组织和个人的行为完善和保障社会秩序，促进社会和个人的正常发展。根据“经济人”的理性假设，我们每个人在经济活动中总是基于信息优势倾向于选择能给自己带来更大经济利益的机会。追求自身利益或效用的最大化，是个体行为的基本动机。然而，在个人利益达到最大化时，社会总体利益不一定也达到最大化。为了减少甚至避免此类现象的发生，需要通过制定相应的制度对行为个体进行责任与义务方面的规范。高校创新创业教育根植于国家的整体战略目标，因此，也需要依靠一系列相应的、强有力的制度规章规范政府、高校、企业及其他公共服务机构的行为边界，以确保高校创新创业教育总目标的有序实现。各级政府制定的创新创业相关的法律法规、条例、方案、意见等，既体现了国家将高校创新创业教育放在战略高度，更重要的是这些制度的有效推行，为全社会范围内积极开展高校创新创业教育注入了动力与活力。

高校制定的有关教育教学、科学研究、就业保障、财务管理等办法规定与实施细则，为校内各职能部门和二级院系积极参与创新创业教育提供了行动指南，免除了学生参与创新创业活动的后顾之忧；企业组织在产权分配、组织架构、奖励激励、科学决策等方面完善规定，进一步培育了以创新创业为核心的企业文化，并通过提供科研项目、技能培训、实践场地、专项资金等课外实践机会，主动寻求与高校实现创新创业教育的有机融合；其他公共服务机构如科研院所、中介机构、金融机构、孵化机构等则为大学生创新创业教育提供必要的科研、金融、中介、孵化等支撑服务。

3. 多元合作性

高校创新创业教育并不是高校的独角戏，而是由政府、企业等众多主体共同参与的交响乐。高校创新创业教育是一个兼具开放性与互动性的复杂系统，需要与区域经济发展与行业发展动向紧密相连，因此，高校需要与其他外部主体在人才、科技、信息、资源、技术等方面进行交流与合作。政府、高校、企业及其他公共服务机构作为子系统，是高校创新创业教育这一系统的有机组成部分。每个子系统在按照一定的规则发挥各自的功能的同时，通过相互的合作交流，实现协同育人的最终目标。政府虽然仍是创新创业教育的引导者，但以往单纯依靠行政指令的参与模式已悄然转变，政府此时不再是仅对创新创业教育进行直接性干预，而是主要通过出台一系列的扶持政策，间接地实现对创新创业教育的宏观引导，并且在高校与企业等其他主体之间充当协调员的身份，因地制宜地为校企合作搭建各种类型的合作平台，使创新创业教育切实服务于本地方经济与社会建设需要。[182] 而高校与企业的深度合作，不仅需要高校扭转传统应试教育的育人模式，还需要企业加强社会责任意识，只有这样，才能使高校和企业在创新创业理论与实践教学领域展开多个层面的交流合作，使学生在创新创业专业知识、能力素养等方面达到培养的预期要求，对创新创业教育产生巨大推动力。

第二节　高校创新创业教育协同机制构建的应然逻辑

国外创新创业教育人才培养之所以取得成效，是因为高校主动与企业、政府、技术转移中心等创新主体合作，共享资源。不同教育主体之间的协同互动，不仅能降低创新创业活动和育人的成本，分摊创新创业风险，而且有利于在多元主体的互动合作中培养具有国际视野、富有创新创业精神和能力、敢于创造与引领未来的人才，这是单凭高校这一主体所无法完成的。加强高校创新创业教育协同机制探索，不仅能够打破封闭式的界限壁垒，还能凸显无边界文化下对创新创业教育人才培养的新需求，引导创新创业人才的培养方向，使创新创业人才培养始终保持创新的活力、创业的动力、突破的勇气和冒险精神、世界和行业前沿的前瞻性，在无尽变革的时代中，“洞察研究变化、灵活应变、变中求胜”。

构建高校创新创业教育协同机制，首先需要确立其构建思路，即明确整个构建过程和步骤；其次，根据系统目标，梳理高校创新创业教育协同机制的构成要素，以形成要素体系；最后，结合相关理论框架和要素体系，构建理论模型，以期从整体上对高校创新创业教育协同机制有较为清晰的把握。

构建思路是机制构建的前提和基础，高校创新创业教育协同机制构建思路如图 4-2 所示。

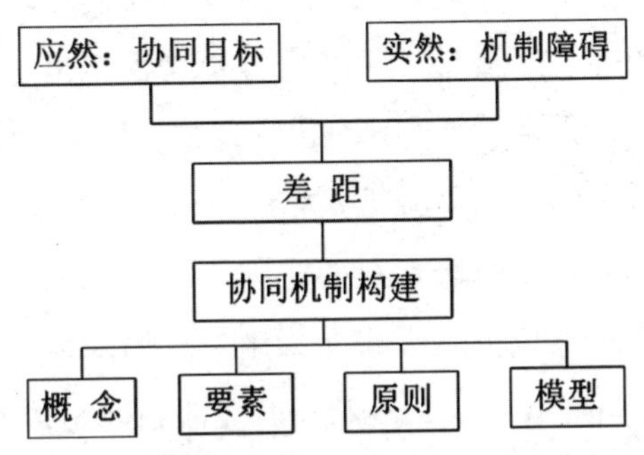

图 4-2　高校创新创业教育协同机制构建思路

一、明确高校创新创业教育各子系统内与外的协同目标

协同目标是一切组织系统开展协同工作的出发点和落脚点，决定着系统运转的具体方式。没有明确的目标或者尚未正视统一协同目标重要性的协同工作，都将无法实现协同或者协同失败。高校创新创业教育也不例外，协同机制构建的首要任务就是明确高校创新创业教育的协同目标。明确高校创新创业教育的协同目标，不仅能够为整个系统的运转提供方向指引，还能为系统内部的协同树立标靶。为了能够科学指引高校创新创业教育具体工作的展开，总的协同目标还需要进一步分层细化，用一逻辑缜密、相互关联的协同目标体系进行总结、概括。高校创新创业教育以创新作为创业的基础，以创业带动就业，培育具有创新精神、创业意识与创新创业能力的专业型人才应成为各方参与主体的基本共识。在这个总目标的统领下，高校创新创业教育各子系统、各子系统之间的协同目标是：通过跨越职责边界进行工作，以目标共享、整合行动的方式回应高校创新创业问题。跨越边界的整合行动包括纵向层级整合、横向部门整合和内外互动整合。[183]

二、检视高校创新创业教育运行的实际状况与机制障碍

在明确了系统的协同目标后，还需要高度重视高校创新创业教育运行现状的调研，为开展对目标与现实差距的评估工作奠定基础。尽管高校创新创业教育系统中的各子系统及要素都是围绕高校创新创业教育总目标开展具体工作的，但由于自身定位、效能，以及资源不均衡、信息不对称、能力有差异等客观因素的制约，常常不能实现有机、有效、科学的协同。

这进而在协同目标的实现上出现了“应然”与“实然”的客观差距。这使得客观检视高校创新创业教育系统运行的实际状况与机制障碍，为协同机制的构建提供客观基础和现实依据就显得尤为重要。如果无法客观、全面地掌握高校创新创业教育实际工作发展的现状，就无法精准定位遇到的问题和困境，无法不脱离高校的具体校情、学情，无法找准协同工作的施力点。经过前期调研，我们已经对目前我国高校创新创业教育的运行现状有了总体把握。

三、找准高校创新创业教育理论应然与现实实然的差距

（一）高校创新创业教育协同差距的评估

协同差距的评估不仅是协同机制构建的重要环节，也是高校创新创业教育协同机制构建的“问题意识”。在明确协同目标和检视实际运转状况的基础上，需要对“目标—现状”之间的客观差距进行评估管理，进一步找准高校创新创业教育系统运转的实际状况与理想状况之间的差距，以便缩短、拉近，最终消除差距。协同差距的评估过程：

首先，要将实现协同目标的理想状况作为标准，梳理、确立若干项参照指标或者参照系，进而对高校创新创业教育系统内部运转进行客观、翔实的调研和检视，最终实现客观、科学的差距定位。[184]

其次，是对高校创新创业教育协同差距的科学评估。科学评估高校创新创业教育目标与发展现状之间的差距是高校创新创业教育协同机制构建的重要基础。这不但有助于为协同机制的构建提供现实依据、明确发展方向与协同任务，还有助于高校创新创业教育的领导与管理部门在此基础上科学决策、开展科学管理。科学评估时，不仅要秉持客观、务实的工作态度开展科学评

估，还要在符合高校创新创业教育基本规律、符合高校创新创业教育实际的标准体系和工作方法的基础上，分别对“目标”与“现状”进行科学的层次划分或者类别划分，以开展差距评估。

(二)高校创新创业教育协同机会的识别与信息数据分析

在差距评估的基础上，高校创新创业教育协同机制的运转进入到协同机会识别与信息数据分析的协同价值的预判阶段。此阶段是将评估结果与协同机制构建进行内外衔接、有效融合的重要环节。

首先，要进行高校创新创业教育协同机会的识别。识别高校创新创业教育协同机会，即在高校创新创业教育系统的运转过程中，识别内部可能或应当发生协同的时机。识别协同机会是实施管理协同的突破口，只有准确及时地识别协同机会，才能围绕协同机会采取各种管理措施和方法，取得管理协同应有的效果。[184]在进行高校创新创业教育协同机会的识别时，应紧密围绕以下三方面：首先，具备较强的、有针对性的“问题意识”。这是高校创新创业教育协同机会识别首先要树立的价值导向，只有立足于协同差距的评判，才能为协同机制的构建与创新找到“解决什么问题”“突破什么瓶颈”的出发点与落脚点；其次，不脱离现实、不脱离实际地进行识别。高校创新创业教育协同机会的识别，万万不可脱离高校创新创业教育的现实基础，不可以好高骛远、不切实际地进行识别；最后，充分发挥“应当”与“可能”两个维度的识别协同机会。既要立足于协同差距，又要立足于现实基础的“合理超越”，通过更高的协同要求与时机判断识别高校创新创业教育的“应当”与“可能”的协同机会。

其次，要进行高校创新创业教育协同信息的数据分析。协同信息的数据分析就是利用一切信息化平台对高校创新创业教育系统内部的各类信息，如工作信息资源、工作对象的各类动态信息，以及其他相关数据进行科学分析，以便为高校创新创业教育协同机制的构建提供信息支撑。高校创新创业教育协同信息的数据分析，主要包括对两大类信息数据的分析与研判：第一大类是工作资源的信息。如高校创新创业教育开展的组织形式信息，具体是指高校创新创业教育教学的课堂形式、教学方式、考核方式等；高校创新创业教育的课程体系信息，比如高校开设通识类启蒙教育课程的门数、开设与相关专业相融合的“嵌入型”教育课程情况、开设“专业型”和“职业型”创业管理教育课程的情况等信息；高校创新创业教育师资建设信息，具体是指双创师资的专兼职比例、年龄结构、学源分布等信息；高校创新创业教育的环境氛围信息，具体指入驻孵化基地的团队数量及实践基地开放率、成立创新创业类学生组织与社团协会情况，以及通过公众号、网站或广播形式发布创新创业类讲座、课程、竞赛等信息情况等。第二类是工作对象的信息。主要包括高校外部主体(如政府、企业及其他公共服务机构)开展创新创业的动态、高校内部各职能部门和二级院系从事创新创业的动态，以及大学生的创新创业动态及满意度等信息。

四、构建协同理论视角下的高校创新创业教育协同机制

由于协同学理论把握了组织系统运转的基本规律，为现代组织系统的运转指明了实践方向，所以开展高校创新创业教育协同机制的构建需要建立在已经被理论与实践反复证明是科学的协同学理论的视角之上。高校创新创业教育系统内部，无论是协同目标体系、客观运转的实际状况，还是两者之间差距的定位，都依赖于协同学理论的视角，这就从根本上决定了其协同机制的构建同样需要建立在协同学理论视角之上。在协同学理论视角中，谈及某种系统运转机制的构建，其实质就是从“应然”角度出发的探索与论证。[185] 鉴于此，高校创新创业教育协同机制的构建可以从概念解析、要素分析、原则确定与模型构建四个方面和步骤尝试开展。

首先，概念解析主要是明确高校创新创业教育协同机制的概念及所包含的范围。这为后续研究提供了逻辑起点。

其次，要素分析主要是在创新创业理论与协同学理论的共同视角下，探讨高校创新创业教育系统的基本要素构成，是前提性、基础性的机制构建。这就如神经系统是由中枢神经、神经元等不同层次要素组成的一样。

再次，原则确定属于规约性的构建，是对高校创新创业教育协同机制构建的“质的约束”与差异性描述。

最后，模型构建属于图例式、模型式的机制构建过程，即通过使用一套原理性、机理性的运转模式解释、说明高校创新创业教育协同机制的运转方式。

第三节　国外创新创业教育经验借鉴

梳理国外创业教育经验，对我国当前开展高校创新创业教育协同工作具有重要借鉴意义。

一、美国的创业教育实践

作为最早开展创业教育的国家，美国从18世纪中期开始实施创业教育时间最久，成就较高，颇具代表性。

(一)美国创业教育的发展历程

创业精神引领了美国高等教育的改革和发展。[186]美国高校创业教育的发展源于与社会和市场需求的紧密结合，是自下而上的探索。早在1947年，迈尔斯・梅斯(Myles Mace)在哈佛商学院首开“新创企业管理”课程，标志着创业教育在美国拉开了帷幕。20世纪70年代至80年代，美国经济发展进入“滞涨时期”，下行趋势明显，高校应届生就业压力增大。在此背景下，创业教育再次回到大众视野，众多一流高校率先开展创业教育，开启了校园创业教育的新纪元。此举也为美国的经济注入了新的发展活力。经过几十年的发展，美国形成了课程体系完备、师资力量稳健、学生积极探索、社会大力支持的良好创业环境，为其在第三次科技革命中的崛起储备了充足的人才。[187]“硅谷神话”的缔造推动了地域经济的活跃与繁荣，也促进了创业教育的迅速发展。

20世纪90年代以来，创业教育已得到全美高校的普遍认可，愈来愈多的高校丰富了课程开设层次，并积极在专业设置与学位授予上进行探索，一些高校甚至培养出该领域的博士人才。经过半个多世纪的发展，美国高校创业教育已具备一定规模和相对科学、成熟的体系，并能根据时代的发展适时调整创业教育发展方向，与时俱进地培养创业人才。纵观美国的创业教育发展其可分为三个阶段：20世纪80年代之前的探索阶段、20世纪80年代初至90年代末的逐步完善阶段和20世纪90年代初至今的成熟阶段。[188]

(二)美国高校创业教育的实践

1. 有明确的培养目标和培养内容

培养学生的创业意识、创业心理品质、创业能力和完整的创业知识结构是美国大学开展创业教育的最终目的。通过掌握企业的创建与管理过程的相关知识，使学生明确自己的职业生涯规划，为选择创业打下良好的基础。从国家人才培养的角度来看，美国大学的创业教育主要侧重两点：一种可称为“人才说”。以培养创业者为指向，目的就是培养能够创造工作岗位的人，以斯坦福大学的创业教育为典型；另一种可称为“素质说”，以培养企业家精神为依归，目的是培养创业者的素质，特别是创业精神和创业能力，以更好地适应各类工作的要求，如百森商学院的创业教育思想。[189]当前，美国创业教育学界以杰弗里·蒂蒙斯教授为代表已经形成共识：大学创业教育应当为大学生“设定创业遗传代码”，让他们以“最具革命性的创业一代”作为价值取向。[190]

创业教育的内容。美国大学的创业教育特别注重企业家精神的培育，教育内容主要是创业机会的识别、商业计划书的制定、新创企业的经营与管理等。①创业机会的识别。教会学生从不同视角观察消费者和市场，分析、判断市场上尚未满足的需求与欲望，并通过感知、寻找、选择和评估，把握潜在的创业机会。②商业计划书的制定。在对自己的商业创意进行市场调研的基础上，拟定商业计划书，并在实践过程中根据消费者和市场需要不断改进和优化，直至创业想法落地实现。③新创企业的经营与管理。创业者新创办企业后，必须掌握一定的企业经营和管理知识，如业务定位、商业模式、工商登记、财务税收、集资融资、市场营销、团队管理以及业务拓展等。因此，高校创业教育应根据创业者的现实需要开展此部分内容的传授。

2. 科学地设置创业教育课程

美国已形成了包含课程设计、案例筛选、教学方法、活动实践等完整的、系统的课程体系。美国于2001年出台了《创业教育课程国家标准》，其中包含企业家及企业家的机会能力标准、营销能力标准、经济学能力标准、财务能力标准、会计能力标准、管理能力标准、全球市场标准和法律能力标准等八方面内容。[191]美国高校创业课程可分为大类课程、学科课程与活动课程三类。

①大类课程。在美国，创业教育被认为是包含全球意识、道德意识、公民意识、写作能力、分析能力、跨学科能力和研究能力等教育内容的大类教育。②学科课程。美国大学生的教育是以学科教育为主，为了提高学生创业能力，必须在各类学科课程中找准自身的位置开展创业教育，如康奈尔大学的“创业精神与化学企业”“设计者的创业精神”等课程。[192]③活动课程。创业教育活动课程是将学生所习得的创业知识和能力得以实践的课程，是能真正培养学生所需的创业精神和创业技能。活动课程一般有两种形式：一是可以记学分的各类研究讲座；二是科研活动、创业计划大赛、创业模拟等相关的实践活动。

3. 创业中心促进了高校创业教育的发展

创业教育的实践与研究是相辅相成、密不可分的，只有建立在科学研究基础上的创业教育才能顺利进行，也只有根植于实践基础上的教育研究才能科学有效。美国国家层面，管理学会成立了美国管理学会创业部。高校层面，大多数院校都将创业视为一个研究方向或专业领域进而成立了创业研究机构。显然，创业中心在美国已经成为创业教育实施与研究的重要组织。按功能分类，美国高校创业教育中心可以分为三类，如表 4-1 所示。

表 4-1　三类创业教育中心比较

	分类	聚焦点	主要功能
创业教育中心	教学型	关注课程建设和学生培养	制定和实施创业教育课程计划、创业教育研究计划、外延拓展计划
	科研型	关注创业研究的发展	开展学术交流，提供人际沟通机会；出席会议交流论文、索引、文摘及相关信息
	整合型	关注教学、研究及服务	提供所需的教学内容、研究指导与各项服务

（三）美国创业教育的特点

1. 形成了完整的“一站式”教育体系

美国高校的创业教育不仅在创业学学科中注重创业学研究，还将创业学与其他学科体系相结合，培养创业型的专业人才。美国创业教育从小学开始就开展创业教育，共分为五个阶段：基础教育阶段、能力意识阶段、创造性实践阶段、启动阶段、成长阶段。[193] 基础教育阶段主要是在中小学时期，使学生初步理解市场经济的含义、了解企业相关内容；能力意识阶段是在职业教育时期，通过开展一系列的创业课程，使学生掌握企业可能出现和面临的问题；创造性实践阶段主要针对的是高级中学或两年制大学时期，使学生通过撰写完整的商业计划书和各类商业策划案，将理论知识付诸实践，深刻认识到如何成为一名企业家；启动阶段是在大学毕业阶段，通过开展商业技巧方面的培训，使具有创业意愿的大学生掌握如何创办公司的能力；成长阶段是学生毕业后的继续教育阶段，通过参加社会办的各类进修班，使创业者及时、有效地解决创业过程中所遇到的实际问题。美国这种完整的"一站式"的创业教育体系，为学生从小学到大学阶段，从掌握创业知识到成为创业者奠定了基础。

2. 构建了全社会广泛参与的支撑体系

美国的创业教育得到了政府组织、行业企业等非政府组织、高校校友等社会各界的大力支持，形成了强有力的创业教育支撑体系。第一，政府建立了健全的组织机构用来扶持那些准备创业和正在创业中的中小企业。如中小企业管理局(Small Business Administration，简称 SBA)、青年创业家大使联盟(Youth Entrepreneurs of Kansas，简称 YEK)、科夫曼创业中心(Keffman Entrepreneurship Center，简称 KEC)、国家独立企业联合会(National Federation of Independent Business，简称 NFIB)、中小企业发展中心(SME Development Center)等机构的设立为高校创业教育提供咨询培训、经费保障、技术支持等。第二，高校设立专职的负责创业教育的实施与质量评估的教育机构，并聘请学校管理机构的负责人担任重要职务。如百森商学院的校长、研究生院院长、教务处长等不仅是创业教育领域全球著名的学者，同时也深入课堂，作为创业教师为学生教授创业类课程。第三，社会基金提供创业资金支持。大量的美国企业设立了创业专项基金以支持、鼓励大学生积极创业，帮助创业者解决经费短缺的"瓶颈"。

3. 培养了科学的专业化的师资力量

美国在多年的创业实践中构建了科学的多渠道师资培养体系。第一，依托博士生项目培养创业师资。美国一些高校向其他学术项目的博士生提供创业课程和模块、开展创业方面的研讨会，并在录取过程中涉及创新创业相关问题探索，有利于提高博士生的创新创业素质；[194]第二，通过开展全国性的创业计划大赛、模拟创办企业等各类虚拟的创业活动，为未来创业教育师资提供实践平台，以提高创业师资的创业水平与能力；第三，通过由创业基金组织或专门的培训机构提供的经验课堂、创业教学研讨会等项目，帮助教师走进创业教育课堂。第四，聘请一些既有创业背景又有学术背景的企业家或企业高管作为兼职创业教育教学或科学研究的客座教授，形成对创业师资进行有效补充。

4. 建立了有效的完善的评价体系

美国不仅设立了大量的良好的创业教育项目，还配套了有效的完善的创业教育评价体系用来确定创业教育项目是否达到预期目标、评价和反馈创业教育的影响力，以及衡量其资源分配是否恰当。如美国创业教育联盟制定创业教育国家评估标准、美国小企业和创业协会的全国性评价、Vespa 和 Gartner 等学者的评价和媒体的评价等。

二、英国的创业教育实践

随着中小企业在社会经济发展中的作用日益彰显，“二战”后，英国社会各界开始思考如何使高等教育服务于社会经济的发展以减少社会就业的压力，进而促使高等教育改革提出了创业教育。然而，随着就业渠道的拓宽和经济形式的扭转，英国政府随即将创业教育的最终目标由增加就业岗位变更为培养学生的创业素质，并在全国范围内大力推广。至今，英国已形成了政府助推、社会资助、课程完善、师资丰厚、环境良好的创业教育体系。

(一) 英国创业教育的政策支持体系

面临知识经济时代的挑战，英国政府将经济界的创业要求纳入高等教育的发展蓝图，并要求高等教育以培养具有创业精神和创业能力的创新型人才为己任，推动国家和区域的经济发展。

1. 英国政府开展创业教育的基本思路

教育与产业相结合、教育与文化相结合、教育与人才培养相结合是英国政府在大力推行创业教育过程中秉承的基本思路。

第一，教育与产业相结合。政府采取了一系列措施鼓励大学与工商界的合作：增设高等教育革新基金——鼓励大学与企业的合作；设立各类行业技能委员会——促进各行业与大学相关学科专业的沟通；加强大学与区域经济发展格局的合作并予以奖励。英国政府的这一指导思想不仅增强了创业教育的实践性，也促使工商界在大学建立了一种全新的创业文化。例如，牛津大学1988年创立ISIS科技创新公司负责管理牛津大学的技术转移和学术咨询，并逐渐为全球的客户提供技术专业咨询。牛津大学的“学术象牙塔之城”正逐步转变为“硅谷创业园之城”。[195]

第二，教育与文化相结合。为进一步培养大学生的创业精神及构建良好的社会创业文化氛围，英国政府制定了以下三项措施。首先，依托财政部为创业文化建设提供充足的资金保障。其次，成立大学创业教育管理机构——全国大学生创业委员会，旨在促进高等教育机构、工商界与大学生之间的联系，提高大学校内的创业文化氛围。最后，创设良好的社会环境，保证中小企业都可以得到适当的商业支持和专业的发展建议。

第三，教育与人才培养相结合。英国政府倡导高等学校人才培养应该满足市场的需求，将创业教育放在更广阔的以工作为基础的学习和就业能力的背景下加以推广。[196]国家层面，教育与技能部于2005年发布了《技能：在商业中增强，在工作中进步》白皮书，以此为指导思想为高校开展创业教育提供了明确的方向。地区层面，为便于大学有针对性地培养适应工作需求的人才，地区就业和技能行动框架(Framework for Regional Employment and Skills Actions，简称FRESA)发布各地区的技能需求。

2. 英国政府扶持创业教育的政策法规

英国政府高度重视中小企业的发展，相继出台一系列法律法规扶持中小企业的成长。首先是出台《公司法》。该项法律不仅明确规定了中小企业的法律地位，还简化了中小企业的决策程序和资本制度，取消不必要的资本维持要求。其次，加强大学生知识产权的管理与保护。为确保英国大学生的自主创新创业，英国法律规定大学可以拥有教职工的知识产权而无权自动拥有学生的知识产权。最后，颁布一系列中小企业扶持政策。英国陆续颁布了 11 项专门针对中小企业的法案，其内容涉及发明专利的保护、科研成果的转让、防止小企业被大企业过度吞并、解决企业间债务和任意违约问题等。同时，也为中小企业提供各类咨询、孵化与研讨等服务开放了相关数据库，保障中小企业的发展。

3. 英国政府提供创业教育的资金保障

英国政府先后设立了一系列专项基金保障创业教育的顺利开展，如高等教育创新基金、全国科学技术、新创业奖学金、科学创业挑战基金、艺术捐赠基金和王子基金等。这些基金不仅为妇女、失业或半失业者、残疾者、少数民族等创业群体提供必要的创业资金支持，还用于资助创业中心开展创业研究、支持大学开展专利申请与专利保护、公司筹建市场开发活动、在大学周边建立各种科技网络群等，极大地激发了不同群体的创业活力和潜力。

4. 英国政府成立创业教育的管理体系

英国政府于 1999 年建立了首个创业教育的管理和实施机构——英国科学创业中心（UK Science Enterprise Center，简称 UK-SEC）。该中心下设 13 个子机构中心，联络管理 60 多所高校，工作范围包括开展创业教育、支持并鼓励新企业的创办、鼓励技术转化、加强与工商界的联系等四个方面。该中心的工作目标是将创业教育作为一门学科融入传统的教学活动中，使创业精神成为大学生的思维方式，进而推动大学文化的革新。在此基础上，2004 年英国政府又在伯明翰设立了英国大学生创业促进委员会（National Council for Graduate Entrepreneurship，简称 NCGE），旨在促进英国高等学校加强对大学生企业家资质的培养，尤其是鼓励毕业生的自我创业。[197]

（二）英国创业教育的社会支援网络

创业环境的改善极大地激发了英国民众的创业热情与创业活力。英国大学创业教育的蓬勃发展不仅得益于政府在政策、资金上的大力扶持，还依靠非政府组织与行业企业组成的社会支援网络的推动。

1. 非政府组织对创业教育的支持

英国国内的多个非政府组织，不仅关注国家的经济发展现状，也关注大学创业教育发展及大学生创业精神的培养，鼓励其他社会组织与高校通力合作以培养未来的企业家。此类的非政府组织主要有：产业与高等教育委员会(Council for Industry and Higher Education，简称 CIHE)与高等教育政策协会等。产业与高等教育委员会由行业著名企业家和大学知名学者组成，致力于通过加强企业与大学间的相互合作和相互支持促进大学生更好的学习。

2. 企业对创业教育的支持

在众多社会团体中，企业是英国最主要和最重要的创业教育支持网络。如 1986 年，英国壳牌公司发起一项地方性社会投资项目——壳牌技术创业项目(Shell Technology Enterprise Program，简称 STEP)。该项目主要以安置大学生到中小企业实习的方式，使学生通过解决工作中的实际问题提高自身人际交往能力与创业能力，增加对中小企业的认识，进而将理论知识运用到实践工作中获得宝贵的实践经验，以便在未来自我创办企业和顺利就业。2000 年 6 月，荷兰皇室和壳牌集团建立壳牌基金会(Shell Live WIRE)，该项目主要支持可持续性能源项目、可持续发展社团项目和青年创业项目。壳牌基金会还取得了银行、当地创业发展组织、政府、高校和其他社团的支持，现已成为颇有影响力的促进青年创业和创业意识提高的项目。[198]

(三)英国创业教育的教学体系构建

在英国政府自上而下的大力支持下，英国的创业教育得到快速发展，不仅取得了很好的效果，还形成了自己特有的教育教学体系。

(1)组织模式

源于对创业和创业教育概念的不同理解，英国形成了两种创业教育组织模式，即传统商学院的组织模式和创业型大学组织模式。传统商学院的组织模式主要对组织企业管理领域专业人才进行培训，比较重视创业知识等显性知识的传播而忽视创业者创业精神和意识的培养。创业型大学组织模式是由多部门参与、跨学科协同的教育模式。其在培养学生创业知识、创业技能和创业行为的同时，更加关注创业态度和学生创业精神的培育。因其涵盖内容的广泛性与更加适应经济社会的发展，更被大众所认可，在英国创业教育中占主导地位。

(2)学习模式

由于各高校对创业教育的理解不同，其教学方法也呈现出不同的特点，我国学者牛长松在《英国高校创业教育研究》一书中将英国创业教育的学习模式归纳为以下五种。①模拟创业学习模式。该模式以项目为基础学习媒介，为学生创设模拟各类创业环境，让学生在创业过程中接触复杂混乱的问题，抓住并解决问题，提高学生面对不确定性问题的能力，即通过做事和反思获取知识。②数字化学习模式。斯塔德福德郡大学是麦西亚创业协会的成员，斯塔德福德郡大学的数字化培养模式成功地利用了协会的 TE3 (Technology Enhanced Enterprise Education)课程开发的资料支持创业教学，利用现代技术和数字化资料：录像、网络流媒体、电话会议、动画、在线资料、在线任务和活动、同步和异步讨论、商业模拟等。[199]③以机会为中心的学习模式。该种学习模式反映了自然和社会的学习过程，是在动机驱动之下发现和完成任务的过程。这一过程聚焦于识别、开发、规划和完成机会，并致力于将想法变为现实。在此过程中，四个相关联的学习阶段构成了一个相互关联的图式，分别是探索机会阶段、将机会与个人目标相关联阶段、规划实现机会阶段、采取行动使机会变为现实阶段。[200]④创业经历叙事性解释的学习模式。该模式以创业者自身想提高创业能力为前提，在创业教育过程中通过整合创业者的信息、动机、社会关系、能力、计划等，培养学生对个人资源的理解，进而有效地培养自我效能。⑤综效学习模式。该模式以建构主义为理论基础，是本科生、创业者及创业支持者三者的合作学习模式。此模式以培养学生的创业动机、创业技能及创业能力为重点。其通常以创业项目为主要内容，要求大学生与创业者、创业支持者组成一个创业团队，共同完成一个项目，他们共同决定优先行动方案，在课程结束时向评委提交商业计划书。[201]

(3)课程体系

为全方位地开展创业教育，英国将创业教育与现有的专业课程相融合，取得了较好的效果。①社会创业课程的开发。鼓励大学与社区建立密切的联系，英国政府将创办社区企业的社会创业引进大学课堂。比如学生以肢体残疾者为服务受众，通过为肢体残疾者提供各类服务，在解决他们遇到的困难的同时培养自身的各类技能与实践能力。②体育运动学科创业课程开发。英国非常重视创业教育与体育学科的融合，开设了诸多运动创业类课程，如格林威治大学的“运动科学的创业”课程、德比大学的“体育研究和创业管理”课程，以及伍斯特大学的“运动创业和创新”课程等。③建筑环境学科创业课程开发。为提高和改进建筑环境学院的创业教育，英国高校创设环境学科中心，旨在充分利用教学资源，鼓励学生的独创性和创造性，进而提高建筑类学生的创业能力。

(4)实践体系

英国大学的科技园为培养创业人才发挥了重要的作用。科技园主要扶持的目标是中小企业，大学为进驻企业提供了很多优惠政策。教授被鼓励在科技园内创业，这样不仅提高了创业教育的师资队伍水平，还创设了良好的创业环境，提升了学校的声誉和威望。大学生也被鼓励到园内创业或就业，不仅学校为毕业生发放薪资，在毕业生为企业工作的这段时间，还可以申请获得硕士学位。在企业学习创业期间所积累的各项知识和宝贵经验，也为后期学生从虚拟创业到实际创业奠定基础。英国高校不仅通过创建科技园支持创业教育，还通过利用校友资源支持大学生创业。政府层面，英国政府鼓励在大学的各个层面加强校友联系，为大学生创业或创业实践提供机会。高校层面，英国的商学院与美国的大学建立了广泛的校友网络，各学校可以与世界各地的校友为大学生提供资金支持或实习场所。[202]

综上所述，英国的创业教育呈现以下特点：第一，特殊的时代背景。英国创业教育发生在“二战”后，在经济发展的桎梏与就业萎靡的双重压力下，国家需要培养大量具备自主创新能力、合作精神、责任感强的创新型人才。第二，良好的政策环境。英国政府提供了各类支持创业的政策、创业资金，以及创业教育的指导。第三，明确的教育政策。将创业教育纳入大学人才培养体系，制定清晰的奖励制度、网络化的创业课程、结合课外的创业活动等，为大学生创业提供各种援助。第四，完备的基础设施。第五，紧密的援助网络。社会各界都极尽可能为大学生创业教育提供各种支持等。

三、法国的创业教育实践

法国政府在解决社会就业难题的同时，不仅越来越认识到创业在促进就业和促进国民经济发展中发挥的重要作用，还深刻地认识到公民最需要的能力就是适应环境和把握个人生活的能力。在此背景下，法国政府大力推行创业教育。[203]

(一)法国的"青年挑战"计划

1987年，法国青体部(2002年改为青年、教育和研究部)牵头启动并开始运行法国青年挑战计划，为18岁至25岁开展创新创业项目的青年或青年团体提供无偿的资金、培训、咨询、中介、后勤服务等。该项目具有以下几个显著的特点：第一，资金由政府提供。青年或青年团体有了创新创业的意向后，向当地的青年挑战计划办公室提出申请，审核通过，即可获得来自政府拨款的资助。[204]第二，鼓励创新。青年挑战计划的宗旨是让青年人发现自己的潜能和创造力，在全社会提倡创新氛围。因此该计划从设计、评估，到奖励、宣传都以鼓励创新为出发点。在评审项目时，有益于社会、有创新性和挑战性是首要要求。[205]第三，政府跨部门的联合和合作。该项目由青体部牵头协调和实施，就业和社会团结部等多个部门联合发起并共同实施，旅游部、社会行动基金、彩票基金会、海外事务部等政府部门也积极参与。青体部及其地方派出机构设置了专职工作人员——项目联系人，专门负责该计划的管理、协调与实施，并为参与者提供永久性支持。

(二)法国政府推动创新与创业

首先，通过立法提供政策保障。法国政府为科技创新创业提供保证，制定法律层面的《创新与研究法》。该项法规规定：第一，鼓励科研人员创业。科研人员可以使用研究成果创办企业，并通过参股或提供技术支持的形式保证科研人员的工资待遇和合法收入。第二，促进研究机构与企业间的深度合作。鼓励企业与高校共建孵化器与科技园，以便为科研人员和创业人员提供硬件仪器设备。同时，高校为科研成果转化与落地提供各项服务，保证企业借助于技术与大学的技术潜力并从中获益。第三，以税收优惠的方式支持创新业务。不仅设置了灵活的企业股票、创新信托资金，在税收待遇方面也做了明确的减免优惠规定，鼓励企业聘用科研人员。

其次，创建良好的创业孵化环境。为了促进基于科技成果转化的创业型企业获得成功，法国政府根据科技创新企业所处的不同阶段(如创新成果的转化、新企业的建立与发展和企业规模化发展三个阶段）提供针对性的帮助，有序推进企业孵化器、企业苗圃和科技园的建设。企业孵化器是为新项目筹建提供办公场地。入驻项目可获得5.5万欧元的资金帮助，孵化时长一般为6个月。待项目孵化成功，新创企业再将孵化期所获得的全部或部分资金偿还孵化器。企业苗圃旨在促进新创企业的创建。法国建立了近250家企业苗圃，苗圃根据孵化项目帮助创立公司，并为新创企业提供人员招募、预算控制、市场报告、会计手续及各个层次的培训等服务。科技园则为企业的成长与发展提供良好的基础设施环境，如功能齐全的实验室等。

最后，多渠道解决创业资金问题。一是设立创业启动基金。法国政府设立了服务、多媒体和通信与生物工程三个领域的启动基金，给予每个项目15至76万欧元的支持。二是建立项目竞争机制。面向全社会开展国家技术创新型企业创业大赛，通过评审给予最高达45万欧元的项目资助。比赛分为“初创—发展”和“苗头”项目两类，极大激发了全社会科技创新的积极性和主动性。三是通过贷款贴息的方式降低企业的资金问题。法国政府对开办不到3年的中小企业，在信用贷款方面进行了改革，即根据企业自身的创业计划给予一定额度的贷款，以解决企业发展中的燃眉之急。四是通过多种税收优惠措施，降低新创企业的成本以鼓励创业。法国政府对基础研究、应用研究和试验发展活动提供信用贷款，新创企业可以享受3年免税的政策优惠。

（三）法国独特的创业培训

20世纪70年代末80年代初，因经济萧条和产业结构调整，法国大批民众已经失业或面临失业。为解决高失业率问题，法国政府试图通过鼓励创办中小企业刺激经济发展和增加就业岗位。在此背景下，法国的创业培训应运而生，其通过对创业者进行系统、全面的创业基础知识培训和模拟实践，提高创业者的创业能力和企业经营管理能力，辅导创业者成功创办企业并使之持续发展。[206]

创业培训的组织机构。法国政府构建了三级组织管理全国的创业培训。首先，由政府劳动部门负责创业教育的总体规划和指导，并制定相关配套政策。其次，由就业与职业培训总局及所属全国职业介绍所和成年人职业培训协会，以及省劳动就业职业培训局，承担培训中的计划、协调、组织工作。

最后，由小企业创办者培训辅导中心开展具体的培训工作。

创业培训的培训模式。法国的创业培训主要由小企业创办者培训辅导中心具体实施。该中心遵循“从学员创业的实际需要出发，以人为本，促进创业成功”的培训理念，培训内容涉及接待、筛选、培训、辅导、扶持五个环节。①接待。接待受训者时，培训机构通过“圆桌式”相互谈心的方式了解拟受训者的基本情况，包括专业技术水准、实际创业能力、创业设想，以及家庭成员的态度、所处的环境等。在此基础上，为受训者确定良好的培训方案。②筛选。根据培训申请者的基本情况确定其是否需要中心的协助。③培训。理论培训一般为68天，培训内容主要涉及商业管理、市场学、业务技巧、会计与财务、法律、质量管理和销售技术等。培训结束后，要求学员根据培训内容编写创业计划书，顾问委员会根据学员的创业计划确定其是否能够结业并举行结业典礼。④辅导。学员结业后还要帮助其实现创业计划方案，进行后续辅导。⑤扶持。在学员毕业后真正开始创业时，给予后续的扶持以帮助他们解决碰到的各类问题和困难。综上所述，培训中心的学员经过培训后就业率达百分之百，其中三分之二的学员成功创业，三分之一的学员短期内找到工作。

创业培训的培训特点。法国创业培训的主要特点：一是将“一切为了创业成功”的培训理念贯串培训的各个环节；二是精选师生。创业培训师资和招收学员都经过严格的选拔，教师需要从有丰富实际工作经验的专家中选聘；三是个性化指导。培训中心根据每位学员的实际情况，个性化地安排课堂讲授与辅导，并根据学员的个人特点及所创办企业的性质，有针对性地开展如场地选择、信用贷款、财会管理、法律法规等个性化指导，以增强指导的针对性和实用性。

综上所述，法国创业教育开展的基础和目的是解决就业问题。其主要特点是政府主导，具体措施是出台扶持政策、开展项目比赛、加大创业培训等。

四、日本的创业教育实践

(一) 日本创业教育的发展

日本是亚洲发达国家，与我国一衣带水，有着共同的文化传承和相似的文化特点。日本面临国土狭小、资源匮乏、人口众多三重发展困境，却依旧能在2012—2015年《国家创新指数报告》中高居第二位，与美国一同引领全球创新，是值得深思与学习的。日本能够在近现代历史中占有一席之地，根源在于重视教育特别是高等教育，这为其发展注入了创业的活力。

20世纪60年代，日本就进行了大规模的风险投资，但是囿于集体意识和大企业主导的经济模式，日本社会创业意识与意愿较低，创业经济并未因此兴起。随着知识经济时代的到来，创业对经济的促进作用日益受重视。80年代末，日本高校开始导入创业教育讲座。90年代，日本陷入泡沫经济的萧条之中，失业问题严重，日本实施了“科教兴国”的方针，培养具有创新性和企业家精神的人才。90年代末以来，日本先后出台推动“创业人才培养”“培养富有企业家精神人才”“产学协同培养人才事业”等发展战略以推动高校创业人才的培养，并在课程开设、课程内容、教学模式、师资队伍、支援体系等方面进行改革。1998年日本开设创业教育讲座的大学只有30所，开设专门课程的只有5所，而2000年有139所大学开设330门课程。此外，日本重视大学技术成果的商业化，1998年颁布了日本版《拜度法案》——《大学技术转移促进法》支持技术转移机构建设，促进大学创新创业行为和风险企业的创建。日本为进一步推进创业教育事业，在90年代末已逐渐面向小学、中学阶段推广创业教育，并加强在基础教育阶段，培养孩子独立自主的心理意识、磨炼就业创业的意志品质。进入21世纪后，日本更加重视“企业家精神与创业”的培育，高校培养人才不再局限于创业家养成的狭义技能和知识教育，更加关注学生创业挑战能力和冒险精神培育，重视学生社会实践与创业技能的培养。

日本是一个善于汲取异文化精华的民族，其发展既是一部“学习”史，又是一部“赶超”史。[207]日本的创业教育虽然发展的时间较短，但是经过国家各个层面的努力，发展速度很快、成绩喜人。创业型经济不仅减少了金融危机对其国家造成的经济冲击，更极大地推动了日本经济的高速发展，带有明显的效益性。

（二）日本创业教育的实践

日本高校确立了“培养富有创业精神的创新型人才”的教育理念，在政府的支援下，紧密结合社会需求，与企业合作开展创业教育形成独特的教育模式。从日本创业教育来看，其从一种崭新的教育理念，发展到现在的初具规模，形成了独特的创业教育模式，有丰富的创业教育内容、多样的实施途径和广泛的社会支援体系。[208]

一是“官产学”密切配合。在日本的“官产学”协作体系中，政府不仅对企业提供税收、信贷方面的优惠，还对高校人才培养提供支持政策。企业也从政策、资金、计划、服务等多方面对高校人才培养提供支持，由此形成了多层次、立体化的创业教育社会支援网络结构。

二是聚焦于区域经济发展。高校结合本区域企业开展针对性市场调查，为企业提供个性化的咨询，并以振兴区域经济发展作为人才培养的目标定位。

三是教育体系的相互衔接。日本根据不同学段的学生有针对性地开展形式多样的创业教育，如小学阶段着重培养学生的创业意识，大学阶段则为学生提供创业理论课程、实习机会、实践课程等完善的课程体系。例如，日本的横滨大学利用“企业—创业教育项目”，培育高校学生的创业精神及意识。这种项目主要由四部分形成：意识、思考、工作和创造。再比如，信州大学利用建立技术创新管理研究生课程，对社会科学以及科学与工程的有效结合进行研究，将具备一定工作经验的社会群体作为目标，培育对高新技术和市场趋势都拥有深刻了解及观察能力的创新性创业人才。[209]

（三）日本创业教育的“官产学”协作体系

经过多年的实践，日本政府逐步形成了“政府积极引导、产业界积极参与”的贯通官、产、学的庞大体系，以及“创业前激励企业家发挥创业精神；创业时创业咨询指导；创业后在资金、科研、技术等方面持续提供支援”的全过程支援措施，推动创业教育有序发展。

1. 政府对创业教育的支持与服务

以文部科学省、中小企业局、经济产业省、厚生劳动省为中心的政府机构在推动创业教育过程中发挥着重要的引领作用。由于职责分工不同，这些政府部门在推动创业教育过程的侧重点也有所不同，但各个机构在组织与机构、政策与制度、项目与活动等方面对创业教育都给予了大力支持。

2. 产业界对创业教育的支援

日本政府提倡企业参与到大学生就业前的教育，推出“体验式就业”政策，把产学合作领域推进到教育领域。产业界为了更好地配合大学开展创业教育，一方面参与大学人才培养计划的制订、共同开发创业课程、开放企业空间，使所培养的学生更适合社会与企业的实际需求；另一方面以成立创业研究中心或者委托中介等非营利机构的方式，开展创业企业调查研究。通过调查所得数据和结论为大学开展创业教育提供信息，为要创业的青年提供信息，为政府制定相关政策提供咨询服务。比较著名的“创业风险企业国民论坛”“日本风险企业学会”“东京创业精神开发中心”等这些机构为日本的创业开展了大量的研究、咨询、政策服务等活动。[210]

五、国外创新创业教育对我国的启示

通过上述对美国、英国、法国、日本开展的创业教育实践的深入分析，我们发现，虽然各国开展创业教育的背景及发出点不尽相同，但依然显现出相同的特点：政府的高度重视与大力支持，社会和产业界高度配合与高校协同培养创业人才；高校在师资培养、课程设置等方面做了有益的探索等。上述成功经验，为我国开展创新创业教育提供了有益借鉴和参考。

（一）完善系统连贯的创新创业政策保障体系

1. 制定权威统一创新创业政策法规

政策具有激励与导向作用。凡在创新创业教育方面走在世界前列的国家，无一例外都为创新创业教育提供了良好的政策环境。政策能够指导高校开展创新创业教育，指明培养何种创新创业人才，同时以激励、协调、监督等方式保障创新创业教育的顺利开展。发达国家重视通过政策引导创新创业，并不断调整以追踪创新动态，保持国家创新创业活力。不论是美国、英国还是法国、日本都出台了一系列鼓励创新创业的政策。为此，我国政府要进一步完善系统化、连贯性、协调联动的政策体系，为大学生提供相应的资金支持、税收优惠、信息咨询、教育培训、资源引导等政策服务；并从法律层面，加强立法保障，将科学系统的政策体系上升到法律高度，对创新创业教育的系列内容采取硬性规定，促使政府部门在各司其职的基础上协同办公，有效推进工作开展。[211]

2. 创新创业教育纳入国民教育体系

开展创新创业教育不仅单纯为了就业，还是国民素质教育的一种拓展。《中国青年创业发展报告(2021)》指出：19.8%的大学毕业生认为创业过程中最缺乏相应的知识和能力，这反映出青年创业者在业务拓展和技术创新方面缺乏相应的竞争力。[212]

培养及提升学生的创新创业素质不是仅靠大学短短的几年就可以完成的，而要通过基础教育、高等教育、继续教育等阶段长时期的培养才能获得。

美国在学生的小学阶段、初中阶段、高中阶段、大学乃至研究生阶段都开设了创业就业类课程，并形成了完整的学科体系。法国的“中学里办企业”等活动，日本的“早起会”等活动，都是通过日常的创业就业实践，培养学生的创业意识与探索创业的兴趣和能力。作为人力资源大国，中国要培养学生的双创精神，提高学生的双创能力，首先要做的就是借鉴国外的成熟做法，将创新创业教育纳入国民教育体系。培养学生从小树立正确的职业目标，为将来成为国家所需的创新型人才打下良好的基础。因此，可以将创新创业教育以选修课的形式前置，延伸至中小学学段教育，而将开放式网络课程后推至离校后的继续教育阶段，由此构建大中小学段相互衔接的创业教育体系。中小学学段，重在创造性、合作性、竞争性等各种创新意识与创业思维的培养；大学学段应该把创新创业知识、技能培养和性格塑造等各种创新创业关键要素结合起来，加强创新创业的实践培训；继续教育阶段，应当在发展创新创业知识技能的同时，重点辅导创业实务，追踪创新创业前沿理念，并强化风险承受能力培养。[213]

3. 强化外部支撑提供充足基金保障

高校是创新创业系统中的一部分，并不是孤立存在的，其创新创业活动与人才培养需要得到支持，才能在发展中不断提升。在高校创新创业活动中，资金支援是十分必要的，是促使高校创新创业最终能落地，跨越“死亡之谷”与“达尔文之海”的必要保障。虽然我国每年为创新创业教育投入大量的人力、物力、财力，但是高校在融资与资金调配方面尚有不足，资金供应链的不确定是高校创新创业流产的重要原因。由于大部分大学生创业的行业不受风险资本的青睐，创业启动资金来源较为单一，主要来源于个人、家庭积蓄或亲友借贷；同时也难以通过吸引投资来解决资金问题，且缺乏可以用于抵押和担保的资产，融资方式主要是银行贷款和合作入股。与此形成鲜明对比的是，国外高校除政府重金保障创新创业活动和人才培养之外，风险投资企业、跨国公司、基金会等多元融资渠道成为学生创业的快捷研究渠道。因此，强化保障创新创业人才培养的外部支撑，加强资金保障，是值得我们借鉴与力行的。

（二）设定循序渐进的创新创业教育培养目标

国外将培养学生的创业精神作为开展创业教育的教育目标，并以此为标靶指导一切创业教育活动。因此，我国在开展创新创业教育之前，首先需要明确其目标定位。目标设定过程中应具有一定的层次性以增加其可操作性，不仅包含培养创新创业人才的长期目标，还包含提升知识应用能力的短期目标。

1. 创新创业教育是高等教育的一种教育理念

创新创业教育是渗透于人们生活中的一种思维方式和行为模式，不能将其仅当作一种以营利为目的的商业活动。创新创业活动的开展要求创业者必须具备自主、自信、自强、勤奋、诚信等品格和创新精神，具有较强的开拓精神、分析问题和解决问题的能力。这正是我国构建创新型国家所必需的，也是我国人才强国战略思想的体现。因此，我国要树立高等教育的新理念，大力开展创新创业教育，培养具有创新精神和创业能力的创新型人才，从而实现人才强国的战略思想。[214]

2. 以培养学生创新创业精神作为双创教育的起点

大学时期是创新创业的最佳时期，此时的年轻人不仅适应了新经济的发展并接受了新文化熏陶，同时也最具创新创业激情。接受系统的创新创业教育理论，培育学生的创新精神与创业意识，使受教育者树立市场竞争意识，是创新创业教育的前提，也是进行创新创业实践训练，保障创业成功的必要条件。[215]

3. 以提升学生创新创业能力作为双创教育的归宿

根据创新创业者素质要求，只有具备良好的创新创业能力，才能适应全球化、知识经济时代的挑战。因此，创新创业教育的最终目的是经过严格的学术训练和知识准备，使未来创新创业者具备战略眼光、良好的沟通协调能力、营销能力和决策能力，并具备较好的情商。在创新创业教育的各个环节注重培养学生的创业能力。因此，在课程设置、实践环节等的设置中要考虑到创新创业知识与能力的因素，通过创新创业教育提升大学生的综合素质。[216]

4. *以树立正确的价值观贯串创新创业教育的始终*

创新创业教育是给学生种下“创新创业遗传代码”的教育过程。通过双创教育，提高学生就业竞争力、实现个人自我价值、获得物质利益固然重要，但更应该使学生树立以国家和人民的利益为己任的价值观，即通过创新创业教育实现学生个人价值与社会价值的整合统一。

（三）建立高水平高素质的双创教育师资队伍

目前，我国双创教育的师资队伍大多由负责就业的管理人员、学生工作者等非专业、兼职教师组成，有创业经验的、专职的教师比例不高。加之师资受培训人次不多，导致创新创业教育从上到下的专业化素质程度都不高，从思想观念到理论教学，再从理论教学到实践教学，都没有办法做到对大学生的专业化的指导，教学过程无法做到对大学生进行积极的调动，属于“象牙塔”中的“学院派”教师，成为制约我国创业教育的“瓶颈”。[217]美国高校一方面通过申请创业教师以扩大师资数量，另一方面通过聘请校外教师和自主培养教师来保证创业教育师资的稳定性。我国要加大创新创业教育实施的深度，可借鉴国外先进经验，把创新创业教育师资的选拔和培养作为开展创新创业教育的首要前提。

高水平教师队伍不仅要了解创新创业理论的基本知识，而且要有建立企业的实践经验或拥有丰富的企业高级管理经验。因此，要吸收高学历、高水平的专业教师，还要适量引进部分拥有成功创业经验的校友或者风险投资专家到学校任教。只有建立一支高水平、高素质的以“校内+校外+优秀校友”为主体的导师队伍，才可以使高校的学生逐渐受益于创新创业教育，才可以取得更好的效果，给我国创新创业教育的持续健康发展提供力量源泉。[218]

（四）构建科学系统的创新创业教育教学体系

创新创业不是与生俱来的，而是可教的。高校是开展创新创业教育的主体，也是具体的实施者。高校要培养出“大众创业，万众创新”的生力军，将我国人力资源转向智力资本，设计好创新创业人才培养的教育教学体系至关重要。

1. 构建科学合理的课程体系

纵观国外创新创业教育研究的开展，创业学已被视为一门学科，可授予本科至博士相关学位，且大学不断增设创业以及相关领域课程与项目，并不断丰富创新创业的活动与实践形式。而我国创新创业教育体系尚处于探索阶段，课程成熟程度较低，多以选修课、活动课或者专题报告、专家讲座的形式游离于高校正规教育之外。在此背景下，高校要加强双创课程体系建设，在课程设置方面遵循注重创新性与实用性、注重学科间的交叉性与渗透性、注重学习先进经验与结合自身实际的三大原则，以此为依据构建本土化的创业教育课程体系。在构建过程中，还应重点做好以下四个方面的工作：第一，拓宽基础课程。打通传统课程体系中专业课程与创新创业通识课程的联系以拓宽基础课程范围。第二，增加综合性课程。课程体系中要涵盖跨学科、跨专业有机结合的课程，以此构建学生综合性的知识结构。第三，开设充足的选修课程。结合高校自身学科特色与发展优势，开设形式多样、内容丰富的选修课程，为学生跨院校、跨学科、跨专业选修课程提供可能，保证学生建构以专业知识为基础的综合性知识结构。第四，开设专项双创课程。根据区域经济发展、地方产业特色、高校学科优势，开设有针对性的创新创业课程。

2. 采用因地制宜的教学方法

国外在创新创业教育过程中遵循了理论与实践相结合、教师课程讲授与创业家指导相结合、创业基本流程与瓶颈问题分析相结合、实训与应用相结合、产业研究现状分析与未来趋势预测相结合等基本原则，[219]始终将学生创新创业的精神与能力培育贯串人才培养过程，培养出高质量的创新创业人才，有力地推动了创新创业的繁荣。因此，我国在实施创新创业教育教学过程中，不仅要借鉴国外先进经验，更应该因地制宜地创造性地开展学科创新，逐步深化创业教育教学改革，形成具有中国特色的创新创业教育教学特色。在教学形式上，应当鼓励采用企业家座谈、头脑风暴、讨论练习、角色扮演、案例分析、商业游戏等方式方法，向学生直观、生动地展示成功创新创业者的精神、方法、过程和规律，以保证良好的教学效果。[220]

(五)开展多元混合的创新创业实践教学模式

开展创新创业实践活动不仅是创新创业教育特点和性质的体现，还是激发学生潜能的方式。让学生通过创新创业实践活动，运用和检验所学到的创新创业理论知识、实践技能、工作程序与创业方法，提高创新创业实践能力是高校创新创业教育的一个关键环节。美国和英国的创业教育已经表现出越来越强的实践性，学生能够获得越来越多的创业实践机会。这对我国创新创业实践开展有着良好的启示作用。因此，高校应充分利用地方经济资源，与地方政府、企业相结合，为学生创业活动提供实践机会，使学生更好地理解创业，积累经验，不断提升创业实践能力。[221]

1. 建立创新创业实践基地

建立科技创业园、孵化基地、创新创业基地、中小微企业，或组建创业培训实验中心、模拟虚拟实验室、传统的专业实验室等实践平台，开设各类开放实验项目、大学生创新创业训练计划项目等，鼓励每名学生自主选择创新创业训练项目，增加学生创新创业训练机会。[222]

2. 完善教育实践体系建设

完善创新创业实践平台建设可以激发大学生的主体作用。通过建立创新创业协会、创新创业小组等，高校可以定期或不定期开展商业计划大赛、创新创业竞赛、市场和销售支持与培训、校友活动等实践活动，使学生利用多种途径学习及运用创新创业知识与技能。

3. 建立校企对接实训平台

在美国、英国等国家，高校及整个社会都十分重视大学生的创新创业实践活动，给予广泛的认同与支持。其开展的实践活动形式丰富而多彩，活动影响广泛而深远。因此，高校要打破“象牙塔”的封闭状态，积极与政府、企业及其他公共服务机构合作、对接，让学生们利用课余时间及假期到企业实践锻炼，感受实际的企业管理与创业过程，以期增强学生的双创意识和能力。

(六)营造热烈浓郁的创新创业文化环境氛围

环境对人才培养发挥着重要作用。创新创业环境包含社会生态环境与校园文化环境，以隐性的方式对学生的知、情、意、行产生潜移默化的影响。

1. 全社会大力支持创新创业的良好氛围

创业教育发展较好的国家普遍创设了良好的创业社会氛围，而我国在理解与支持创新创业教育上与国外相比还相去甚远。中科创大、中国与全球化智库联合发布的《中国高校创新创业教育发展蓝皮书》显示，应届毕业生创业比例达3.3%，有40%的人不愿创业。[223]分析其原因，一方面是受传统就业观的影响，家长不支持创业，希望孩子进政府部门、国企和其他传统意义上的国有单位；另一方面全社会对创新创业还有一些误区，特别是不能包容创业失败。这让许多大学生不敢创业、不愿创业，怕冒风险、害怕失败，严重制约了大学生的积极性。全社会应该积极营造有利于大学生创新创业的良好的社会舆论环境，[224]积极鼓励立足现有岗位创业和广泛包容创业；鼓励各类专业技术的大中专毕业生大胆创业，调动起广大大学生广泛参与经济活动的积极性，[225]这样良好的社会文化氛围才有助于更好的创新创业。

2. 校园创建有益于创新创业的大学文化

创新创业教育能否卓有成效地开展有赖于大学文化的创建与形成。高校创新创业文化氛围主要包括校风、学风、班风等，是培养高质量的创新型人才的基础与前提，是重要的隐性课程，能潜移默化地促进学生文化素质和实践能力的提高，也是一所大学管理、教育水平及精神风貌的集中体现。因此，学校可以通过营造积极创新的文化氛围，引导学生参加创新创业活动。首先，高校通过政策、制度引导，创造一个开放、自由、包容的校园氛围，培育学生艰苦奋斗、自由勇敢、乐观坚韧、自主创新的精神，形成良好的创新创业风气；其次，通过海报、横幅、橱窗、宣传栏、网络等媒体营造良好的舆论环境，积极配合高校的“双创”工作；最后，积极组织、承办各级各类创新创业竞赛[226]、讲座、论坛等，以激发大学生的创新创业热情，逐步扩大教育范围。

（七）构建科学有效的创新创业考核评价机制

科学合理、清晰有效的创新创业教育考核与评价机制指导着高等教育的改革和发展。这也意味着所有的学校在进行创新创业教育考核与评价机制时，应充分体现评估体系的层次化、多样化及专业化。

1. 成立层次化的创新创业教育组织机构

为了确保高校双创教育能够取得良好的效果，高校需要制定学校层面和院系层面两级创新创业教育组织机构。校级组织机构由主管创新创业教育的(副)校长为(副)组长，教务处、科研处、学生处、招生就业部门、团委及各学院负责人为成员，负责对全校创新创业教育工作整体筹划，如计划安排、督查指导、立项审批、考核评价等。院级组织机构由学院院长及主抓实验教学的副院长为组长，教学秘书、学工办主任、各专业负责人、实验中心主任等相关工作人员为成员，负责各院系创新创业活动的具体实施，如条件建设、人员配置、课题申报等相关工作。

2. 树立多样化的创新创业教育评价体系

教育的创新不仅仅体现在单一的教学成果，对于高校创新创业教育更应该用多元化的眼光来看待。目前，我国高校创新创业教育的评价基本是以行政为主导的，市场在创新创业教育中评价权重比较少，在某种程度上可以说是没有的，这些都不利于创新创业教育的全面实施。对教师的评价，应以教师所承担的教学任务量、论文数量、参与课题数量，以及毕业生就业率等作为评价指标进行年度考核；[227]对学生的评价，除了沿用常规的书面考核方式及提交相关论文的方式外，考核方式应灵活将大学生的创新能力、创新创业获奖、创新创业实践指导、创新创业计划书等评价指标纳入评价体系。对创新创业课程的质量评估、教育教学评价也应该提出明确的细节要求，校内评估与校外评估相结合，增加规范性。

3. 建立专业化的创新创业教育奖扶机制

为鼓励更多的优秀教师及大学生加入高校创新创业队伍中来，高校应该建立专业化的创新创业教育奖励、扶持机制。给予各学院相应的专项费用，加强高校创新创业实验基地的建设；并设立相应的创新项目基金，鼓励更多的学生踊跃报名参加创新创业项目。对于在创新创业活动中取得成绩的学生，给予相应的学分、荣誉称号或奖学金等；对于为优秀的创新创业团队提供指导的教师也应该给予相应的物质和精神上的奖励，如在职称评审或者评奖评优中提供加分项等，[228]以此吸引更多的优秀教师主动参与创新创业教育各个过程。

第五章 协同视角下高校创新创业教育协同机制的构建

第一节 高校创新创业教育协同机制构建的设计

一、高校创新创业教育协同机制的深度解析

(一)高校创新创业教育协同机制的内在机理

参照协同学理论的核心思想，现从以下三方面进一步说明高校创新创业教育协同机制：第一，在建设创新型国家的背景下，各级政府高校、企业及其他公共服务机构(金融机构、孵化机构、中介机构等)通过广泛的合作与交流，共同就高校创新创业教育出谋划策，构成高校创新创业教育的主要协同主体；第二，各教育协同主体凭借自身的资源优势发挥独特作用，各自在高校创新创业教育中扮演着不可或缺的角色；第三，高校创新创业教育以创新作为创业的内核，以创业带动就业。培育具有创新精神、创业能力的专业型人才应成为各教育协同主体的基本共识。[229]

之前阐述了协同学理论中的“序参量”“支配原理”“自组织原理”等核心概念与原理，下面我们将详细论述高校创新创业教育系统协同机制。

1. 高校创新创业教育系统中的“序参量”

依据协同学理论，序参量是描述系统宏观有序度或宏观模式的参量，[230]对整个系统的运动演化起着主导作用，并且最终在系统运动达到临界值时，

决定整个系统的演化方向，主宰着系统的整体演化过程。因此，对协同推进创新创业教育的主导参量——序参量进行有效识别和认清其演化尤为必要。其意义在于：通过把握序参量，一方面能够把更多教育资源投入到关键性的少数领域或者要素之中，集中优势资源进行单项突破，并通过以点带面的方式推动高校创新创业教育系统朝着更优的方向演化；另一方面能够帮助各教育主体分清高校创新创业教育系统中子系统、各参量的功能和主次，便于更有针对性地制定政策措施、投入资源，提高整个教育系统运行的效率。[231]

决定序参量的原则有如下三点：首先，作为描写系统宏观有序度参数的序参量并非与系统中的子系统孤立，其行为均为宏观视角下的整体行为，是相互影响的；其次，决定序参量的并非是外部力量参与到系统内的结果，恰恰相反，它是子系统相互影响产生的，可以衡量合作效应与运行状态；最后，系统行为是受到序参量支配的，多种因素都会对双创协同机制产生重要的影响。

在高校创新创业教育系统中，不论是教育管理系统(如政府、高校)、教学系统(如高校)、社会支持系统(如企业)、辅助系统(如其他公共服务机构)等子系统，还是子系统内部诸要素，如双创师资、专项资金、双创课程、实践平台等，都凭借自身特性与优势，对整个教育系统产生影响，在协同作用下作为核心发挥主要作用，促进整个系统由无序向有序变化，进而使得高校双创升级。

需要注意的是：在不同的发展阶段，各子系统和要素的地位及作用不尽相同，序参量也会有所不同，并处于不断竞争和协作的过程中；在初始状态时，“各子系统相对独立行动，难以形成整体联动效应，无法形成序参量”，[232]但随着子系统及其相关要素不断相互影响和作用，序参量逐步形成，进而最终形成主导参量，即“协同增效”，主导着高校创新创业教育系统的宏观发展方向，并支配着高校等子系统的后续行为。[233]

基于此，高等院校、政府部门、企业及其他公共服务机构作为高校创新创业教育子系统，存在着各自的序参量，并相互影响，既协同又竞争，推动整个系统由无序不断向有序变动。详见表5-1。

表 5-1　高校创新创业教育各子系统序参量列表

<table>
<tr><th></th><th>子系统</th><th>序参量</th><th>慢弛豫变量</th><th>快弛豫变量</th></tr>
<tr><td rowspan="13">四元主体</td><td rowspan="6">高等院校</td><td rowspan="6">双创人才
培养质量</td><td>组织构架</td><td rowspan="5">师生认知
师生满意度
资源共享</td></tr>
<tr><td>双创课程</td></tr>
<tr><td>双创实践</td></tr>
<tr><td>导师队伍</td></tr>
<tr><td>文化氛围</td></tr>
<tr><td>专项资金</td><td></td></tr>
<tr><td rowspan="2">各级政府</td><td rowspan="2">双创政策</td><td>政策引导</td><td>效果不佳</td></tr>
<tr><td>支持力度</td><td>力度不佳</td></tr>
<tr><td rowspan="2">相关企业</td><td rowspan="2">双创师资
科技信息</td><td>前沿技术
双创师资</td><td>利益驱动</td></tr>
<tr><td>产学研协同</td><td>支撑较少</td></tr>
<tr><td rowspan="3">其他公共
服务机构</td><td rowspan="3">中介服务</td><td>金融服务</td><td rowspan="3">支持减弱</td></tr>
<tr><td>中介服务</td></tr>
<tr><td>孵化服务</td></tr>
</table>

2. 高校创新创业教育系统中的“协同效应”

高校创新创业教育系统包含四个教育协同主体，即四个子系统，各子系统侧重点和作用不尽相同：高校作为实施创新创业教育的主战场，扮演责任者的角色；各级政府作为政策的制定者与方向的把控者，扮演牵引者的角色；相关企业与其他社会组织作为双创教育的参与者，扮演支持者的角色。多元主体自身角色不同，源于其集聚要素与资源存在着明显的差异，有必要发挥各自优势，盘活存量，放大增量，实现协同乘数效应。

(1)组织基础。稳定有序的结构组织是系统产生协同效应的前提条件。各级政府、高等院校、行业企业和其他公共服务机构等通过政策、人才、信息和资金等要素，通过“利益共享、互利共生”的演变生成相互关联模式。由此，形成具有集成性的组织特征，为产生协同效应奠定组织基础。

(2)资源基础。各子系统的资源禀赋各异，互补性强，合作潜力和空间很大，是系统产生协同效应的基础。从政府、高校、企业、其他公共服务机构各自所具备的创新创业教育要素与资源优势来看，高校拥有先进的实验场所、科研方法及成果，并集聚了一批具有科学研究能力和技能的人才；企业拥有资金、市场信息；政府具有社会管理和服务的职能，是政策的制定者、市场的维护者；其他公共服务机构具有金融、中介等双创所需的服务。[234]可见，"互补性资源构成了高校、政府和企业之间关系形成的重要基础"，[235]高校创新创业教育系统的各子系统的要素资源相互补充，使得它们相互作用能够超越主体自身的局限，为协同效应的产生奠定资源基础。

各子系统在不同程度上受协同效应的作用和影响，系统内部各要素之间及子系统相互之间在受到外力作用下，系统内部及系统间就会相互影响，产生相互渗透、相互补充、协调合作的功用，进而促进子系统之间发生一系列关联活动。当达到效果明显、程序衔接、结构优化的"临界点"时，新的"有序"的高校创新创业教育协同系统随即形成。

3. 高校创新创业教育系统中的"伺服原理"

高校创新创业教育系统中的"序参量"决定最终的双创教育效果，其围绕各级政府子系统的"双创政策"要素；高校子系统中的"组织构架""双创课程""导师队伍""实践平台""文化氛围"等要素；企业子系统中的"前沿技术""资金支持"要素；其他社会组织子系统中的"中介服务""金融服务"等主要要素变量，如表5-1。抓住这些核心变量，提升子系统教育质量，高校创新创业教育系统将形成"伺服"状态，从而带动其他变量向更加有序、更加有效的方向转变，进而促使高校创新创业教育系统实现协同优化。

4. 高校创新创业教育系统中的"自组织原理"

教育系统内部的各主体、要素对该系统的影响是存在差异和不平衡的。就高校创新创业教育系统运行的现状来看，一方面，在系统内部，随着国家对大学生创新创业教育的逐步重视，尤其是2015年《关于深化高等学校创新创业教育改革的实施意见》中提出的"坚持协同推进，汇聚培养合力"基本原则在高校创新创业教育工作中得到贯彻，高校创新创业教育各子系统呈现出加速建立联动机制、强化协同配合的趋势，使得整个教育系统的自组织效率提高；另一方面，在系统外部，在国际趋势、社会导向、国家政策、社会需要等因素的共同作用下，全社会对高校创新创业教育的质量、规模都提出了更高的要求，从教育系统外部注入的能量、资源及信息流快速增加，迫使高校创新创业教育系统进行变革。第一，在这样的形势下各创新创业教育主体积极对内外部环境的变化做出有意识的反应，不仅地方政府、教育主管部门、高等院校、企业、行业组织等各方主体的管理者认识到协同培育创新创业人才的必要性、紧迫性，各教育主体也开始强化高校创新创业教育系统与外部环境之间资源、信息、技术、人才等方面的交流合作，自组织效应开始显现。第二，在高校创新创业教育系统自组织演化的过程中，影响整个系统发展走向的序参量作用此消彼长，展开了激烈的竞争。随着教育系统内外部环境的变化，最终能契合各教育主体和社会对高校创新创业教育要求的序参量将主导整个教育系统发展演进的方向。[236]

因此，协同理论指导下的高校创新创业教育，作为一个组织系统，由各子系统(教育协同主体)组成，系统整体功能的发挥取决于各子系统的状况。当各协同主体独立运作、各行其是时，无法形成有序结构，只有当各协同主体支配性要素起到主要作用时，系统才能协同运作，通过系统自组织原理自发地进行自我调节，由旧结构演变到新结构，自觉地形成有序结构。

(二)高校创新创业教育协同发展的演化机制

作为一个动态的、复杂的、开放的系统，高校创新创业教育的演化发展有其自身特色和内在机制，具有自组织演化的基本特征。因此，研究将运用协同学理论，揭示高校创新创业教育系统从无序向有序协同演化的规律，探索高校创新创业教育协同发展的演化机制。

1. 开放性特征形成演化的交换机制

系统的开放性特征要求系统本身与其系统内部各子系统之间及外部环境之间拥有灵活高效的物质、能量和信息交换机制，这种交换机制越充分，与外界联系越密切，其开放性就越强。创新创业教育作为一个“内融外联”开放的系统并不是自发形成的，而是要伴随着国家驱动战略的实施、社会经济的发展和高等教育综合改革的推进，自我培育、自我发展、自我探索逐渐形成。创新创业教育系统一方面为其所处的其他系统(如经济社会系统等)提供各种所需的物质、信息、人才和资金要素；另一方面，其他系统也向高校创新创业教育系统输送人才、信息、技术、服务并营造更加有利的发展环境。即高校开展创新创业教育不是孤立、封闭的，“它不仅植根于外部环境之中，持续与外部环境有选择地进行师资、资金、技术、信息等要素交流，并且在输入输出的双向过程中对要素进行整合”。[237] 在这种演化机制中，政府、高校、企业及其他公共服务机构等多元主体在自身需求推动以及外部环境变化的过程中，自身经历从低级向高级、从简单到复杂、从无序向有序的不断优化动态发展。[238] 因此，协同发展的根本动力也正源于系统的开放机制，开放机制越完善，高校创新创业教育协同演进的速度就越快。

2. 非平衡性动态势能是经济社会协同演化的重要动力

作为一个复杂、开放的系统，高校创新创业教育系统并不是孤立和静止的，外部物质流、能量流、信息流的不断输入，内部参量的自我调节与变化，时刻引起子系统的运动变化，从而打破系统内部原有的平衡性与稳定性，进而影响到整个系统的发展演变。在这一过程中，其平衡状态总是相对的，而非绝对的，其系统内部呈现出不同程度的非均匀性和多样化特点。系统内部的差异、分化使系统功能趋于复杂，继而使系统远离平衡状态，形成势能差，成为一个远离平衡态的差异化、非均衡系统，使双创教育系统形成动态演化的耗散结构特征。在非平衡状态下，系统为了趋于完善，各主体与各要素间相互博弈，教育主体进一步多元化，组织形式等都进一步多样化，这便是自组织理论强调的“非平衡是有序之源理论”。[239]

当前，我国高校创新创业教育系统，对外正面临着国际环境变革与国内经济转型的局面，同时，系统内部在教育理念、课程体系、教育方法、师资队伍、实践平台、条件资源等方面不断发生变化。外部环境和内部参量的动态变化使得效应叠加，不断推动高校创新创业教育系统远离平衡状态，在平衡状态与非平衡状态之间、无序到新的有序之间摇摆，如图 5-1 所示。

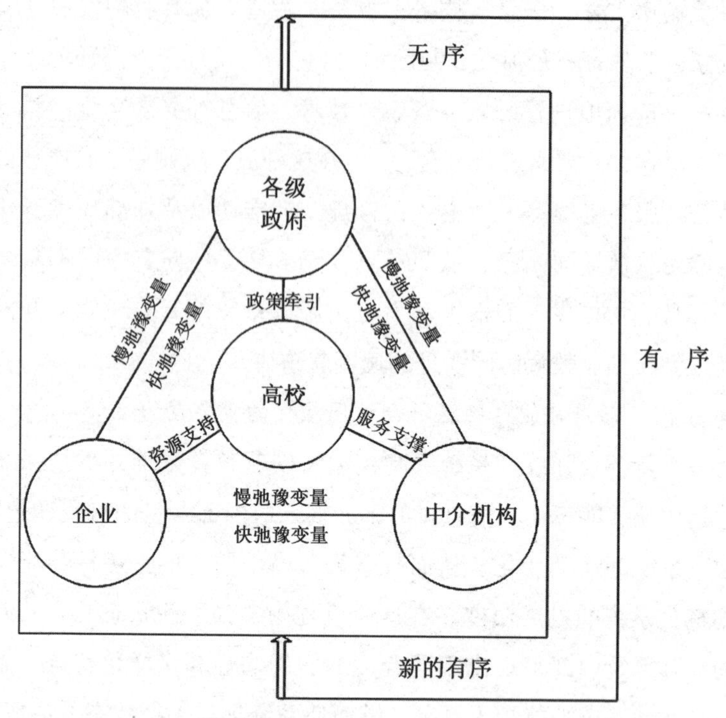

图 5-1 高校双创系统由无序到新的有序变化模型

3. 涨落促进协同演化关系从无序到有序

涨落是指系统中某个变量或行为对平均值的偏离，是一切实际系统不可避免的固有特征，“通过涨落达到有序”是自组织理论的基本原理。在远离平衡的开放系统，涨落是系统演化的内部诱因，在系统演化过程中起着建设性作用，没有涨落的发生，系统就无从认知新的有序结构，就没有非线性相互作用的关联放大和序参量的形成，也就不可能有系统的演化。[240]

在高校创新创业教育协同系统中，一般整个慢弛豫变量或子系统的慢弛豫变量都会导致系统或子系统的涨落，如双创政策引导力、双创课程的质量、技术经费等支撑力度等。由于这些内部和外部因素的作用，涨落是必然的，也是普遍存在的。涨落是高校创新创业教育协同发展的启动力，可以导致高校创新创业教育形成有序发展的格局，也可以将高校创新创业教育的发展带入新的混乱状态。所以涨落是系统发展演化的建设性因素，对于高校双创系统的演化发展，正是一些随机涨落因素的存在，驱动着高校双创系统中的子系统在获取物质、能量和信息时呈现非平衡过程。[241]因此，在高校双创教育协同发展的实践中，要特别强调发挥涨落的积极作用，通过一些微小变化产生巨大的结果性偏差，实现协同效果的最大化。

4. 非线性作用促进系统整体性发展

自组织理论认为，系统内子系统间或子系统内各要素间的非线性相互作用是引发整个系统逐步向有序演化的根本动力。因此，我们认为非线性作用会引发高等教育系统产生整体性行为。在一个非平衡系统内经常会有多种变化着的因素，这些因素之间相互联系、相互制约，共同决定着系统的演变方向和可能状态。对于高校创新创业教育协同演化系统而言，系统内子系统间或子系统内各要素间通过相互作用，最终形成协同发展。在特殊情况下，非线性作用也会导致高校创新创业教育系统在时间和空间上出现对称性的失衡，引起物质、能量、资源、信息等在系统中重新搭配，从而改变系统的内部结构及各要素间的相互依存关系，是系统有序演化的内部源泉。[242]因此，高校创新创业教育要从无序向有序发展并使系统重新稳定到新的平衡状态，就要在保持开放和远离平衡的前提下，通过两者内部构成要素间非线性、立体网络式的相互作用来完成，[243]使其产生各种效用叠加的非线性因果关系，实现双创教育效果产生质的飞跃，从而使高校创新创业教育协同体系形成合力，以达到更加趋于完善的耗散有序结构。

二、高校创新创业教育协同机制的要素体系

高校创新创业教育是一项复杂的系统工程，是由高校创新创业教育所面临的严峻的国际国内形势、复杂的创新人才培养工作、多层次的大学生成长需求、系统的高校工作体制机制等多因素共同决定的。因此，在开展高校创新创业教育协同机制的探索和研究时，首先要做的是对其构成要素进行分析和梳理，为高校创新创业教育协同机制的内在机理研究提供前提性支撑和铺垫。

为保证要素指标的全面性，我们可以结合已有文献与德尔菲法，通过以下三个步骤初步确定创新创业教育协同机制要素体系结构。

首先，对国内外高校创新创业教育协同机制评价指标文献和我国政策性文件进行全面梳理，围绕“协同主体—协同动力—协同运转—协同保障”四个协同工作思路，总结、提炼，形成初步的结构层、要素层指标库。

其次，根据对高校创新创业教育协同机制的内涵、特征等的质性分析，提取特征要素，丰富和完善指标库。

再次，围绕“高校创新创业教育协同机制的表现形态是什么”和“上述评价指标体系能否完整描述高校创新创业教育协同机制”两个核心问题，采用德尔菲法对要素指标库中指标的全面性、代表性及可测性开展专家意见征询，在此基础上筛选关键评价指标。经过两轮征询、反馈、修订闭环过程，专家一致性达到 0.87，最终确定高校创新创业教育协同系统要素体系框架包含 4 个一级结构指标与 19 个二级要素指标，如图 5-2 所示。

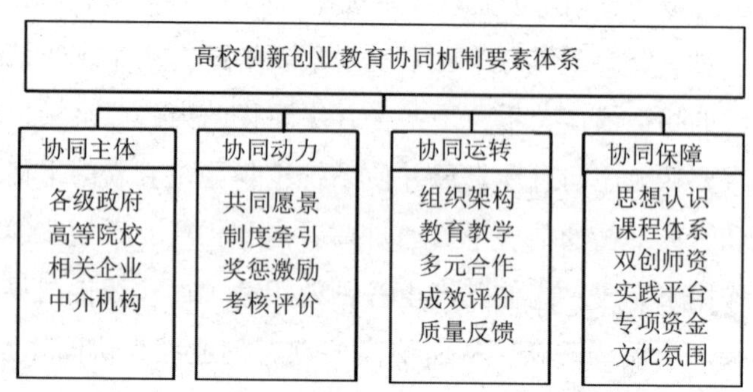

图 5-2　高校创新创业教育协同机制要素体系

(一) 协同主体要素

高校创新创业教育是一项针对“人”开展的复杂的系统性工作，而且这些工作的具体实施和开展同样是由作为社会活动中的主体“人”来完成的。虽然随着科技的进步与时代的发展，教育信息化逐渐成为现代教育的基础，大数据、云计算、5G 网络逐渐成为高校创新创业教育的重要工具和有效载体，但在高校创新创业教育协同机制的领导管理要素中，主体要素依然是首要的、核心的要素。

在传统三螺旋模型中参与创新的主体只有三个，显然无法满足中国科技创新的现实需要，具体表现为：首先，在中国特色社会主体市场经济中，创新主体明显不止三个；其次，传统三螺旋模型还存在创新主体差异化或创新主体不统一的现象[244][245]。基于此，本文建立 G-U-E-S 协同主体模型。在 G-U-E-S 模型中，协同主体，即高校双创教育协同系统中的子系统有四个，包含教育管理系统（政府，Government）、高校教学系统（高等院校，University）、社会支持系统（行业企业，Enterprise）、辅助系统（其他公共服务机构，Social Institutions），如表 5-2 所示。

表 5-2 高校创新创业“四元”协同主体

高校双创主体	功能	角色
各级政府（G）	政策支持、氛围引导	牵引者
高等院校（U）	双创教育的具体场所	责任者
行业企业（E）	双创各类资源（信息、经费等）	支持者
社会机构（S） （金融机构、孵化机构、中介机构等）	双创服务 （金融、孵化、中介等）	辅助者

在这一系统中，各级政府（G）作为双创政策的制定者、双创氛围的引导者，对高等院校和创业公司进行监管和牵引；高等院校（U）作为双创教育的主要责任者，为学生提供双创的场所；行业企业（E）拥有丰富的科技、信息、师资等资源优势，能够为学生提供资源方面的支撑；社会机构（S）提供金融、孵化、中介等服务与创新创业平台，重在对双创成果的转化发挥支持作用。高校创新创业“四元”协同主体相互独立又相互补充、影响，在相互协同、互动合作中推动高校创新创业教育高质量、可持续发展。

（二）协同动力要素

协同动力，指能够推动、促进高校创新创业教育协同系统运动、转变、发展的内外部力量，包括精神动力、物质动力和信息动力三部分。精神动力主要指以创新精神为核心的中华民族伟大复兴在高校创新创业教育中的感召力。物质动力主要指高校创新创业教育中的物质激励和物质资源带来的促进力。信息动力主要指工作对象的各类信息及工作资源信息在高校创新创业教育中的推动力。高校创新创业教育协同动力要素包含共同愿景、制度牵引、奖惩激励、考核评价四部分。

1. 共同愿景

基于协同视角，各子系统相互影响是系统整体驱动力的来源。在协同机制的构建过程中，各主体基于自身利益与价值，有必要拥有一个相同的目标。[246]高校创新创业教育的协同目标是建立在各子系统共同利益基础上的，以培养创新创业型人才为价值追求。在初始阶段，各教育主体逐渐认识到协同的重要性与必要性，协同动力被激发，开始尝试用各种方式、途径推动协同；在成长阶段，由于目标具有引发、导向和激励的作用，将逐步驱动各主体实现价值目标。[247]

2. 制度牵引

制度是指一定社会条件下，党政机关、组织和团体为了维护社会秩序的正常和良性运转以及规范人们行为，保障各类政策的有序推进与实施，而制定的法规性、指导性、约束性的礼俗、法令等各类规范的总称。作为协同机制中的重要环节，高校创新创业教育制度在组织构建、教育教学、平台搭建、宣传推广、氛围营造、监督评价等活动中，都需要周密、严谨的制度进行规范、指导和保障。鉴于制度本身的重要性和特点，我们在做高校创新创业教育的制度设计时，应站在国家创新驱动发展战略的高度，从高校提出的全新的战略任务和要求出发，这也是高校创新创业教育协同机制探索的重点和难点工作。

3. 奖惩激励

作为管理学的重要概念，激励指在组织或系统内的管理者或工作制度中，以各类物质、精神荣誉、工作环境的奖励或惩罚，用以激发或调动成员积极性完成组织目标，或规范成员行为的管理活动。高校创新创业教育中的激励主要是对企业、其他公共服务机构以及高校创新创业理论课教师、辅导员、党政干部和大学生群体开展的一系列奖励机制，其目的是激发和调动协同主体的工作积极性和创造性，规范协同主体的实践活动。当然，负向激励，即惩罚，也是高校创新创业教育的重要组成要素，是对违背高校创新创业教育目标、任务、原则、规律的主客体实践活动的惩戒，同样是为了实现规范与调动等激励功能。[248]

4. 评价考核

组织或系统内部各项工作的有效开展，都需要在运转体系外部构建一套评价考核体系。其内容涉及工作主体工作理念是否正确、工作内容是否全面、工作方式是否合理、工作素养是否达标、工作成效是否合格等。因此，评价考核就成为高校创新创业教育中的重要要素之一。

评价是系统内部、社会组织或者个体以一定的标准体系对个人、组织、事件的工作成效进行的整体判断和价值分析。值得注意的是，评价的前提是基于一定的标准体系，不同的标准体系会得出不同的甚至截然相反的评价结果。高校创新创业教育的评价是以培养创新型人才为育人宗旨的，对高校创新创业教育协同的效果、效率等进行的整体判断和价值分析。

考核是管理主体或者上级部门围绕某项工作的具体目标，以一定的标准和内容为基准，对管理客体或下级部门开展的考察管理活动。考核不仅是对评价的有益补充，更是一种具有比较性、竞争性的特殊管理活动。高校创新创业教育协同的考核主体是各子系统中的管理部门，考核的客体是各项工作的具体负责人及具体开展的考察管理活动。因为高校创新创业教育的效果呈现出一定的滞后性、长期性和隐蔽性等特点，所以在开展考核工作时应该结合具体工作的目标和任务、依据客观规律和现实条件进行，而不是简单地以主观期望或推测等作为考核标准。

(三)协同运转要素

协同机制的运转要素是指参与系统内的具体工作和运转的组成部分和重要结构。任何一个系统无论是外部环境的影响、自身发展的需要，抑或内部矛盾的运动、各子系统的运转情况都直接影响整个系统平衡和有序发展。在明确协同主体要素体系的基础上，高校创新创业教育的协同机制需要重点把握运转要素体系。

高校创新创业教育协同机制的运转要素体系是由多个要素构成的一个有机体系，即高校创新创业教育协同机制的运转要素体系。结合创新创业教育理论、协同学理论和系统论的基本原理，高校创新创业教育协同机制的运转要素体系主要包括组织架构、教育教学、多元合作、成效评价、质量反馈五个要素。

1. 组织构架

高校创新创业教育协同不是简单的协同制造，它更复杂，涵盖内容广泛，通常需要建立协同组织构架，在多成员的非线性关系和作用下产生协同效应。科学合理、运行顺畅的组织构架是创新创业教育可持续发展的保障。协同运行过程中核心主体与支撑主体所起到的作用不同，但是协同活动要想很好地发挥作用需要这些主体间相互配合，更好地创造出协同实效。[249]因此，在创新创业组织构架上应遵循多层次、广覆盖的原则，建立分工明确的平台管理组织构架，层层落实平台管理与运行工作。[250]政府、高校、企业、其他公共服务机构等协同主体通过交叉、互动、重叠和融合演变而成的关联模式，具备了协同培养创新创业型人才的组织基础，同时各协同主体也都具有培养创新创业型人才的资源基础，完全可以通过打破各自主体边界，在非线性互动中增强创新创业教育的协同效应。

2. 教育教学

在高校创新创业教育系统的内部，教育教学是至关重要的一组协同要素。对于课程体系等要素来说，教育教学是动态的，是为了促进学生智力、人格、身体发展而在学校组织机构中设计和支持的活动。它决定如何将创新创业元素合理、有效地融入高校人才培养体系，是高校创新创业教育顺利实施的前提。

3. 多元合作

现行高校创新创业教育系统存在的机制障碍，很大程度上是协同主体碎片化的行为投射。正是现行高校未能在协同主体间合理整合、有效沟通，使得各协同主体的利益诉求未能整合成一体，目标整合、机制协同自然无从谈起。[251]多元的协同主体要求从“一元管理”走向“多元合作”，即由以往自上而下的单向管理模式改变为多元主体参与的共同合作。[252]这就需要各协同主体在整个运行过程中充分听取、采纳彼此的意见和建议，通过跨越职责边界进行工作，以目标共享、整合行动的方式回应公共服务问题，跨越边界的整合行动包括纵向层级整合、横向部门整合和内外互动整合。[253]

4. 成效评价

高校创新创业教育的成效评价，主要是以高校创新创业教育的目标为依据进行“成效—目标”的评价过程。开展高校创新创业教育的成效评价，首先，能够切实了解和掌握高校创新创业教育实际开展的效果，进行客观评价。其次，在一定程度上能够优化与完善高校创新创业教育的目标体系，调整冒进的部分，提升基础扎实的内容。再次，能够进一步增强高校创新创业教育的协同有效性，进而体现高校创新创业教育协同创新的实践优势。“四元”主体创新创业教育协同系统的形成是内部驱动力与外部推动力相互影响、共同作用的结果。当前各主体协同实践中还存在着合作少和缺乏稳定有效的合作机制等问题，究其原因是内部驱动力不足。因此，只有把创新创业教育协同成效作为协同要素，才能形成稳定有序的协同系统。

5. 质量反馈

高校创新创业教育质量反馈，主要是指将双创教育系统运转的工作成效和评价结果等，反馈给系统内的领导、决策、管理、执行等部门与工作主体，以便进一步优化与完善整个系统的协同创新。积极并卓有成效地开展系统内部的反馈，不仅可以将高校创新创业教育协同运转进行主观能动的约束与控制，还可以在高校创新创业教育成效或评价没有达到所预期的目标和要求时，借助成效与评价的反馈检视和考察问题的症结，从协同运转的具体流程和工作细节中找到问题解决和环境优化的现实路径。

（四）协同保障要素

系统性工作在具体运转和实施过程中，难免会遇到基于客观条件与现实基础，或作为教育主体的人的主观思想观念的系统内部和外部的各种阻力，此时就需要通过一系列的措施来保障系统的良性运转。同理，在高校创新创业教育整体系统中，为了实现人才培养目标并顺利完成各项工作任务，也需要通过各种途径为师资队伍的优化调整、教育资源的共享整合、育人工作的顺利开展等提供保障。在协同理论视域下，高校创新创业教育协调保障要素体系主要包括思想认识、课程体系、双创师资、实践平台、专项资金和文化氛围六个方面。

1. 思想认识

思想是行动的先导。思想认识是组织和人员在行动过程中所秉承或信奉的观念或信仰。多元共治、协同治理的思想共识没有形成，现代化的行为方式、体制机制革新等就无法及时得到贯彻与实施，会在一定程度上阻滞高校创新创业教育高质量发展的进程。

2. 课程体系

课程是高校开展一切教育、传播知识理念的媒介和载体，是创新创业教育能够取得良好教育成效的重要保障。创新创业教育的课程体系不同于传统的教育，是根据国家、社会、行业需求、学科特点，以及对人才培养的不同定位等建设的创新创业课程体系。需要强调的是，双创课程不仅仅局限于专项课程，可以在基础课程、专业课程中融入创新创业元素，提升专业课程的创新性，也可以挖掘通用性、融合性课程，提升创新创业课程的专业性，使构建的新型创新创业知识体系，“你中有我，我中有你”，课程之间深度融合，从而发挥二者合力。[254]

3. 双创师资

创新创业师资队伍是高校开展创新创业教育的重要条件与中坚力量，是直接关系着高校开展双创教育成败的关键要素，在创新创业教育系统中发挥着积极作用。首先，双创教师承担着教学任务和育人职责，是高校双创教育的智力资源、重要媒介，学生创新意识、知识、能力的传授者、培养者，教育改革的推动者。其次，教师的教学方式、学科背景、专业知识对学生的创新创业意愿和兴趣有一定影响。总而言之，双创教师帮助学生增长创新创业知识，增强创新创业技能，是大学生双创的引路人，高校人才培养的关键要素。从学术管理和行政管理上对创新创业师资队伍进行优化和完善，并围绕双创教育的目标体系，加强师资队伍教学能力的提升，构建一支既有扎实的双创教育理论功底，又有丰富的双创实践经验的“双师型”师资队伍至关重要。

4. 实践平台

高校创新创业实践平台是大学生将创新创业教育理论转化为实践的载体，也是其完善双创知识结构、积累社会经验的重要实践场所。[255]它是向大学生提供创新创业实践实训、项目探究、模拟演练、成果转化的政策机制、学习计划、活动安排，以及场地、设备、经费等的保障体系，是创新创业教育的硬件支撑和依托平台，是学生提升创新实践能力最有效的途径。高校创新创业实践平台能够打破不同部门、不同院系、不同专业的限制，使得校内外创新创业教育资源最大限度集中、最大化的共享利用，为大学生实现学以致用、用以促学、学用相长提供广阔的舞台。

5. 专项资金

资金短缺是阻碍高校创新创业教育顺利开展的首要问题，如果没有充足的资金保障，再好的技术也无法转化为现实生产力。因此，高校要多方筹措双创教育扶持资金，以满足高校创新创业教育发展对资金的需求。[256]专项资金支持是对大学生创新创业引导性政策的具体体现，政府、高校、企业的专项资金通过补助、贴息等方式对高校学生创新创业进行引导和支持，一方面是直接投入，如设立专项资金、财政补贴、税收优惠等方式，另一方面是以其他资源投入、构建良好市场竞争环境等方式来支持鼓励高校大学生创新创业。[257]

6. 文化氛围

文化是人类在认识和改造世界的过程中，所创造的物质文化（财富）与精神文化（财富）的总和。朱迪·埃斯特琳（Judy Estrin）[258]、托马斯·沃尔纳（Thomas Wallner）[259]，以及美国国家科技与经济会议办公室[260]等在扩展创新生态系统框架时都将创新文化归为创新生态的重要组成部分。[261]文化是由人类所创造的，同时又能反过来影响人们的思想和行为，即“以文化人”。它对人才培养发挥着重要作用，常常以隐性的方式对学生的知、情、意、行产生潜移默化的影响。高校创新创业教育的文化要素不仅包含校园物质文化、精神文化，还包含工作文化——另一种重要的文化要素形态。例如，各教育主体在开展高校创新创业教育、实现工作目标的过程中，逐渐形成特定的工作模式和良好的人文氛围，能够以润物细无声的方式有效协调组织群体内不同成员之间的人际关系，是高校双创教育工作模式、行为规范、团队凝聚力与人际氛围的综合体现。高度重视并积极探索高校创新创业教育文化建设的新规律，构建符合时代需要、符合教育制度需要的文化氛围，是对“以文化人、以文育人”规律的积极运用。

三、高校创新创业教育协同机制的构建原则

（一）突破问题，聚焦学生未来发展与需求

高校创新创业教育的目的是为大学生播撒创新的种子，奠定未来的“双创

遗传代码”。因此，在某种意义上，创新创业教育是一种理解人、发扬人、体现人，尊重个性、宣扬个性、发展个性的人性教育。[262]大学生通过个人和集体的奋斗，运用所掌握的知识和技能，以寻求合伙共赢、自行筹集资金或者先进技术入股的方式，努力创新，不断创造财富；创新创业教育让学生由被动接受转变为主动选择，使学生个性化、多样化的教育选择权利得到有效保证，[263]同时实现自我发展。

可见，新时期应以“以人为本”思想为指导，调整工作思路，把握大学生未来发展需求，遵循教育规律，积极探索高校创新创业教育协同机制，将一切协同目标聚焦于学生未来的成长成才、实现人与双创教育的可持续发展。

（二）突破边际，聚焦创新创业教育整体性发展

协同发展的实质就是关联互动模式下的整体性发展。人类社会现实的整体性发展要求决定了高校创新创业教育协同发展观或整体发展思想的形成，而协同发展观能够全面揭示当前社会发展的存在状态及发展样式。构建和谐社会的内涵和主旨就是要全面追求人本性、全面性、协调性、可持续性等，这些方面都可以从高校创新创业教育协同性发展模式中引申、衍生、阐释。协同发展是构建和谐社会的具体方法路径，是整体性发展的先进性和多维表现，代表了人类社会发展的基本趋势和方向，而人的全面发展、社会的协调发展、和谐发展、可持续发展等都是整体性发展的不同角度或方面的具体表现。只有这样的发展观和发展模式，才能在有效克服一系列严重的发展问题实践中，[264]把高校创新创业教育的全面发展引向光明和安全的未来。

进入新时期，我国的经济社会发展已经成为一个有机整体，高校创新创业教育从发展理念、发展布局和发展实践等方面为整体发展创造了良好的条件和基础。因此，在协同发展模式下，任何地区的发展都不能满足于“个体要素”或“部分领域”的发展，而应当关注综合结构的整体演进，从全面发展的视野和需求出发，探寻发展的趋势和规律，调整发展思路和模式，这正是研究高校创新创业教育协同机制发展的主旨要义。

（三）突破藩篱，聚焦服务社会与地方经济发展

长期以来，很多高校囿于政府举办大学的惯性思维，对正在发生的深刻社会变革没有做出主动积极的回应，仍“局限于高、精、尖的人才培养模式，政府主导下的创业教育活动与市场脱节现象较为严重”。高校的教学内容、课程设置不能及时反映市场需求，科技成果转化率低。由于企业与高校利益诉求存在差异，很少有企业愿意主动参与创新创业教育，这导致大学生实践平台的缺失。创新创业教育与企业脱节，失去了企业在信息流、资金流、实践平台等优势资源的渗入，引发了高校创新创业教育的盲目性，造成教学资源短缺、理论教育与实践教学脱节以及成果转化率低等一系列问题。[265]

开展大学生的创新创业教育协同机制构建，是适应社会主义市场经济发展的需要。高校创新创业教育应扎根中国大地，处理好“体”与“用”的关系，以“育人”为体、“服务经济社会发展”为用，坚持育人导向与服务经济社会发展的有机统一。[266]

（四）突破桎梏，聚焦中国特色双创教育协同机制构建

我国与其他国家的国家制度、社会环境有着本质不同，因此国外高校先进的创业模式、经验仅能作为参考，绝不能一味照搬。习近平总书记说：“办好中国的世界一流大学，必须有中国特色”“要全面深化改革，营造公平公正的社会环境，不断激发广大青年的活力和创造力”“要认真吸收世界上先进的办学治学经验，更要遵循教育规律，扎根中国大地办大学。”[267]因此，应紧密结合中央关于创新创业教育教学改革相关文件精神，结合本地产业优势、区域经济特点、域内文化资源、学校办学定位及优势学科，积极构建适合中国的、具有中国特色的、面向全体学生的创新创业教育协同体制机制。

第二节　高校创新创业教育协同机制的模型框架

基于上述对高校创新创业教育协同机制构建逻辑与构建原则的梳理，以及对其要素体系的分析与探讨，研究从协同学视角出发，围绕高校创新创业教育系统的运转模式，尝试性地构建高校创新创业教育协同机制理论模型，以期对高校创新创业教育协同机理进行分析与描述。需要说明的是，由于高校创新创业教育自身具有复杂性和系统性，研究所构建的模型，其目的仅限于对高校创新创业教育协同机制的发生机理、运转机理进行探索与描绘，而非规定或限制高校创新创业教育协同机制的发展与创新。

根据之前按协同要素“协同主体—协同动力—协同运转—协同保障”的划分依据，研究认为高校创新创业教育协同机制理论模型主要包括主体机制、动力机制、运行机制、保障机制四方面，同时归属于合作协同过程中的四个层次，即主体层、动力层、运转层和保障层[268]如图5-3所示。同时，在对高校创新创业教育协同机制理论模型进行构建的过程中，研究充分借鉴了协同学理论、系统学理论的核心理念。因此，该模型无论是其内蕴着的基本观念，还是其具体表征方式，都蕴含着浓烈的协同学色彩。

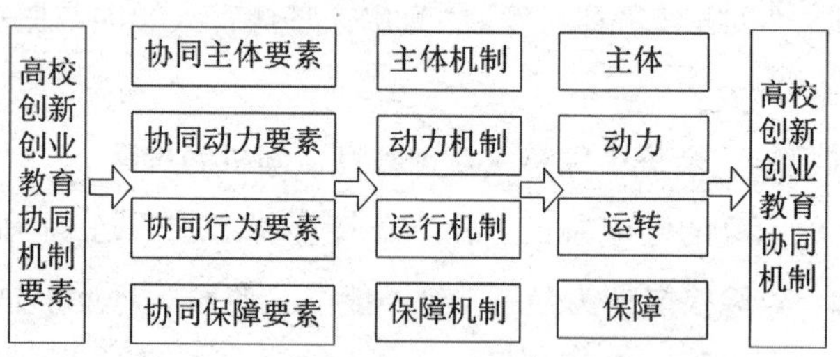

图5-3　高校创新创业教育协同机制要素关系

高校创新创业教育协同机制的理论模型由“四元”主体、动力机制、运转机制与保障机制通过非线性的关系构成，各主体、要素间相互补充、相互作用、相互影响，协同推动创新创业教育的健康和可持续发展。其理论模型示意图如图5-4所示。

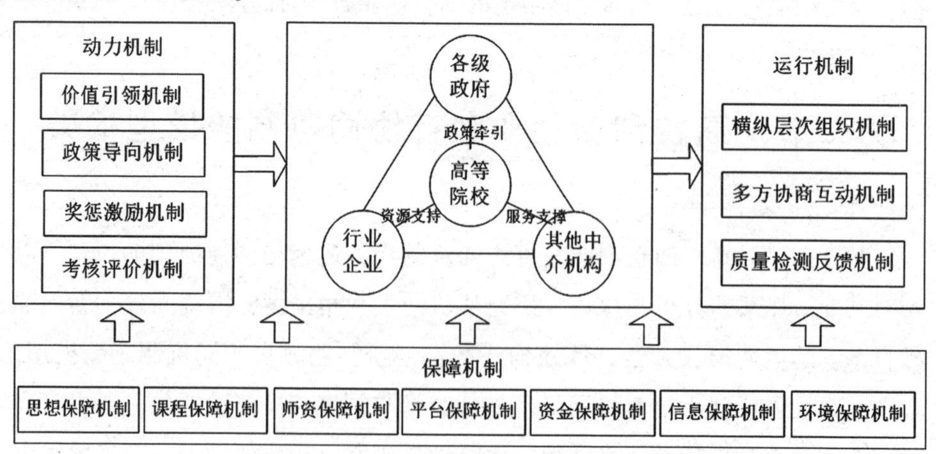

图5-4　高校创新创业教育协同机制理论模型

一、主体管理

协同学理论摆脱了“主体—客体”分离对立的二元论模式，走向“主体—主体”的思维逻辑，多元主体的积极参与成为高校创新创业教育协同的显著特征。协同讲究动员多方力量，凝聚多方合力，形成多元共治的组织结构。[269]因此，强调以问题的解决作为一切活动的逻辑起点，尊重不同协同主体自身的发展要求和多元价值诉求，基于利益相关者在“聚合”中平等对话而实现多元主体共治，是高校创新创业教育协同机制构建需要把握的重要准则。

多元主体的深度融合回应的是“谁来治理”的元问题。开放办学是高等教育的鲜明特征和必然选择。高等教育的需求者(如政府、行业协会等)和消费者(如学生及家长、用人单位)以各种形式参与高校教育，获得一定的教育权限，组成多元化的公共教育行动体系，高校双创教育因此而进入“融合共治”时代。因此，平等对话的多元主体共治关系不仅应在“内部”“外部”中各自实现，更需在“内部—外部”中共同实现。从内部而言，高校作为创新创业教育的具体执行机构和办学主体，是主要责任者，要在学校管理、教学活动、科学研究、专业和文化建设等方面确保主体地位。高校内部协同应围绕政治权利、行政权利、学术权利和监督权利整合形成党委领导下的决策体系、校长负责下的执行体系、纪委统合下的监督体系三种平等的权利体系，[270]如图5-5所示。三种权利体系权责明晰，内涵与外延边界清楚，相互制约又相互赋能，从而改进协同内效力，保证创新创业教育内部和谐有序的可持续性发展。[271]在协同治理中发扬民主理念，通过建立扁平化的权利分配方式，将决策权利合理分配给不同的协同主体，促进多元主体参与决策的价值自觉，确保做到依法决策、科学决策、民主决策。

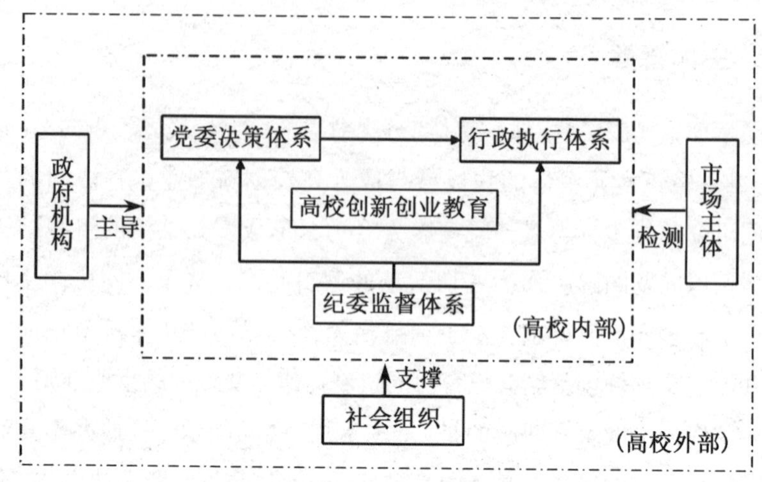

图 5-5　高校创新创业"外部—内部"闭环教育主体

从"外部"而言，应形成包括政府机构、市场主体以及非政府组织共同参与的多元化治理。外部协同主体须符合合法性、影响力和紧迫性三大特性，[272]换而言之，外部协同主体是与高校最密切的各级政府、行业企业、其他公共服务机构等。就"内部—外部"来讲，各级政府、高等院校、行业企业、其他公共服务机构应在确保各自合理利益的基础上形成合力，搭建外部需求为导向，内部协同主体不断得到激励与促进的"外部—内部"闭环结构，[273]形成"政府统筹管理、行业企业积极举办、社会力量深度参与的多元办学格局"，如图 5-4 所示。由此，在"狭隘利益"走向"共容利益"的多元主体共治中推进高校的良好发展。[274]推动高校双创教育由高校主导的"一元管理"转向"四元"共同参与的"多元治理"，形成内外呼应、利益共享的和谐共生网络，进而产生"1+1+1+1>4"的聚变效应。

二、动力机制

动力本身指一切力量的来源，属于机械原理中的概念。"动力机制"，顾名思义，就是在目标导向驱使下，促进系统运动、转变、发展的内外部力量的相互作用方式，是让系统的各个因素、局部环节在互相影响的过程中，由自发向自觉、由被动向主动地转变，以促进系统良好地运行。其可以分为物质动力、精神动力和信息动力。

高校创新创业教育协同动力机制是指能够推动和促进高校创新创业教育的各种力量源泉的总和，以及发展初期目标之间的关联性。我们尝试从价值引领、政策导向、奖惩激励、考核评价四个方面构建创新创业教育的协同动力机制。

(一)价值引领机制

开展高校创新创业教育，不仅可以培养大学生的创新精神、创业意识和双创能力，而且有助于他们今后就业创业，更加有利于国家创新驱动发展战略的实施。因此，高校要清楚地认识实施高校创新创业教育及其协同的目的和价值，同时，厘清各协同主体兼具教育性和经济性的市场属性，充分考虑和保障各方的利益诉求，最大程度耦合各方的理念认知、权益诉求和主体行为。[275]

1. 树立开放协调共享的协同育人理念

高校创新创业教育协同的核心在于各教育主体通过平等协商、开放共享，最终实现合作共赢。因此，高校的创新创业教育价值引领机制应打破传统“单一”的各自为政的教育方式，以“多元”主体协同为一切工作的出发点和落脚点，秉承开放多元、协调共治、整合共享的育人理念。

首先，高校要从思想观念上充分认识到高校创新创业教育培养的是基于专业、基于创新、基于社会需求、基于人的全面发展的创新创业人才，这种人才培养单凭高校自身的资源禀赋远远不够，而是需要多元主体和多方资源要素的深度融合、协同联动和全程支持。为此，必须突破以高校为单一主体或基本以高校为主导的“封闭式”传统教育观束缚，树立“多元、开放”创新创业教育价值观引领下的育人新理念，构筑各方资源共投、项目共建、运行共管、人才共育、利益共享的创新创业教育支持体系与运行模式，并以此为载体，强化多元主体协同育人的意识与行动。[276]

其次，在高校创新创业教育中，对各协同主体的整合是实现协同目标的重要一环，其包括各利益相关者之间“层次的整合、功能的整合和公私部门的整合”。[277]其中，层次的整合要求高校内外部各个纵向不同层级部门之间在协调共识的基础上一致行动；功能上的组合要求高校对内建构内联关系，对外发展外协合作关系，同时注重跨层级、跨部门之间的联动，使其在决策、实施、监督等各个环节中共同参与高校创新创业教育；科技、教育等资源的整合与共享，加快教育链与产业链的有效衔接，增强高校人才培养适用性，促进高校跨界发展。由此，实现整体性设置和伙伴关系的形成，以及政策制定与执行中共识的达成，需要完成协同方式和协同目标之间的有机匹配。[278]

2. 扩大各协同主体利益激励相容

政府、高校、企业、其他公共服务机构在双创教育过程中互动、交叉、重叠和融合而形成新的“功能耦合的混合组织”。在这个混合组织中，每个主体既有各自独立的利益目标又有耦合的利益目标。个体利益目标的多重性会产生目标的冲突问题，如何协调各主体达成共同利益是混合组织实际运作中面对的重要问题。[279]共同利益是推动创新创业教育协同机制的首要动力来源，“共同利益使各执行主体之间实现协同并不断强化放大，促使系统达到全新的有序状态”,[280]因此，扩充各教育主体共同利益的范围成了重点。在教育活动执行过程中，“利益激励相容能使执行者在促进政策公共利益的同时满足其自身利益，使局部利益与公共利益保持一致，从而强化执行系统的自组织行为，提高系统协同力”,[281]也就是通过让各教育主体在实现公共利益的同时有效地实现自身利益的方式，产生各协同机制建立的驱动力。[282]

作为创新创业教育主体，政府、高校、企业、其他公共服务机构各有自己明确的目标：人才培养和科学研究是高校的组织目标；利润最大化是企业的组织目标；提供优质的公共产品和服务是政府的组织目标。但协同学理论强调，作为混合组织中的协同主体，每个主体都应打破自身组织的边界，完成其他主体的部分功能。这种理论设计为实现共同利益的协同提供了实践思路。“转性”和“扩展”是混合组织目标形成的两种重要机理。“转性”是在原组织目标迁移过来的同时，增加一些原组织没有的利益目标形成混合组织的新目标；“扩展”是根据混合组织创新的需要，不断拓展原组织利益目标。在协同视角下的高校创新创业教育模型中，需要打破协同主体各自组织边界，通过各自组织边界的开放实现共同目标的“转性”和“扩展”。[283]

对于高校来说，首先，高校应适时转变创新创业理论传授的教育目标，扩展为创新创业能力培养的教育目标；其次，由于政府是双创政策的制定者、双创教育的引导者，汇聚各种资源，政府要加大对高校支持大学生双创教育的投入力度，从而催生高校推进大学生创新创业教育的动力，如鼓励高校学生将科研成果落地转化，并配以完善的技术授权和知识产权保护措施；再次，高校作为大学生创新创业教育的主要执行者、实施者，政府应提供必要的资金支持高校双创教育课程建设、导师人才队伍建设和举办多种类型的实践活动，委托有条件的高校进行专项课题研究并将科研成果应用到高校双创教育的实践当中，同时对高校双创教育的实施情况进行密切的监督和科学合理的评估，确保对大学生起到引导和指引的作用。[284]

对于企业来说，高校创新创业教育的发展可以给一些企业带来新的发展机遇。因此，政府可以结合区域经济和行业市场的需求，引导并鼓励大学生积极投入一些市场急需行业的创业，在真正弥补市场需求的同时，使企业充分享受大学生创新创业所带来的红利，进而驱动企业主动参与高校创新创业教育。例如，通过输出优质智力资源与支持科技创新等实质性服务激活企业参与协同的意愿；要尽可能多构建契合产业方需要的创新创业教育支持项目和市场化创新创业项目，主动协同企业共同推进科研成果市场转化、学术创业和科技创业；将企业中的优秀人才投入到创新创业型人才培养实践并对创业项目给予资金支持，等。同时，各级政府可以给予积极扶持大学生创新创业教育的企业一定的税收优惠或财政补贴，进而吸引和拉动行业企业投身高校创新创业教育事业。除此之外，还可以借鉴美国及西方发达国家的“政校企”联合共建大学生创新创业平台的先进经验，加强在大学生产业园、科技园、孵化基地等创业基地建设上的合作。在这种“政校企”联合共建大学生创新创业平台的运行过程中：高校通过科学技术授权或技术转让，不仅获得了可观的资金收入，还提高了学生的就业率；企业通过购买技术及和大学生初创企业形成合作关系，缩减了技术开发的成本；政府在共建双创平台和基地的过程中也有效提高了大学生的就业率，加快了区域经济的发展，由此实现协作三方的“共赢”局面。鉴于此，积极探索这种联合共建的模式，协调整合各主体优势资源，建立一体化的融合平台，以推进大学生创新创业基地的高效运转，并配以完善的利益共享机制，提高各大学生创新创业教育主体共建双创平台的积极性。

对于政府来说，其不仅需要向高校、企业、社会等组织提供优质的创新创业政策，还需要委托专业人士开展双创政策的解读与宣讲，并给予一定的双创资金支持，保障政策的落地。另外，政府还可以通过创新与产权结构改革，推进高校与行业企业、科研院所、孵化机构、金融机构、中介机构等社会服务机构的合作与联系，优化办学模式和合作模式，进而促进协同共构参与主体的多元性。

3. 强化人才培养目标与区域发展整合

加强高校创新创业教育顶层设计，其核心就是要将双创教育与区域发展的目标统一起来，用整合后的目标引领高校双创人才培养。第一，制定适应区域发展的规模和结构目标。创新创业人才培养构成要紧密结合区域社会发展实际，既要在总体规模上满足区域社会创新发展需求，也要优化其内部规模结构，如不同专业的创新创业规模，不同领域的创新创业规模，促进创新创业人才培养的规模结构与区域经济发展、事业发展结构相适应。第二，制定适应区域需求的规格和质量目标。不同区域的产业结构、事业结构等均具有差异性。培养具有区域社会特点与实践知识特性的双创人才是高校创新创业教育的重要目标，在双创教育过程中，科学建立理论课程体系、实践实训体系，通过微观课程目标、实践教学目标等的调整进而优化双创人才培养的规格目标。第三，推动创新创业教育纳入区域社会发展规划。创业的核心是创新，创新驱动发展就是要大力推进双创教育，培养更多高质量的双创人才。当前创新、创业已然成为各级政府的施政纲领，然而，其基础工程——双创人才培养并未纳入区域性发展规划。反观美国，各州政府已将创业教育纳入拨款项目，区域经济评估总体框架也包括了高校双创人才培养状况。[285]协同发展，即将双创人才培养纳入区域发展目标，建立区域性双创人才培养规划，从而突出双创教育在区域社会发展中的地位，让社会不同主体更加关注双创人才培养。[286]

(二)政策导向机制

树立科学合理、系统完善的政策导向，不仅有利于打破政府在双创教育中存在的政策体系建设不够完善、政策供给机制不够健全等障碍，还能够主动作为、提升创新创业教育质量。

近年来，高校创新创业教育发展迅猛。然而，在当前高校创新创业教育系统构建过程中仍然存在诸多短板，尤其是各子系统的协同配合还有很大不足。例如，各地区尚未建立起组织协调各类教育主体行为的领导机构，导致协同配合工作停留在自发层面，缺乏规范和指导。虽然部分地方政府初步建立起政校企行四位一体的高校协同育人机制，但在各教育主体权责划分、利益分配等方面不够合理细致，导致部分教育主体协同积极性不高。之所以出现这些问题，主要是因为我国尚未建立起多元协作的创新创业法规政策体系。法律规章制度作为一种外部控制参量，不仅规范着创新创业教育系统各子系统的运动方式，也引导着各子系统的协同运作。因此，要开展多元协作的高校创新创业教育，就必须把制定多元协作的创新创业政策法规摆在首位，避免不同教育主体之间的非良性利益博弈。[287]只有将高校创新创业教育协同发展纳入教育发展规划，并作为一项重要内容，加快推动创新创业教育改革，在资金、人才、产业、创新创业成果保护及知识产权保护等方面提供统一的扶助性政策，加快形成多层次、全方位的保护和激励创新创业成果政策体系，[288]才能得到切实的保障，如图 5-6 所示。

一是完善国家相关法律法规和政策体系。首先，我国《教育法》与《高等教育法》作为规范高校办学行为的基本法，在最初制定到后来修订的过程中，均未涉及校企合作问题。因此，为了更好地依法推进校企合作，立法部门应该完善《教育法》《高等教育法》等相关法律法规，明确企业及其他服务机构在校企合作中的职责。其次，应进一步建立健全企业法、税法、风投、担保等相关法律体系，并将校企合作事项列入相关法律的条款中，明确企业承担校企合作的社会责任。同时，我国要健全宏观层面政策规定，加强相关部门协同，增强政策合力，提高政策的吸引力、指导性与可操作性。[289]

二是完善地方配套法律法规体系。各级地方政府应充分认识到大学生是地方创新创业的主力军，将高校创新创业教育建设放在重要的战略位置。由于相关的法律约束较为原则化，操作性不强，地方政府应以国家基本政策法规为基准，不断建立健全地方性法规、规章、条例、办法等配套制度，围绕高校创新创业的校园属性制定促进地方高校创新创业教育发展的实施细则与行动指南，让创新创业的指导更加具体、落地落实。

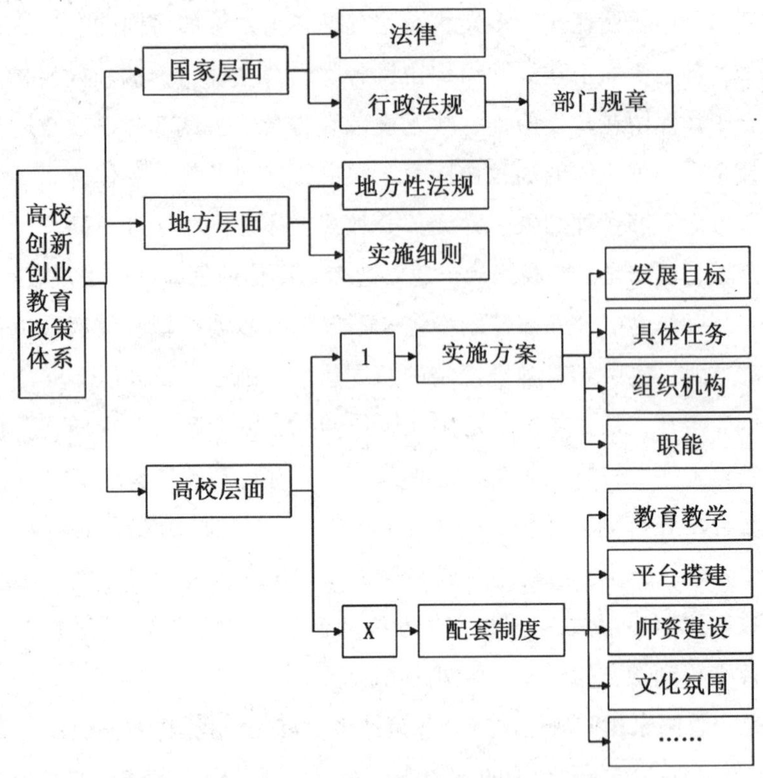

图 5-6 多层次立体化的高校创新创业教育政策体系

三是构建高校“1+X”制度体系。“1”是指校级层面的发展规划。如实施办法，其规定了本校创新创业教育的发展目标、具体任务、组织机构及职能等，在不同层面约束并规范参与主体的行为表现；[290]“X”是指聚焦创新创业教育实施要求中的相关具体制度。学校的人才培养、教育教学、科学研究、师资建设、对外交流、后勤保障等方面的制度都应设置支持创新创业教育发展的具体条款。每个制度应根据其职能范围各尽其责、各有侧重，刚柔并济、衔接配合、操作性强，以避免制度间产生割裂。

(三)奖惩激励机制

激励分为奖励特质的正激励和惩罚特质的负激励，这两种激励也称约束机制，正激励具有动力激发功能，负激励具有偷懒行为减免功能。有效的激励约束机制能保证组织可持续性的良性发展。对于各协同主体来讲，责任完成程度源于内部动力即对预期的物质利益和非物质利益的追求，因此有效激励机制应该首先找到各主体利益的最佳平衡点，然后依据责任和义务的完成程度建立有效的表扬和惩罚机制，例如对于责任完成良好的主体给予物质或者非物质奖励以满足其利益诉求而产生更大动力。[291]

对于政府而言，作为双创教育政策的法定执行主体和双创教育的牵引主体，可以实施动态化、人性化、差异化的奖惩激励机制，将双创教育实施情况作为绩效考核的重点考核内容。在进行绩效考核指标的设定时，不单以就业率作为唯一评判标准，而要充分体现教育总目标和现阶段大学生双创的实际运行情况，并依据绩效考核结果建立人性化的奖励机制和与之相适应的问责机制。

对于高校而言，作为创新创业教育的主要执行主体与责任主体，高校创新创业教育奖惩激励机制所涵盖的内容因素较多，包括组织机构组建、课程体系设置、师资队伍建设、实践平台搭建、学生参与积极性等。鉴于此，构建高校创新创业教育奖惩激励机制应注意以下方面。

第一，精神激励和物质激励并重。为了吸引和鼓励更多大学生投入到创新创业教育中，高校在建立激励机制时，不能只偏重一方而忽略另一方，应将二者联系起来，创立科学合理、系统完善、可操作性强的精神激励和物质激励相结合的激励机制，进而推动高校创新创业教育向更高层次发展。

第二，制定适当的学分奖励制度。各二级院系应在肯定学生专业差异的前提下，以本学院学生的专业特长为基础，以必修课和选修课相结合的方式开设相关创新创业课程，并给予适当的奖励制度。这使经常参与双创教育活动的学生和具有较强的创新创业能力的学生不仅获得学分和优秀成绩奖励，还让他们在年度评奖评优方面获得益处，以进一步提高大学生对创新创业教育的重视程度并提高参与意愿。

第三，创设创新创业奖学金。各高校根据本校实际，完善和改进各种类型奖学金的评价规则、标准和奖金额度，并增设创新创业专项奖学金。对学生在校期间获得的有关创新创业竞赛或活动的优异成绩给予一定的物质激励，以提高大学生参与创新创业的积极性。

（四）考核评价机制

高校创新创业教育考核评价是整合评价参与者对评价对象的各种认知并

达成共识，在此基础上对高校创新创业教育目标、任务实现和完成程度、水平、状况所作的价值判断，是高校创新创业教育宏观运行和微观过程的信息反馈和调整纠偏，[292]也是反思教育过程出现的问题并及时改正，以便日后更好进行人才培养的不可或缺的过程，实施有效的考核评价机制至关重要。

首先，建立科学合理的考核评价体系与考核指标体系。与国外的创业教育不同，我国创新创业教育起步较晚，目前还处于初级阶段，相应的考核评价机制尚不完善。因此，高校应在国家整体教育评价机制的指导下，根据自身实际情况和人才培养特点建立特定的适合本校创新创业教育发展的科学有效、灵活多样的考核评价机制和评价标准，以及时有效地检测创新创业教育的成效。

考核标准的建立要从以接受和掌握创新创业理论知识的效果评价为主转向培养创新精神、创业意识、创造能力及实践能力的效果评价为主，能充分体现学生的多元化观点和多样化问题解决方案，重点测评学生灵活运用知识自主分析、解决问题的能力和创造力。[293]评价也不应该是单方面的，而要从多方面选择评价指标，形成科学合理的模块化的评价指标体系。第一，在评价内容上，不以双创成果与创业成功率作为创新创业教育协同的唯一指标，而要对学生创新精神、创业意愿、创业能力等方面进行综合评价。在评价维度上，注重定量评价与定性评价相结合的方式。定量评价主要包括学生在校期间参加各项创新创业活动情况、参与各种创新创业项目情况、是否研发出创新成果、是否创办企业、企业收入水平与存活率如何、在企业实习过程中用人单位满意程度，以及学生在校和在企期间的综合表现，要将这些整合起来作为整体评价参考。定性评价主要包括评价学生在校进行创新创业课程学习的主动性，在校内外创新创业实训基地的实践情况，学生创新创业理念是否确立，学生创新意识和思维的形成情况，学生对校内外创新创业环境的贡献度与适应度等。第二，学校与企业要建立学生纵向评价体系与标准。建立从学生入学到离校，乃至毕业后的发展状况的纵向评价体系可以有效得到学校创新创业人才培养的成果，同时也能让学生了解自己的进步，准确得知自身发展状况和水平，更有效地进行创新创业。第三，完善的创新创业教育考评体系可分为教育主体投入和被教育主体的产出两个层面。从教育主体的投入层面，对政府的考评指标主要是双创政策的支持程度、双创项目的资金投入比例，对产业的考评指标主要是双创教育师资队伍数量和质量、双创项目的资金支持比例，对高校的考核评价指标主要是双创教育师资队伍数量和质量、双创教育课程的开发等。从被教育主体的产出层面，考核评价主要是学生对双创教育开展的满意度、双创理论知识的掌握程度、双创精神激发和强化的程度、双创能力的提升程度及接受教育学生的双创选择比例。[294]

其次，要加强对高校和企业自身的评价与监管。对校企双方的评价与监管可以分为四个层面：一是高校和企业进行自我评价、自我监督。这是比较流行的一种方式，但是效果不佳。二是高校与企业进行相互监督与评价。高校的教学督导组可以加入企业管理人员或员工，企业也可以加入学校的中期和期末教学检查；学生在企业实践学习的过程中，学校也可以派督导组成员抽查，检查企业是否真正指导学生进行教学实践，企业员工是否有资质指导学生学习技术技能。三是教师与学生进行高校与企业的监督与评价。学校应建立专门的教学反馈机制，为教师和学生提供平台，对创新创业教学工作做出评价与监督。教师作为创新创业人才协同培养的主导力量，对学校进行创新创业人才协同培养的能力、具体课程体系实施、教学方法的运用等拥有最直接的体会，也能提出相对中肯的评价与建议。学生作为创新创业人才协同培养的主体，作为受教育者和直接受益者，可以针对自身创业意愿提出评价意见，具体可以以调查问卷、深度访谈等形式进行监督与评价。四是政府和社会第三方机构对高校和企业的监督与评价。政府可以委派第三方机构对高校和企业抽查，对其存在的问题及时批评与指正，对育人成效好的高校与企业进行精神或物质方面的奖励。

再次，合理安排创新创业人才协同培养的质量监控范围。除去日常的教学督导组检查和期中期末教学检查外，加强对学生创新创业实践环节的质量管理。由企业成员与学校教师共同组成质量监控小组，提高实践环节的质量监管要求，制定科学合理的质量监管标准，从而建立起高校与企业合作的创新创业人才协同教学质量评价监督机制。

最后，学校还要构建教师考核和校外反馈的考核评价机制。在对教师开展创新创业教育教学活动的考核评价方面，可以通过制定学生评价、教师自评、领导(督导组)和专家评价、同行评价等方式，检验教师的教学质量。通过校外用人单位和校外创新创业实践基地对学生的客观评价，改变和完善双创教育教学方法，培养一批适应社会发展的新型创新创业教育人才。

三、运行机制

创新创业教育是一项系统而复杂的工程，为保证其运转有效化和效果的最优化，需要相应优化的协同机制，提高各教育主体之间的协同与配合。“协同”不是“机械的协同”，而是“有机的协同”；不只是单纯的物理连接，而是要求系统内进行充分的沟通协调和信任合作，形成可持续运作的整体。[295]

(一)横纵层次组织机制

组织机制是协同顺利实现或实施的顶层设计与根本保障，主要体现为创新创业教育的总体规划和协同机构设置。只有建立组织合理、运行通畅的组织机构，才能确保高校创新创业教育活动的顺利有序实施。[296]高校创新创业教育组织机制可以建立纵向层次协调与横向协商联盟相结合的组织框架。

1. 纵向层次协调的组织框架

高校创新创业教育需要多个主体参与其中，其协同机制的构建需要专门的机构牵头负责统筹一切，协调各方。因此，有必要建立纵向层次的创新创业组织机构。纵向层次协调由“决策层、参谋层、执行层”等组成，如图 5-7 所示。

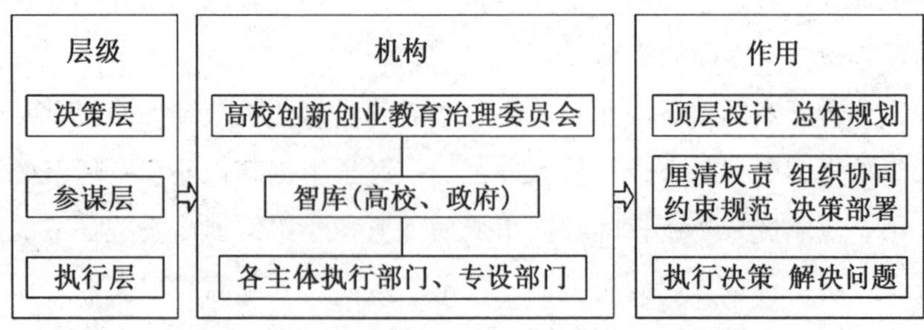

图 5-7 纵向层次的高校创新创业教育组织机构

决策层是协同机构的最高决策机关，是由协同主体共同组建的高层领导的双创教育支持建设管理机构，即高校创新创业教育治理委员会。委员会由政府相关人员担任委员会主任，高校、企业、中介机构中的相关人员担任委员，以联席会议制形式统一负责高校创新创业教育的顶层设计与总体规划。

参谋层依托高校或政府智库，系统征求专家决策意见。负责厘清各协同主体的权责分工，强化参与各方共为教育主体、协同主导的深度合作关系；组织、协调、督促各支持项目的建设、运行、评价、改进等事项；在契约约束与规范下实现各教育主体的目标协同、决策协同、结果协同和利益协同；对跨界重大事项作出决策，统一谋划跨界规划，整体部署跨界行为；协商解决遇到的跨界问题，使集体决策民主化、科学化、法治化；签订具有强制性执行力和法律约束力的契约，形成目标指向、资源配置、利益诉求交互融合的发展共同体。

执行层是这一组织机构必须常设的机构，由各协同主体的执行部门与专设部门参与其中，采取协同主体轮值主席的方式来运作，主要执行决策层作出的决策，实现协同顺利进行。

2. 横向层次协调的组织框架

首先是横向构建以高校为中心的创新创业教育联盟，如清华大学倡议成立中国高校创新创业教育联盟等。联盟高校共同建设课程，共享教师资源，克服地域和时间的限制，打造课程开发专家团队和名师团队；共同设计人才培养方案，将资源集合在平台中，相互之间取长补短，相互学习；结合线下互动，联盟高校开展高校教师间创新创业教育培训、学生间创新创业分享交流等活动，即联盟高校通过联合举办活动、举办区域赛事，共建实训基地、教学平台、孵化平台等方式，达到彼此间资源共享。此外，政府和企业为联盟提供资金、基地、导师等相关支持，同时政府还为联盟和企业提供项目扶持、政策支持，企业将需求和经验等信息反馈给联盟高校，联盟高校则为社会提供创业团队、创业项目等创新创业教育成果，从而形成联盟高校、企业、政府机构闭环运行机制，[297]如图 5-8 所示。

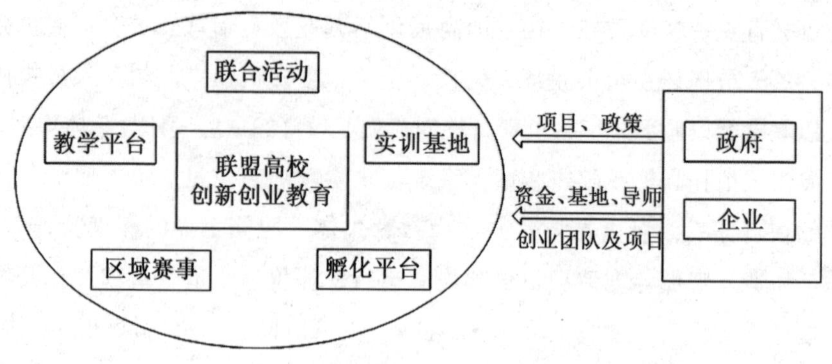

图 5-8 高校创新创业教育联盟

其次是建立由产业部门牵头建设的联盟基地，如全国高校实践育人创新创业基地等。成立大学科技园、产学研协同创新中心、大学生创业园区、大学生创业投资基金、创新创业市场化项目等支持项目，探索建立“产学研共建共管、企业主导管理、市场化运作”机制，强化资源要素互动、融合功能，以及其对创新创业人才培养的全过程、持续性支持功能；建立赋权模式的利益分配与风险分担机制，按各方投入比例在契约中明确成果产权归属问题、利益分配问题和风险承担问题。[298] 如图 5-9 所示。

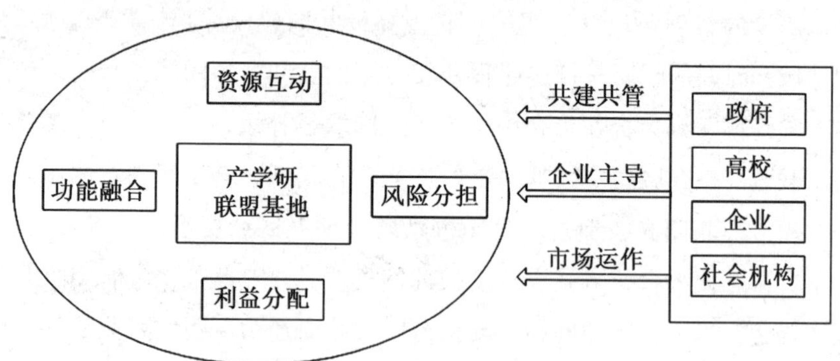

图 5-9 产学研联盟高校创新创业教育基地

实践证明，以联盟形式使各主体间协同，不仅为创新创业教育要素与资源的合理配置和有效利用提供了广阔的发展视角，还是目前各主体能够协同将优势资源进行整合、着力培养大学生创新创业素质最现实的举措。

（二）多方协商互动机制

美国学者科恩(Cohen)提出“凡是生活受到一项决策影响的人，就应该参与到这些决策制定的过程”。[299]高校的创新创业教育是一个需要所有主体、所有部门通力合作的系统工程，而非仅仅依靠一个或几个主体、部门就能够独立完成的。

多方协商互动机制是政府、高校、企业、其他公共服务机构“四元”主体彼此之间取得共识的基础条件，也是构建协同机制的重要因素。因此，一是要为各协同主体在高校创新创业教育过程中留有足够的活动空间，引导各主体积极参与双创教育活动，并以协调互动、同步发展之势，重塑彼此之间相互独立、相互合作的关系。二是要建立完善的协商对话平台，畅通“四元”主体沟通协商的渠道和方式，解决在协同推进高校创新创业教育过程中存在的矛盾和分歧，形成一个良性互动机制，在不断追求创新的过程中，为创新创业教育人才培养提供强有力的保证。

机制的整合是教育主体协调、教育目标协调的抓手和检验。一方面，教育主体是否理顺，利益诉求是否得到整合可以通过协同机制能否整合验证；另一方面，主体的协调整合和目标的协调都依赖于机制的整体运行。[300]协同学理论要求跨越职责边界进行工作，以目标共享、整合行动的方式回应公共服务问题，而跨越边界的整合行动包括横向部门整合、纵向层级整合和内外互动整合。[301][302]

首先，横向部门整合协商机制。针对部门功能分化所导致的公共服务碎片化问题，需要在原有职能分工基础上进行部门协作和整合。[303]高校作为创新创业教育的主要执行者、责任人，想要与其他教育主体形成良好的合作关系，就要保证各主体能够有效参与教育的执行。例如，健全高校双创教育的多方协商互动机制，保障政府、企业等教育主体参与教育过程，并保证其在教育过程中发挥实效。因此，高校要注意吸收政府、企业及其他公共服务机构的意见、建议，拓宽和畅通参与高校双创教育的渠道，鼓励这些主体积极参与创新创业教育的全过程；提高工作透明度、加大对信息的公开力度，及时和政府、企业及其他公共服务机构共享双创相关数据，以保证教育主体间享有平等、充分的知情权；加强高校创新创业教育的制度化建设，规范参与高校创新创业教育的内容、方式和程序。除此之外，高校应重视并正视其他教育主体的合理诉求，保证各教育主体能够在双创教育中切实发挥实效，而避免只是形式上的参与。

其次，纵向层级整合协商机制。上下级部门之间建立报备、指导和反馈机制。国家下达的各项制度，地方制定实施方案后报各地市审批后实施，审批后对任务进行的调整也须及时向上级部门报备，以利于实时动态地掌握进展并给予有效的指导监督。

最后，内外跨界联动协商机制。协同学理论倡导主体间的整体作业，注重解决问题过程中的协调性，跨界性是其主要特征。各级政府在高校双创政策制定上发挥导向作用，但缺乏创新创业相关教育理论和产业创业的实践经验。高校具有双创教育的理论资源优势，并汇聚了企业发展所需的各个学科的高层次人才、青年科研工作者和教育教学设施、科研器材等，但缺乏双创教育实践经验资源。企业在具备了大量的资金资源与丰富的创业实践经验的同时，储存了高校所缺少的市场管理、信息技术等多种综合性人才，但缺乏对创新创业教育规律的把握。其他公共服务机构不仅汇集了专业的科学研究人员与双创管理人员，还拥有大量具有落地转化可能的科研成果、双创活动场地、专项经费等，能在独立经营发展等方面给予高校和企业很大的支持，但其同样缺乏对创新创业教育规律的把握。综上所述，高校创新创业教育系统中的“四元”主体之间存在强烈的资源依赖关系，如表 5-3 所示。

表 5-3 “四元”主体资源优劣列表

主体	优势	劣势
各级政府	政策制定	理论经验、实践经验
高等院校	理论资源、专家人才、设施器材	实践经验
行业企业	实践经验、资金资源、综合人才	规律把握
其他公共服务机构	科研成果、专项经费、各项服务	规律把握

基于这种关系，建立“双创政策—理论知识—经验资金—支持服务”的非线性协商机制有利于实现高校创新创业教育协同过程中资源的合理配置和有

效流动，从而产生双创人才培养的协同效应。总之高校创新创业教育体系建设不是高校一方的“独奏曲”，而是高校、企业、政府、其他公共服务机构四位一体的“协奏曲”。要突破传统的观念障碍和制度藩篱，打破“四元”主体间的利益壁垒，通过“校地联动、目标引领、过程协同”，构建高校创新创业教育跨界联动的协商机制。[304]

(三)质量检测反馈机制

反馈指将组织或系统的工作结果或成效(输出)通过某种渠道返回传递至领导管理部门(输入端)，进而开展评估与比较的管理活动，属于现代管理科学中控制论的重要范畴和概念。同样的，高校创新创业教育的质量检测与反馈是指将高校创新创业教育的成效和结果，依靠合理的质量检测与反馈渠道传递给高校创新创业教育的领导、管理部门和群体的管理活动，是开展评价和考核的前提性要素。只有基于客观、及时的质量检测反馈，评价和考核才具备可能性。全面的质量检查和反馈机制可以从以下方面进行构建。

首先，要引入多元化的评估反馈主体。高校是开展创新创业教育的主渠道和主阵地，高校创新创业教育的质量监测与反馈机制是一项系统性工作。其反馈机制的主体应包括学生、教师、创新创业教学管理相关部门等，是一个多元化的评价系统。相关教学部门要制定创新创业质量监测与反馈实施方案，从总体上把握、加强对教师与学生的评价管理工作。在学生层面，要规范课程考核工作，不仅重视其课程笔试成绩，而且要重视其实践考核成绩，对其笔试考核、实习实训情况、参加创新创业活动情况等进行综合评价与反馈。在教师层面，通过学生评价、教师自评、领导专家评价、同行评价等方式，检验教师开展创新创业教学活动的效果和质量，对教师的教学进行合理监测，并将评价结果反馈给老师，使其认识不足之处，促进教师进一步提高教学质量与水平。学生的创新创业实习实训基本都是在企业中进行的。企业可以从学生创新创业理论知识的水平、实践能力、工作态度等方面进行评价，并将评价信息反馈给高校，找到学校与企业对学生创新创业能力的契合点，使高校培养出来的学生能够适应企业的发展，适应市场的竞争。政府是政策的制定者，也是创新创业教育的推动者。政府可以从学生是否了解和熟悉有关创新创业方面的政策着手，制定评价标准，并根据反馈信息，联合高校开展创新创业政策宣传等活动，保证学生能够了解国家的方针政策，使学生在创新创业过程中，享受税收优惠、创新创业补贴、担保贷款等普惠政策。[305]除此之外，还可以引入专业的第三方评估机构和大学生创业者参与到双创教育质量检测与反馈过程中，综合分析不同主体的评估和检测结果。

其次，要灵活运用适当的评估方法。高校双创政策的执行是一项长期的过程，要根据高校双创政策执行的特点和实际情况设定适当的评估方法和评估指标，政府也可以委托有条件的高校进行有关高校创新创业教育执行情况的评估和检测方向的课题研究，并将研究成果应用到实际工作中。[306]

最后，应保证检测和反馈结果实效的发挥。对于检测和反馈中存在的偏差要及时纠正，对评估的结果要配以相应的奖惩措施。

四、保障机制

高校创新创业教育是一项复杂、多元、长期的系统工程，需要全社会共同努力、协同发力，为学生的创新创业实践创造良好的思想保障、课程保障、师资保障、平台保障、资金保障与资源保障，促进高校创新创业教育全面、健康和可持续发展。

(一)思想保障机制

思想是行动的先导。改革开放以来，随着中国特色社会主义市场经济制度的逐步建立健全与国内高校办学体制机制的深化改革，我国的就业政策经历了从“统包统分”到“双向选择”再到“自主就业”的历史性变迁。面对这一巨大的变革，大学生们对自己的前途和未来感到了深深的困惑。因此，树立正确的创新创业观念、提升进取精神、克服消极观念显得尤为重要。随着高等教育从“精英化”向“大众化”“普及化”的迈进，高校毕业生在就业时，不可避免地会出现理想与实现不相符的情况，甚至出现未“上岗”先“下岗”的无工作可做的情况。当然，也有许多“编制情结”“啃老族”等有工作不去做的情况。所以，应该指引广大毕业生在就业时突破原有的政府分配的思维定式，转变多渠道的就业工作观念，树立创新创业的就业模式。

(二)课程保障机制

课程是开展一切教育、传播知识理念的载体和媒介。不同于传统的学科课程，创新创业课程需要各高校根据国家发展战略、经济发展趋势、行业人才需求、自身学科特点及人才培养定位等，建立具有本土高校鲜明特色的创新创业课程体系。具体如下：

首先，设置适应经济发展趋势的学科专业。高校要结合地方经济发展与区域产业结构需求，在充分征求企业意见、建议并整合各企业资源优势的基础上，开设适应地方经济发展和企业转型升级需求的交叉融合的学科专业。

其次，构建“科技化”“本土化”课程体系。面向不同发展需求和不同层次类型的学生，搭建科技与创新发展相适应、市场和企业需求相对接的分层、分类培养的课程体系，开发具有鲜明区域特色的创新创业通识课程、专业创新教育课程、创业实践教育等本土化课程模块，如表5-4所示。课程应当结合科技展前沿和科技创新成果，结合专业课程创新创业元素，结合学生个体发展需求，结合区域产业发展和企业实际需求。课程实施强调行动导向和企业实际项目驱动，推进“翻转课堂”“项目驱动”“案例教学”等教学方式方法改革。

表5-4　创新创业理论教学“三阶段”课程体系

年级	分层课程	培养目标
大学一、二年级	创新创业通识教育层 （《创新思维》《创新心理训练》《创新能力训练》《创业基础理论与实践》等）	创新创业意识 创新创业动力 创新创业基础知识
大学二、三年级	专业创新教育层 （《网络营销》《技术创新管理》《创业机会识别与评价》《电子商务》等）	创新创业思维 创新创业知识 实践能力培养
大学三、四年级	创业实践教育层 （《精益创新实践》《中小企业创业实务》等）	创新创业能力

大学生经过十二年的基础教育阶段，已经具备了扎实的基础知识与技能储备，拥有较高的素质和发展起点，因此整体的双创教育步骤稍显紧凑。面向大学一、二年级全体学生，按“大类”模式培养，开设跨院系、跨学科、跨

专业的通识课程，促进人才培养由单一学科向多学科融合的转变，着重培养学生的创新创业意识，激发创新创业动力，打牢双创基础知识。面向有意愿参加创新创业活动的大学二、三年级学生，开设建立在学科专业知识基础之上的创新创业课程，旨在培养学生创新创业思维、扩展创新创业专业知识以及提升双创实践能力。这很好地实现了全校学生共享优质的教学资源，而且有利于学生根据自己的兴趣爱好和对专业的了解进行“跨类”转专业，以及后续的“类内”转专业；就人才培养方案和课程体系而言，这有利于发挥学生的学习主动性和培养优秀的专业人才；[307]面向有一定创新创业经验的大学三、四年级学生，开设创业实践教育类课程，以加强学生基于真实项目、学科竞赛的实践教育，达到知识与实践相融合，激发学习兴趣和潜能，培养学生的团队协作意识，使其成为创新创业人才。

再次，强化创新创业教育在专业教育中的渗透与融合。双创课程不仅仅局限于专项课程，一方面，将创新创业教育渗透于专业教育之中。在公共课程、专业基础课程、专业课程中融入创新创业元素，使创新创业课程与专业课程相融合，提升专业课程的创新性；另一方面，挖掘通用性、融合性课程，提升创新创业课程的专业性，使构建的新型创新创业知识体系，课程间深度融合，从而发挥二者合力。

最后，注重创新创业实践教学环节。在课程设置上，高校要增加实践教学的课时，并聘请企业高层、创业成功人士和杰出校友等定期来校开设不同内容模块的创新创业讲座和培训课程，给创新创业孵化项目进行实战指导，[308]让学生通过实践实训提高自身的创新创业能力。另外，高校应将创新创业实践教学贯串人才培养的全过程，并纳入本科人才培养方案，积极探索创新创业实践教学“三阶段”模式，如表 5-5 所示。

表 5-5　创新创业实践教学“三阶段”课程体系

年级	分层课程	培养目标
大学一、二年级	创新创业实践实训教育+校内科技社团活动	创新创业实践知识
大学二、三年级	学科竞赛+校内创新创业实践基地	创新创业实践能力
大学三、四年级	企业实习实训+校外创新创业实践基地	创新创业综合能力

(三)师资保障机制

高校创新创业教育师资队伍建设的强弱决定着双创教育成效的高低。为积极推动创新创业教育开展，提高创新创业教育质量，应着力打造一支结构合理、专业为主、专兼结合的“校内+校外+优秀校友”的高素质师资队伍，助力挖掘创新创业潜力。可以从以下方面对提高创新创业教育师资保障的有效性进行创新和实践。

一是提高校内创新创业教育师资队伍质量。地方政府要以协同为理念，统筹区域内高校创业师资培养，促进政府资源、社会资源、市场资源开放，为教师创业教育教学能力的提升提供平台。高校结合自身学科优势、办学特色与实际情况，充分挖掘校内创新创业优秀师资。并通过“送出去”与“请进来”相结合的方式，组织校内教师参加国内外举办的各类有关创新创业教育的教师培训班，以不断提高校内创新创业教育专业教师的素质与质量。

二是引进一批校外高素质的兼职教师队伍。积极引进区域内具有实践经验的企业家或管理者进入教育体系，充分利用校外的师资资源，吸纳政府部门、企业、科研院所、中介机构及其他社会组织中具有扎实创新创业理论基础或丰富创新创业经验的创业者、知名企业家、杰出校友、行业协会领导者和政府工作者等精英资源，建立一支高水平、高素质的兼职创新创业教育师资队伍。依托专业导师帮助学生学习双创技能、发展技术优势并联络风险投资机构，从而有效实现师生互动和校企互动。[310]

三是强化创新创业实战型师资队伍建设。美国斯坦福大学教授通过为创业企业提供咨询服务、担任创业企业董事，或直接兼任所在区域行业、企业部门顾问等方式获得创业经验。这既帮助了企业发展，又深刻地理解了创业的真谛，对其从事创业教学具有重要价值。[311]因此，鼓励教师创新创业，通过到创新型或创业型企业兼职等方式进入实践领域，参与经济社会运行，进而直接感知双创实践、提升双创教学的有效性，改变传统固守理论知识的局面。实施校企共建双聘机制，打通校企人才流动渠道，引进与聘用来自企业、创投公司的企业家和企业高管，全力打造多元化来源的“市场型”“创业型”师资队伍。

(四)平台保障机制

发达国家大多设有专业机构负责大学生创新创业政策的统筹实施，如美国的中小企业发展中心、英国的科学创业中心、日本的创业研究中心等。[312]由于国情不同，我国不能完全照搬国外经验，但是创新创业政策落地与协同机制构建需要发挥专业机构统筹协调作用，带动多个主体共同参与。因此，应当建立跨地区、跨机构、跨部门的一站式创业服务平台，提供政策咨询服务、投融资服务、企业登记注册、房租减免、信息服务、配套设施服务、培训指导、人才服务、代理服务、法律援助等方面的政策解答、手续办理、法律咨询等全方位服务。[313]

2015 年以来，国内涌现出一批以创新工场、3W 咖啡为代表的聚合金融、产业、技术和专业服务等创新要素的创业服务机构。2019 年我国创业孵化载体约 1. 3 万家，在孵企业和项目近 66 万家，解决社会就业超 450 万人。[314]全方位、专业化、低成本的便捷服务，极大地激发了全社会创新创业活力，加快科技成果向现实生产力的转化，增强实体经济发展的新动能。但从实际境遇考量，仍面临着整体入驻率不高、创业活力后劲不足、双创资源的浪费等情况。因此，需提供完善孵化流程，推动孵化载体运营标准化、专业化、精细化，建立创业项目培训资源对接体系，引入法务、税务、工商等各类政府部门和商业机构，举办培训会、对接会，对创业团队进行专业化的内部管理改造。[315]在创新创业实践平台建设方面，进一步加强大学生科技园、产业园、创业园、文化长廊、孵化基地、咨询服务中心等创新创业实践平台的建设，创造良好的实践环境，提供大量的实践实训机会，并为其提供创新创业政策、指导、中介、信息等方面的咨询服务。把创新创业教育实践纳入学校的实践教育计划，以专业实践活动为载体，将创新创业教育与实验教学、实习实训、毕业设计(论文)和各项创新创业竞赛结合起来，不断提高学生的实践能力。

(五)资金保障机制

资金是创新创业教育课程开设、指导服务、资源配备的基础。双创资金的投入和有效管理决定着创新创业教育的实效。2015 年国务院办公厅出台的《关于深化高等学校创新创业教育改革的实施意见》，对创新创业教育的专项资金保障做了明确要求，一方面通过整合发展财政和社会资金，优化高校经费支出结构，激活存量资金，另一方面通过设立大学生创新创业教育奖励基金等措施做实增量资金。[316]这也表明政府对高校开展创新创业教育的资金保障十分重视。创新创业教育资金的保障不仅要保证量，还要保证质。资金是创新创业教育资源配备和活动开展的基本保障，[317]可以从以下方面对提高创新创业教育资金利用的有效性进行创新和实践。

首先，合理利用政府设立的创新创业教育专项资金。将以项目为主体的融资活动(Public-Private-Partnership，简称 PPP)融入创新创业基金的设立中，取长补短、发挥各方的优势，协调各方的利益，增加投资活力。

其次，对创新创业资金进行科学合理统筹安排。高校构建社会资金引入和管理机制，一方面可以和用人单位紧密联系，为大学生创新创业提供合作资金；另一方面，鼓励社会组织和企业建立风险投资基金，以多种形式支持大学生创新创业。

再次，设立专门帮助大学生创新创业的贷款资金。充分发挥金融贷款的杠杆作用，加大力度推进有关大学生创新创业优惠政策的落实。同时，高校应加大对创新创业教育资金的投入，做到资金的合理高效使用，积极拓宽创新创业教育资金的筹措渠道，比如联合政府、行业企业、知名校友等组织或个人设立有关创新创业教育基金。[318]

(六)信息保障机制

有效衔接的前提是信息获取，供给信息与需求信息匹配是衔接的基础。伴随着信息技术的发展，我国信息化水平一日千里，5G、大数据、云服务等现代信息技术手段也为高校创新创业教育信息化和现代化提供了信息保障。为了有效发挥信息技术在教育协同中的基础性作用，我们首先要做的就是有效地整合各教育主体之间的信息资源，建立创新创业教育信息共享平台，并使其达到便捷、共享的目的，形成互联互通的开放式渠道、在不同部门和业务系统之间便于政府、高校职能部门以及不同部门之间保持联络和获取信息，[319]实现创新创业教育依“数”治理。

一是建立数据支持的培养决策机制。培养决策机制的构建不仅有助于准确预测和评估人才需求，还有助于社会组织需求侧与高等教育供给侧的平衡。社会经济发展与企业生产经营过程中会形成海量的数据，通过挖掘这些数据可以有效展现社会经济现状与企业人才需求，进而准确评估创新创业人才需求的领域及规模。高校根据大数据分析画像也可及时有效地调整人才培养结构和规格，保证双创人才培养与区域社会之间高度吻合。

二是建立数据支持的信息整合机制。首先，促进不同层级政府信息资源整合。建立大学生创新创业教育数据库，保障上级政府一旦发布相关政策、方案，各下级政府能够实时得到有关信息，实现无缝对接。同样地，下级政府在执行政策方案时的实施数据能够及时上传数据库，让上级政府迅速得到治理情况的反馈，达到上下级政府的信息资源整合。同时，要注重信息资源标准化建设，对数字文件格式、存储方式以及编译、检索等做统一的要求，提高数据获取和应用的便捷性。其次，在运作形式上基本提倡“供应一站式服务”，主要通过当代信息科技如互联网渠道，创建成熟的数据库，集中各种服务任务，创建单独的服务窗口，确保资源共享及积极沟通，确保政府和普通大众的密切交流和互动，按时回应，供应专业且高质量的服务。这种以信息科技为基础的成熟服务运营方式，对当前高校创新创业教育发展具有积极的影响。高校创新创业教育主要利用信息科技，建设信息共享制度，创建成熟的数据库，确保所有管理流程彼此搭配及合作，产生完整的运作程序，供应专业的高质量的服务。再次，畅通政府各业务部门的信息沟通渠道。高校创新创业信息系统的端口要向所有涉及参与教育工作的业务部门开放，方便这些部门实时获取治理信息。相关业务部门也要指定专人及时上传各自业务范围内的有关工作信息，确保治理工作进度达到可视化要求，提高治理信息的有效传递和完整性。最后，建立起政府与其他教育主体之间的信息多向连接结构。以往政府在信息传递中占据绝对地位，信息传递只是从政府单向连接到企业、社会团体和公民，很少有信息从企业、社会团体这一端政府连接的，政府缺少来自多方的信息，使之掌握的信息不全面，也不接地气。现在要构筑一个多向连接的模式，不单政府能向其他教育主体传递信息，也要侧重从其他治理主体方面接受相关的信息。不仅如此，企业、社会团体和大学生等教育主客体之间也要建立互相的信息连接渠道，使得所有的治理主体成为一个有机的联合体。

三是建立数据支撑的资源保障机制。通过创新创业人才培养资源需求数据挖掘，厘清资源需求样态，有助于提升社会资源供给能力。高校创新创业教育资源需求类型繁多，同时具有动态性，不同培养阶段、不同领域的资源需求具有显著差异，面对大量复杂的需求信息，高校有必要加强数据收集和分析，搭建资源需求公共信息平台，从而更好地衔接社会供给系统。与此同时，社会中拥有大量资本、空间场地及智力资源，推动这些或隶属政府或隶属市场主体的资源进入创新创业教育体系，发挥其要素作用，具有重要意义。[320]

（七）环境保障机制

高校创新创业文化氛围是培养高质量的创新型人才的基础与前提，是长期逐步积淀、整合、提炼形成的，是重要的隐性课程，能潜移默化地促进学生文化素质和实践能力的提高。其是包含对创新创业活动产生影响的各种基本观念、价值取向、学术环境、创新氛围、创业风气和行为规范等的综合。[321]可以通过营造积极创新的文化氛围，让创新创业活动蔚然成风。

一是构建良好的创新创业社会环境。创新创业本就是一项复杂、艰巨的系统活动，我国大学生创业成功率不足5%，与欧美等国平均20%的创业成功率相差甚远。[322]除了提高大学生创新创业意识、知识与能力，营造一个鼓励创新、支持创业和宽容失败的社会环境至关重要。以此鼓励学生培养这种敢于创新、敢于质疑、突破陈规的创新精神与坚持不懈、锐意进取、不畏困难的创业品质。

二是营造良好的创新创业校园氛围。首先，利用各种校园媒体资源，宣传创新创业教育的价值和意义，宣传创新创业成功人士和精英人物，弘扬崇尚科学、探索未知、敢于冒险、勇于创新的精神，创造一个开放、自由、包容的校园氛围；其次，利用广告展板、电子屏幕、宣传栏、报刊等多种宣传平台，以及微信公众号、微博等网络新媒体，向学生传播相关的国际趋势、国家政策、地方扶持政策和有利于大学生创新创业的信息；再次，积极举办、承办或协办各级各类创新创业竞赛，如四大创新实践赛事："挑战杯"全国大学生课外学术科技作品竞赛、"创青春"全国大学生创业大赛、"互联网+"大学生创新创业大赛和全国大学生数学建模竞赛，[323]从而激发大学生的创新创业意识和热情，使其积极投身于创新创业实践浪潮之中。

第三节　高校创新创业教育协同机制实现的配套保障制度

一、改革高校组织管理体制与办学理念

改革开放以来，我国一直专注于创建创新研究型大学，致力于纯粹科学的研究。现在，大学要走出象牙塔、做到双创教育协同，除了教学和研究以外，更要将自己的科学优势转移到经济活动中，凸显服务社会的职能，主动参与区域经济发展，将创新创业作为一项新的任务，采用科研与创新创业一体化的新模式，实现现代大学的转型，更好地参与创新创业协同计划。

高校要更加注重培养学生的创新精神和构建高校内部的创新文化，使创新精神和创新文化成为高校协同发展的内在动力之一，强化科研人员、教师和学术的创新意识和创业精神。只有高校和高校内的人都具有创新精神，才能将市场需求融入科研，也才能保证高校面向国家需求、区域经济发展和社会重大问题进行协同创新。在这一过程中大学既要开设理论倾向的教学课程也要注重创业实践活动的开展，还要特别注意不能完全从企业的角度出发进行创业，高校的创新创业要服务于大学发展、科学研究和人才培养，要防止落入对金钱的追逐。要明确高校创业是为了解决国家、社会和行业问题，增加学术的社会价值，而不是为了牟利。我国创新创业型大学的发展和起步较晚，要借鉴目前世界上成功的创业型大学理论研究成果和实际经验，学习和借鉴在发展机制和制度安排等方面的改革经验，还要结合我国高校自身情况，探索符合我国高校情况的创新创业型大学发展新模式。

二、加大金融政策等各项配套供给力度

一是促进加快科技金融结合政策。在政策方面要积极引导银行及民间融资平台设立科研专项服务平台，鼓励发展科技创新风险投资。同时要补偿创新科技投资风险、补贴科技成果保险、保障知识产权抵押权益等手段，逐步

建立有补偿、能抵押、易融资的一体化科技投融资体系，突破技术成果转化的融资难问题；出台促进高校及科研院所创新科技产业化政策和引导创新成果服务社会的政策，提高高校、企业及科研院所等创新主体对经济社会发展的服务能力；大力支持创新型、技术型中小企业发展的政策。针对中小企业特点，出台关于适应中小企业特点的技术、人才、资金、市场等方面的支持政策；激励科技资源开放共享的政策。建立共享激励机制，合理引导高校、科研院所及高校等创新主体在信息资源、研究设备、研发平台等方面资源共享，形成合力；出台对科研人员、教师等创新参与者的激励政策。允许知识、技术、管理等要素参与创新收益分配，鼓励实行股权奖励、分红奖励等报酬激励政策。

二是加大财政资金的投入力度。建议各级政府严格落实财政科技经费支持规定增长要求，保证财政科技支出增幅明显高于财政实际收入增幅，同时在年度预算执行安排上，也要把科技支出作为保障的重点，力保财政支出中科技支出所占比例有重大幅度提高。

三是善用多种政策手段促进社会各界的投入。利用减免相关税收、财政补贴、资源有效倾斜等方法，引导鼓励企业从研发生产转变为研发投入；积极引导社会资金更安全、更快捷、更高效地投入科技创新，建立社会融资平台，鼓励发展科技创新风险投资，多渠道多手段地吸引社会资本参与，为创新创业教育协同提供充足的资金保证和支持。而今，要更加注重金融和税收政策的影响力。在新的增值税改革后，国家出台相关政策引导社会创新，鼓励企业加大研发投入和创新，充分利用税收政策的杠杆作用，激起企业创新的积极性。

四是加大对高校各学科研究经费的投入力度。首先，加大中央、各省及地方财政对各类高校基本科研费用及双创专项经费的投入和保障力度，建立基础科研经费及双创专项资金增长机制，保证高校创新创业教育有着稳定且长效的资金支持。其次，扩大双创专项资金投入力度，对参与国家协同创新中心及具有较强实力的省级协同创新中心予以财政支持的倾斜。

三、培育锐意进取领军人物和协同团队

领袖是某一团体在活动中具有突出的表率能力的人，是引领团队走向成功的关键人物。核心领袖是最具发言权与领导权的主力。尤其是西方国家更加注重英雄主义，主张用个人的智慧和力量服务社会，可见领袖的作用与魅力是不可估量的。高校创新创业教育协同机制在运行过程中同样需要领袖的存在，而这个领袖就是协同活动的倡导者，是协同活动中心的指挥者。高校不仅是“授业解惑”的场所，还是“传道”的圣地。因此，不能一味地推崇在科研领域具有突出贡献的院士等作为高校协同中心的领导者，也不能把协同中心作为简单的组织机构，选取管理学的佼佼者作为领导者。协同的领导不仅要具备组织管理、活动运营等方面的管理才能，更应具备无论从人格、道德、组织协调等各方面的协同魅力。高校协同创新工作同样需要一批高精尖的团队作为支撑。团队内部之间、团队与团队之间协同合作，将各自资源融合共享，达到事半功倍的效果。

因此高校协同中心的建设、国家协同创新工作的开展不仅需要具有丰富领导能力的领军人物，还需要经验丰富的团队，作为协同工作的行为主体，同时作用于双创教育协同向更好、更完善的方向发展。

四、完善成果评价机制与利益分割标准

创新的载体和发展重点是产业链。要提高创新创业的水平和效率，高校创新创业协同就必须更加注重协同创新成果的产业化，基于创新成果的转化，把创新阶段与成果产业化阶段相衔接、相融合。当创新与产业化互相融合、协同发展，成为统一整体的时候，创新的价值会更加凸显，创新的方向、目标会更加明确，各创新主体的凝聚力也会不断增强，国家创新的能力和效率会得到明显提高，而高校创新创业成果没有实践基础、创新成果无法有效的落地并转化为经济效益的问题也会迎刃而解。创新创业协同成果要向产业化发展，而成果评价机制要改变以往单纯以项目、论文、获奖、专利为主的考核评价方式，更加注重原始创新和创新成果转化为经济效益，解决国家需求难题等方面，形成以创新质量、成果产业化及迎合市场为导向的评价机制。

科技创新成果发生后，科研人员应及时申请专利，国家应加大力度鼓励引导创新人员利用法律手段，依法保护知识产权，为创新创业协同的开展保驾护航，激发各教育主体、创新创业主体工作的积极性和创造性；成果收益分配时，鼓励创新创业人员以多种形式入股，调动创新创业参与者的积极性和创造性，构建完善公平的创新创业入股分红体制机制和评估标准；解决好产权利益分享问题，在各创新创业协同主体之间的合作中，对知识产权的归属和定价加以明确界定；高校和科研院所重点参与组织创新，企业重点参与创新成果产业化，对知识产权收益分配加以规范。通过科学规范的创新创业协同中心利益成果核资定价，加强企业经营管理，重视创新成果产业化，最终实现技术商业化、产权效益化和投资市场化，从而吸引更多的资金投入高校创新创业教育中。

附录

附录一
高校创新创业教育现状调查问卷(高校版)

尊敬的领导：

您好！为优化高校双创育人工作，特开展此次调研。恳请您百忙之中抽空填写问卷。本次调查采取保密措施，所有数据以研究为目的只用于统计分析，不会涉及任何个人评价，请填写您的真实想法。感谢您的热情支持！

高校创新创业教育调研组

2021. 06

填写说明：1. 若无其他标注，每题均为单选必答题。

2. 在您认为合适的选项上画“√”。

1. 贵校实施双创教育的时间有多长？

   A. 5 年以内　B. 5~10 年　C. 11~15 年　D. 15 年以上　E. 其他

2. 贵校创新创业教育中，有哪些主体参与？（可多选）

   A. 其他高校　B. 政府部门　C. 相关企业　D. 科研机构
   E. 金融机构　F. 科技中介　G. 其他

3. 贵校是否专设了创新创业教育管理机构，如创新创业学院等？

   A. 是　B. 否

4. 贵校负责创新创业教育的主体单位有哪些？（可多选）

   A. 教务处　B. 团委
   C. 就业指导中心　D. 学生工作部门
   E. 经济学院或管理学院　F. 创新创业学院或创新创业研究中心
   G. 各学院自主建设　H. 各单位分工协作
   I. 其他

5. 贵校创新创业教育管理的主要任务是什么？（可多选）

   A. 双创课程体系建设
   B. 各级各类双创项目、比赛的组织和管理
   C. 双创学生的选拔与管理
   D. 双创师资的建设与管理
   E. 孵化基地的管理
   F. 对接与推进和政府、企业、科研机构的合作
   G. 开展国际交流与合作
   H. 组织与开展双创相关研究
   I. 其他

6. 贵校出台了哪些推行创新创业教育的相关政策？（可多选）

   A. 学校层面的双创教育实施方案　B. 二级学院层面的双创教育实施细则
   C. 各部门出台的双创配套制度　D. 其他

7. 贵校制定了哪些鼓励学生参与创新创业教育的政策或规定？（可多选）

   A. 以双创成果代替学分　B. 允许学生休学创业
   C. 双创学生的选拔与管理　D. 双创师资的建设与管理

E. 孵化基地的管理

F. 对接与推进和政府、企业、科研机构的合作

G. 开展国际交流与合作

H. 组织与开展双创相关研究

I. 其他

8. 贵校有哪些鼓励教师从事创新创业教育的支持政策？（可多选）

A. 相关成果纳入职称评审条件

B. 允许教师到企业挂职或兼职

C. 指导学生获得创新创业类竞赛给予精神或物质表彰

D. 允许教师停薪留职去创业

E. 科技成果转化收益大部分归教师本人

F. 其他

9. 贵校搭建的创新创业实践平台有哪些？（可多选）

A. 孵化基地/众创空间　　B. 各院系专业实验室

C. 工程训练中心　　D. 学校科技园

E. 校外企业实习实训基地　　F. 其他

10. 贵校创新创业课程建设现状如何？（可多选）

A. 系统完整的课程体系与课程大纲

B. 尚未形成系统的课程，只有就业指导类课程

C. 其他

11. 贵校开展创新创业教育的形式主要有哪些？（可多选）

A. 课堂教学为主，实践模拟为辅

B. 实践模拟为主，课堂教学为辅

C. 定期或不定期邀请创业者或企业家提供定期讲座或培训

D. 与企业进行课程共建

E. 项目式教学

F. 其他

12. 贵校配备的创新创业教育师资主要有哪些？（可多选）

A. 专职双创教师　　B. 专业课教师兼任

C. 学生工作者
D. 成功创业者
E. 企业管理专家
F. 政府部门相关人员
G. 风险投资专家
H. 其他

13. 贵校提升创新创业教育师资能力的途径是什么？(可多选)

A. 推荐优秀双创教师接受校外培训

B. 聘请校外专家入校培训

C. 鼓励教师到企业挂职或兼职

D. 设置专项研究课题

E. 其他

14. 贵校与其他创新创业教育主体有哪些合作互动方式？(可多选)

A. 协同开设双创课程
B. 协同研发项目
C. 共建双创基地
D. 共同投资营利性运营实体
E. 组建战略合作联盟
F. 搭建虚拟型组织
G. 其他___________

15. 影响贵校与第三方组织达成协同双创合作协议的最重要因素是什么？

A. 创新人才的需求
B. 技术实现与转化的能力
C. 学生成长成才的需要
D. 良好的合作氛围
E. 政府的支持与推动
F. 其他___________

16. 您对于高校创新创业教育工作，还有哪些改进建议？

再次真诚感谢您帮助完成此次问卷！

附录二
陕西高校创新创业教育现状调查问卷(教师版)

尊敬的老师：

您好！为优化高校双创育人工作，特开展此次调研。恳请您百忙之中抽空填写问卷。本次调查采取保密措施，所有数据以研究为目的只用于统计分析，不会涉及任何个人评价，请填写您的真实想法。感谢您的热情支持！

高校创新创业教育调研组

2021. 06

填写说明：1. 若无其他标注，每题均为单选必答题。

2. 在您认为合适的选项上画“√”。

一、个人信息

1. 您目前的职称是什么？

A. 初级　　B. 中级　　C. 副高　　D. 正高

2. 您的学科类型是什么？

A. 工科　　B. 理科　　C. 经管类　　D. 文史哲类

E. 艺术类　　F. 医学　　G. 其他

3. 您属于何种身份？(可多选)

A. 专职教师　　B. 兼职教师　　C. 校内导师　　D. 校外导师

E. 辅导员或管理人员　　F. 企业导师　　G. 其他

二、双创现状

4. 贵校设立了哪些创新创业教育机构？（可多选）

   A. 设置独立创新创业学院　　B. 多部门联合办公机构
   C. 设立大学生创新创业孵化基地　D. 成立大学生创新创业社团
   E. 校内外合办的创新创业协会　F. 二级学院设立专门创新创业机构
   G. 无相关机构　H. 其他

5. 贵校对鼓励学生参与创新创业提供的支持包括哪些？（可多选）

   A. 专业指导或技术咨询　B. 资金或场地　C. 相关支持政策
   D. 双创课程　E. 竞赛活动　F. 培训　G. 其他

6. 贵校关于推行创新创业教育已有的做法有哪些？（可多选）

   A. 制定支持教师和学生参与创新创业的政策、措施
   B. 专设创新创业中心或教育机构
   C. 构建完善的创新创业课程体系与实践体系
   D. 设立创新创业专项基金
   E. 建立创新创业园区、实习基地或孵化基地
   F. 加强产学研合作
   G. 举办或承办创新创业类比赛
   H. 举办创新创业教育专题研讨会或讲座
   I. 其他

7. 贵校的师资力量是否能满足创新创业教育的发展需要？

   A. 不能满足需求，教学效果受到严重影响
   B. 勉强满足需求，教学效果差受到影响
   C. 基本满足需求，教学效果一般
   D. 完全满足需求，教学效果良好

8. 贵校创新创业教育中，有哪些主体参与？（可多选）

   A. 其他高校　B. 政府部门　C. 行业企业　D. 科研机构
   E. 金融机构　F. 科技中介　G. 其他

9. 您参与过哪些创新创业教育活动？（可多选）

   A. 讲授双创课程　B. 指导双创竞赛

C. 参加过相关培训或讲座　　D. 创业项目咨询辅导

E. 负责创业平台搭建及管理　　F. 其他

10. 您参与的高校创新创业教育课程形式有哪些?(可多选)

A. 必修课程　　B. 选修课程

C. 未设置相关课程　　D. 其他

11. 贵校开展创新创业教育的对象主要是哪一群体?

A. 全体学生　　B. 经管等相关专业学生

C. 有创业需求的学生　　D. 应届毕业生

E. 已毕业学生及校友　　F. 其他

12. 您认为高校进行双创教育中遇到的主要困难是什么?(可多选)

A. 课程设置不合理　　B. 师资力量不雄厚

C. 实践平台不完善　　D. 教育各环节不协调

E. 成果缺乏积累与转化　　F. 缺乏个性化培养

G. 学生创新创业意识不强

H. 创新创业服务支撑不到位(如场地、资金等)

I. 其他

13. 您认为高校开展创新创业教育最需要哪方面支持?(可多选)

A. 多途径的资金支持　　B. 政府的扶持政策

C. 社会的认可　　D. 雄厚的师资力量

E. 学校领导的规划　　F. 学生的需求

G. 产学研协同　　H. 其他

14. 如果双创教育效果不理想，您认为主要原因是什么?(效果好的话可跳过此题；可多选)

A. 内容脱离学生实际需求　　B. 教学方式单一

C. 教材编排不当　　D. 学生学后没用

E. 社会大环境　　F. 教师教学观念落后

G. 教师水平低　　H. 其他

15. 您认为学校双创教育外部支持体系存在哪些问题?(可多选)

A. 政府扶持政策还需进一步落实及细化

B. 中介服务机构缺乏　　C. 技术转化工作人员缺乏

D. 社会氛围不浓厚　　E. 投融资机构缺乏

H. 其他

16. 您通过以下什么途径提高自身创新创业教育能力?(可多选)

A. 校内学术讲座　　B. 校外专题培训讲座

C. 校企合作　　D. 校际交流

E. 其他

17. 您认为双创教育应如何与专业教育有效融合?(可多选)

A. 在专业课程中渗透双创教育理念

B. 在双创竞赛等活动中巩固专业知识

C. 在双创实践中加深专业知识应用

D. 其他

18. 您认为学生更愿意接受以下哪种形式的双创教育?(可多选)

A. 修读双创课程　　B. 参加双创类竞赛

C. 参加相关双创实践活动　　D. 创业培训及咨询

E. 自学创业知识　　F. 参加讲座或沙龙

G. 创业项目模拟训练　　H. 其他

19. 您认为双创课程应当包含以下哪些方面?(可多选)

A. 培养双创精神　　B. 学习双创知识

C. 掌握法律及管理知识　　D. 参加实践实训

E. 分析创业趋势　　F. 提升实际动手操作能力

G. 体验社会工作经验　　H. 组建团队

I. 项目管理运营　　J. 其他

20. 谈谈您的体验感受，在合适的选项里画“√”

(1. 非常不同意；2. 不同意；3. 不好说；4. 同意；5. 非常同意)

题目	1	2	3	4	5
(1)您对双创教育的内涵和意义有很清晰的认识					

续表

(2)您参与学校双创教育意愿度或认同感很强烈					
(3)学校将双创教育融入人才培养的全过程					
(4)学校构建了系统完备的双创教育课程体系					
(5)学校双创教育已经与专业教育达到了融合					
(6)学校非常注重双创师资队伍的建设，并提供很多优质资源用于提升师资的教育与指导服务能力					
(7)学校建立双创教育激励机制，如职称评审、学分置换、评奖评优等，激发了师生双创活力					
(8)学校建立了完善的创新创业指导服务体系，为师生双创提供技术支持与专业服务					
(9)学校允许并鼓励教师离岗创业、企业挂职、兼职等					
(10)学校能够利用多种媒体宣传双创政策、成功案例，形成良好的双创文化氛围					
(11)学校能根据自身特色与定位推进双创教育					
(12)学校大力推行双创教育获得了良好的效果					

21. 对于您所在高校的创新创业工作，您还有哪些改进建议？

再次真诚感谢您帮助完成此次问卷！

附录三
陕西高校创新创业教育现状调查问卷(学生版)

亲爱的同学:

您好!为优化高校双创育人工作,特开展此次调研。恳请您百忙之中抽空填写问卷。本次调查采取保密措施,所有数据以研究为目的只用于统计分析,不会涉及任何个人评价,请填写您的真实想法。感谢您的热情支持!

高校创新创业教育调研组

2021. 06

填写说明:1. 若无其他标注,每题均为单选必答题。

2. 在您认为合适的选项上画“√”。

一、基本情况

1. 您的性别(　)

A. 男　　B. 女

2. 您来自(　)

A. 城镇　　B. 农村　　C. 其他

3. 您的学科是哪种类型?

A. 工科　　B. 理科　　C. 经管类　　D. 文史哲类

E. 艺术类　　F. 医学　　G. 其他

二、双创现状

4. 您对创新创业是否感兴趣?

A. 非常感兴趣　B. 比较感兴趣　C. 一般

D. 不太感兴趣　　E. 完全不感兴趣

5. 如果您对双创感兴趣，主要原因有哪些？（可多选）

A. 通过双创实现个人理想　　B. 预期有更高收入

C. 对双创本身充满兴趣　　D. 建立人脉资源，扩大交友圈

E. 受他人邀请进行创新　　F. 提升个人能力获得不断成长和发展

G. 提高未来就业竞争力　　H. 其他

6. 您认为创新创业人才应具备哪些素质？（可多选）

A. 创新思维能力　　B. 团队合作

C. 较好的专业知识技能　　D. 学习能力

E. 组织策划能力及领导能力　　F. 解决问题能力

G. 沟通交流能力　　H. 良好的品德修养与责任感

I. 吃苦耐劳，持之以恒的毅力　　J. 其他

7. 您认为大学生参与创新创业活动的主要障碍是什么？（可多选）

A. 缺乏资金　　B. 缺乏经验及社会关系

C. 方向不明确，没有好的项目　　D. 家人不支持

E. 心理承受风险与压力的能力不足

F. 自身专业知识技能不足　　G. 缺少合适的创业合作伙伴

H. 其他

8. 您有哪些创新创业实践经历？（可多选）

A. 参与过创新创业课程及讲座

B. 参加过创新创业竞赛（如挑战杯、“互联网+”创新大赛等）

C. 参加过创新创业实训及模拟活动

D. 参与过创新创业孵化项目

E. 参加过创新创业社团

F. 其他

9. 您通过哪些途径了解各省相关创新创业支持政策？（可多选）

A. 政府网站　　B. 课堂　　C. 新媒体平台　　D. 讲座或培训

E. 周围案例　　F. 其他

10. 您认为该如何提高大学生创新创业能力？（可多选）

A. 开展系统完善的双创课程

B. 自己多收集相关信息与成功案例

C. 多与有创新创业成功经验的朋友交流

D. 多参加创业大赛等

E. 加强专业技能的学习

F. 参加更多的社会实践

G. 其他

11. 您更倾向于参与以下哪种双创活动方式？(可多选)

A. 创新创业理论课程　　B. 经验讲座、沙龙

C. 到创业成功的企业实地考察　　D. 创新创业模拟训练

E. 创新创业活动　　F. 创新创业类学科竞赛

G. 企业顶岗实习或课外兼职　　H. 双创培训及专业咨询

I. 其他

12. 您希望学校开设哪些创新创业教育课程？(可多选)

A. 过程管理　　B. 设计模式　　C. 团队建设　　D. 融资与资本动作

E. 市场与竞争技巧　　F. 创业咨询　　G. 其他

13. 关于双创课程，您认为哪些方面需要改进？(可多选)

A. 课程设置针对性与实用性不强

B. 课程目标清晰度不够

C. 课程学习资源贫乏

D. 课程考核内容和方式不合理

E. 课程设置结构不合理

F. 课程内容不利于培养创新思维

G. 其他

14. 您更希望哪些方面得到老师的创新创业引导？(可多选)

A. 创新创业案例分析　　B. 课堂教学

C. 创新创业项目模拟实训　　D. 竞赛指导

E. 社会资源　　F. 创新创业风向趋势分析

G. 其他

15. 您认为部分同学不愿意参与双创活动的原因是什么？(可多选)

A. 缺少相应的奖惩措施　　B. 占用课余时间
C. 缺乏资金　　D. 缺乏老师指导
E. 缺乏条件　　F. 对其无兴趣

16. 您希望学校为双创提供哪些支持？（可多选）
A. 活动场地　B. 硬件设施　C. 专家指导　D. 双创课程
E. 资金扶持　F. 业务指导　G. 其他

17. 您认为创新创业教育服务平台最需要改进的地方是什么？（可多选）
A. 双创资讯质量不高
B. 创新创业竞赛类活动匮乏，学生参与度低
C. 缺乏多种渠道资金支持　　D. 双创场地受限
E. 双创培训内容针对性不强　　F. 其他

18. 您认为哪些方式可以激励你参与双创？（可多选）
A. 物质奖励　B. 精神奖励　C. 学分认定　D. 推优加分
E. 其他

19. 谈谈您的体验感受，在合适的选项里画“√”
（1. 非常不同意；2. 不同意；3. 不好说；4. 同意；5. 非常同意）

题目	1	2	3	4	5
(1)我对双创教育的内涵和意义有很清晰的认识					
(2)我和周围的同学参与学校双创教育意愿度或认同感很强					
(3)我认为学校双创教育对个人创新创业能力提升很有帮助					
(4)我认为学校双创课程内容对学生很有吸引力					
(5)我认为学校双创教师很专业，可以满足学生的需要					

续表

(6)学校校内的专业实验室、实训中心面向学生开放，支持学生开展双创实践活动					
(7)学校积极开展各级各类双创活动、训练、竞赛等，激发了学生的双创活力					
(8)学校建立了完善的创新创业指导服务体系，为学生提供技术支持与专业服务					
(9)学校支持并鼓励学生组建创新创业社团，开展相关讲座、论坛等文化活动					
(10)学校能够利用多种媒体宣传双创政策、成功案例，形成良好的双创文化氛围					
(11)学校能根据自身特色与定位推进双创教育					
(12)学校大力推行双创教育获得了良好的效果					

20. 对于您所在高校的创新创业工作，您还有哪些改进建议？

再次真诚感谢您帮助完成此次问卷！

附录四
高校创新创业教育现状访谈提纲

访谈对象：政府、企业、科研院所、金融机构、科技中介等机构的管理工作人员。根据访谈对象不同在实际访谈中题目略有删减。

1. 请您从您的所在单位、岗位职务、学科背景、从事创新创业教育的经历等方面介绍一下您的基本情况。

2. 您认为开展高校创新创业教育的主要任务和目标是什么？有何意义和价值？

3. 您如何看待各省及地方相关创新创业政策制定情况？

4. 据您所知，社会各界对创新创业教育的资源投入有哪些？如经费投入、平台搭建、环境创设等，请谈谈具体情况？

5. 您认为高校创新创业教育系统由哪些部分构成？

6. 请结合您自身的经历，谈谈高校创新创业教育包含哪些核心要素？这些要素是如何推进创新创业教育的？

7. 您认为从哪些方面可以看出高校是否重视创新创业教育？

8. 据您所知，高校创新创业教育现行状况如何？有什么问题和困境？

9. 您认为高校创新创业教育工作的主体包括哪些？主体之间各自发挥着什么作用？是否存在协同？

10. 请结合您的工作，谈谈目前高校创新创业教育已有哪些协同机制？应构建怎样的协同机制？如何构建？

11. 为更好地促进大学生创新创业，社会各界(含高校)还应做哪些改进？

附录五
高校创新创业教育现状研访谈提纲

访谈对象：高校管理者

1. 请您从您的所在高校、岗位职务、学科背景、从事创新创业教育的经历等方面介绍一下您的基本情况。

2. 您认为开展高校创新创业教育的主要任务和目标是什么？有何意义和价值？

3. 贵校对创新创业教育的重视程度如何？请举例说明。

4. 贵校是否制定了推行创新创业教育的规章制度？执行情况如何？

5. 贵校创新创业教育的组织模式是怎样的？各机构主要承担了哪些职能？

6. 贵校创新创业课程主要有哪些？开设课程数是多少？

7. 贵校从事创新创业教育的教师成员组成情况如何？校内教师和校外教师的比例大概是多少？

8. 贵校是否设置针对创新创业教师的发展机制，如引才计划、专项培训等？具体实施情况如何？

9. 贵校创新创业教师在职称评审、科研成果认定上是否有相应的激励政策？

10. 贵校是否提供创新创业实践活动场地？建设方式是在原有工程训练中心，如实践基地、专业实验室基础上建设还是单独建设？是与社会共建还是学校自建？

11. 贵校对创新创业教育的资源投入有哪些？请谈谈具体投入情况。

12. 您认为贵校开展创新创业教育面临哪些困难？学校今后有什么样的推进举措？

13. 您认为高校创新创业教育工作的主体包括哪些？主体之间各自发挥着

什么作用？是否存在协同？具体表现形式是什么？

14. 请结合您的工作，谈谈目前高校创新创业教育已有哪些协同机制？应构建怎样的协同机制？如何构建？

15. 您认为为更好地促进高校创新创业，社会各界(含高校)还应做哪些改进？

附录六
高校创新创业教育现状研访谈提纲

访谈对象：高校创新创业教师

1. 请您从您的所在高校、岗位职务、学科背景、从事创新创业教育的经历等方面介绍一下您的基本情况。

2. 您认为开展高校创新创业教育的主要任务和目标是什么？有何意义和价值？

3. 您现在主要讲授哪些课程？请介绍一下您现在所授课程的情况，如授课人数、授课方式、互动时间、评价方式等？

4. 您现在讲授的课程是否有统一的教材？是自主编写还是购买的？是否与专业教育融合？主要体现在哪些方面？

5. 贵校大学生参与创新创业教育的情况如何？参与率达百分之多少？

6. 您是否参与指导学生创新创业竞赛？指导方式如何？学生获得感如何？

7. 贵校双创师资建设主要有哪些途径？您认为创新创业教师发展目前还面临哪些问题？

8. 贵校鼓励和支持教师参与双创教育的政策或措施有哪些？您认为成效如何？

9. 您认为为更好地促进高校创新创业，社会各界(含高校)还应做哪些改进？

附录七
高校创新创业教育现状研访谈提纲

访谈对象：参与过创新创业教育的毕业生

1. 请您从您的所在高校、学科背景、家庭背景、个性特质、从事创新创业教育的经历等方面介绍一下您的基本情况。

2. 您认为开展高校创新创业教育的主要任务和目标是什么？有何意义和价值？

3. 您是否参加过学校的创新创业课程？您的感受如何？

4. 您及您的同学是否愿意参加学校组织的创新创业活动，比如竞赛、讲座、论坛等？如果参加过，您的感受如何？如果没参加过，是什么原因呢？

5. 您是否参与过相关的创新创业实践训练，比如创新创业训练营、实习实训等？参加过的话，您的感受如何？如果没参加过，是什么原因呢？

6. 同学们喜欢哪种创新创业教育课程教授方式？您认为其原因是什么？

7. 您觉得影响同学参加创新创业活动或教育最主要的因素是什么？

8. 您所在高校支持和鼓励学生参与创新创业教育的政策有哪些？您感觉成效如何？

9. 您认为学校的创新创业氛围如何？主要体现在哪些方面？

10. 您认为为更好地促进高校创新创业，社会各界(含高校)还应做哪些改进？

参考文献

[1]万鹏，谢磊．新一轮产业革命正在孕育之中[EB/OL]．(2017-02-15)[2022-03-12]．人民网．http：//theory．people．com．cn/n1/2017/0215/c410789-29081875．html．

[2][52][316]国务院办公厅．关于深化高等学校创新创业教育改革的实施意见(国办发〔2015〕36号)[EB/OL]．(2015-05-13)[2022-03-15]．http：//www．gov．cn/zhengce/content/2015-05/13/content_ 9740．htm．

[3][10][43]习近平．决胜全面建成小康社会 夺取新时代中国特色社会主义伟大胜利——在中国共产党第十九次全国代表大会上的报告[EB/OL](2017-10-18)[2022-03-11] http：//jhsjk．people．cn/article/29613660．

[4] [11][44]习近平．高举中国特色社会主义伟大旗帜 为全面建设社会主义现代化国家而团结奋斗——在中国共产党第二十次全国代表大会上的报告[EB/OL]．(2022-10-25)[2022-11-25]．http：//www．gov．cn/zhuanti/zggcddescqgdbdh/sybgqw．htm．

[5]胡春平，刘美平，葛宝山．现阶段我国高校研究生创新创业教育：问题及对策——以吉林大学为例[J]．黑龙江高教研究，2016(2)：77-80．

[6]辞海编委会．辞海[M]．上海：上海辞书出版社，1979．

[7]霍恩比．牛津高阶英汉双解词典[M]．北京：商务印书馆．牛津大学出版社，1997：769．

[8]毛泽东．学习马克思主义的认识论和辩证法[J]//毛泽东文集：第8卷：325，新湘评论，2014(1)：59-60．

[9]江泽民．关于加速科学技术进步的决定[EB/OL](1995-05-06)[2022-03-15]．https：//baijiahao．baidu．com/s？ id=1698961688562258109&wfr=spider&for=pc．

[12]黄俊，冯诗淇．创业理论与实务：倾向、技能、要素与流程[M]．北京：清华大学出

版社，2015：3.

[13]顾明远，鲍东明. 创新创业教育研究：国际视角[M]. 上海：上海教育出版社，2019.

[14]理查德·韦伯. 创业教育评价[M]. 常飒飒，武晓哲，译. 北京：商务印书馆，2017.

[15] [20] 王占仁. 创新创业教育的核心要义与周边关系论析[J]. 国家教育行政学院学报，2018(1)：21-26.

[16]王占仁. "广谱式"创新创业教育通论[M]. 北京：教育科学出版社，2017：5.

[17][18] 熊彼特. 经济发展理论. 对于利润、资本、信贷、利息和经济周期的考察[M]. 北京：商务印书馆，2009.

[19] Harkema S. J. M., Schout H. Incorporating Student-centred Learning in Innovation and Entrepreneurship Education [J]. European Journal of Education，2010，43(4)：513-526.

[21]魏发辰. 开展创新教育培养创新人才[J]. 中国科技论坛，1989(3)：59.

[22]郑清春，王娜. 高校创新教育的内涵、问题及路径选择[J]. 黑龙江高教研究，2017(9)：159.

[23] Allan Gibb. Enterprise Culture and Education：Understanding Enterprise Education and Its Links with Small Business，Entrepreneurship and Wider Educational Goals[J]. International Small Business Journal，1993，11(3)：11 - 34.

[24] 黄兆信，王志强. 论高校创业教育与专业教育的融合[J]. 教育研究，2013(12)：61.

[25]陈艾华，何秀. 校企协同育人的核心理念、诉求辨析及响应路径[J]. 中国高校科技，2020(4)：79-82.

[26]宋妍. 高校创新创业教育与创新创业教育关系研究[D]. 长春：东北师范大学，2017：16-17.

[27] 杰弗里·迪蒙斯，小斯蒂芬·斯皮内利. 创业学(第6版)[M]. 周伟民，吕长春，译. 北京：人民邮电出版社，2005.

[28] Ripsas，Faltin S. G.，Ripsas S.，et al. Elemente der Entrepreneurship Education [J]. Entrepreneurship，Wie aus Ideen Unternehmen Warden，1998：217.

[29]Laukkanen，M. Exploring Alternative Approaches in High-level Entrepreneurship Education：Creating Micromechanisms for Endogenous Regional Growth [J]. Entrepreneurship and Regional Development，2000，12(1)：25-47.

[30]胡晓风，姚文忠，金成林. 创业教育简论[J]. 四川师范大学学报(社会科学版). 1989(4)：1-8.

[31] 彭钢. 创业教育学[M]. 南京：江苏教育出版社，1995：71.

[32]侯定凯. 创业教育——大学致力于培养企业家精神[D]. 华东师范大学，2000.

[33]徐华平. 试论我国高校的创业教育[J]. 中国高教研究，2004(2)：70-71.

[34]黄兆信. 论高校创业转型发展过程中的几个核心问题[J]. 兰州大学学报(社会科学版). 2014，42(6)：147-154.

[35]董晓红. 高校创业教育管理模式与质量评价研究[D]. 天津：天津大学，2009.

[36]教育部. 关于大力推进高等学校创新创业教育和大学生自主创业工作的意见(教办[2010]3号)[EB/OL](2010-05-04)[2022-05-10]. http：//www. moe. gov. cn/srcsite/A08/s5672/201005/t20100513_ 120174. html.

[37]燕丽芳. 创新背景下高校社团的问题与对策——以内蒙古大学满洲里学院为例[J]. 管理观察，2017，(35)：88-90.

[38]周耕. 论当代中国大学精神及高等教育应有之维度[J]. 西南民族大学学报(人文社科版)，2016，37(4)：204-208.

[39]卡尔·马克思. 关于费尔巴哈的提纲[EB/OL]. (2020-09-08)[2022-07-21]. https：//baijiahao. baidu. com/s? id=1677242053869951486&wfr=spider&for=pc.

[40]武毅英，杨冬. 近20年中国高校创新创业教育研究的知识图谱[J]. 现代大学教育，2019(4)：53-63.

[41]相伟丹. 当代大学生创新素质教育研究[D]. 石家庄：河北科技大学，2016.

[42]胡锦涛. 坚定不移沿着中国特色社会主义道路前进 为全面建成小康社会而奋斗——在中国共产党第十八次全国代表大会上的报告[EB/OL](2012-11-08)[2022-03-09]. http：// cpc. people. com. cn/n/2012/11/18/c64094-19612151. html.

[45]国家统计局. 2021年度人力资源和社会保障事业发展统计公报[EB/OL]. (2022-02-28)[2022-07-02]. http：// www. stats. gov. cn/tjsj/zxfb/202202/t20220227_ 1827960. html.

[46] 国务院. 关于大力推进大众创业万众创新若干政策措施的意见(国发[2015]32号)[EB/OL]. (2015-06-16)[2022-07-22]. http：// www. gov. cn/zhengce/zhengceku/2015-06/16/content_ 9855. htm.

[47]任胜洪，刘孙渊. 高校创新创业教育改革与发展问题研究[J]. 教育研究，2018(5)：59.

[48]教育部办公厅. 关于印发大学生职业发展与就业指导课程教学要求的通知[EB/OL]. (2015-11-19)[2022-08-26]. http：// www. moe. gov. vn/s78/A08/moe_ 745/tnull_11260. html.

[49] 国务院办公厅. 转发人力资源社会保障部等部门关于促进以创业带动就业工作指导意见的通知[EB/OL]. (2008-10-30)[2022-10-06]. http://www. gov. cn/zwgk/2008_ 10/30/content_ 1136088. htm.

[50]教育部. 教育部关于大力推进高等学校创新创业教育和大学生自主创业工作的意见. 教办[2010]3 号[EB/OL]. (2010-05-04)[2022-04-09]. http://www. moe. gov. cn/srcsite/A08/s5672/201005/t20100513_ 120174. html.

[51]教育部办公厅. 关于印发普通本科学校创业教育教学基本要求(试行)的通知(教高厅[2012]4 号)[EB/OL]. (2012-08-01)[2022-07-13]. http://www. moe. gov. cn/srcsite/A08/s5672/201208/t20120801_ 140455. html.

[53] 国务院. 国务院关于大力推进大众创业万众创新若干政策措施的意见(国发[2015]32号)[EB/OL]. (2015-06-11)[2022-10-13]. http://www. gov. cn/zhengce/content/2015-06/16/content_ 9855. htm.

[54] 国务院办公厅. 国务院办公厅关于加快众创空间发展服务实体经济转型升级的指导意见(国办发[2016]7 号)[EB/OL]. (2016-02-14)[2022-05-08]. http://www. gov. cn/zhengce/content/2016-02/18/content_ 5043305. htm.

[55] 国务院. 国务院关于强化实施创新驱动发展战略 进一步推进大众创业万众创新深入发展的意见. 国发[2017]37 号[EB/OL] . (2017-07-21)[2022-06-10]. http://www. gov. cn/zhengce/content/2017-07/27/content_ 5213735. htm.

[56] 中共中央办公厅. 国务院办公厅印发《关于深化教育体制机制改革的意见》.[EB/OL]. (2019-09-24)[2022-07-09]. http://www. gov. cn/xinwen/2017-09/24/content_ 5227267. htm.

[57] 国务院. 国务院关于推动创新创业高质量发展 打造"双创"升级版的意见,(国发[2018]32 号)[EB/OL]. (2018-09-18)[2022-06-17]. http://www. gov. cn/zhengce/content/2018-09/26/content_ 5325472. htm.

[58][62]国务院办公厅. 关于进一步支持大学生创新创业的指导意见(国办发[2021]35号)[EB/OL]. (2021-09-22)[2022-07-09]. http://www. gov. cn/zhengce/content/2021-10/12/content_ 5642037. htm.

[59] 国务院办公厅. 国务院办公厅关于深化高等学校创新创业教育改革的实施意见(国办发[2015]36 号)[EB/OL]. (2015-05-13)[2022-10-04]. http://www. gov. cn/zhengce/content/2015-05/13/content_ 9740. htm.

[60]国务院. 关于印发"十三五"国家科技创新规划的通知(国发[2016]43 号)[EB/OL].

(2016-08-08)[2022-04-08]. http://www.gov.cn/zhengce/content/2016-08/08/content_5098072.htm.

[61]国务院. 国务院关于推动创新创业高质量发展 打造"双创"升级版的意见(国发[2018]32号)[EB/OL]. (2018-09-18)[2022-08-14]. http://www.gov.cn/zhengce/content/2018-09/26/content_5325472.htm.

[63] 联合国教科文组织. 21世纪的高等教育：展望与行动世界宣言[EB/OL]. (2020-07-03)[2022-06-17]. http://dwhy-edu.com/d/zixunfMa/35.html.

[64]习近平. 习近平致2013年全球创业周中国站活动组委会的贺信[EB/OL]. (2013-11-08)[2022-06-17]. http://politics.people.com.cn/n/2013/1108/c1024-23482400.html.

[65]王允. 共同体思路指导下的高校创业教育协同发展研究[D]. 南昌：南昌大学，2016.

[66]全球化智库(CCG). 2017中国高校学生创新创业调查报告[EB/OL]. (2017-10-04)[2022-08-19]. https://baijiahao.baidu.com/s?id=1580294399799369481&wfr=spider&for=pc.

[67]德鲁克. 创新与创业精神[M]. 上海：上海人民出版社，2002.

[68]人力资源社会保障部，国家发展改革委员会，教育部，等. 人力资源社会保障部等九部门关于实施大学生创业引领计划的通知(人社部发[2014]38号)[EB/OL]. (2014-05-22)[2022-08-14]. http://www.gov.cn/zhengce/2014-05/22/content_5023770.htm.

[69]王占仁. 中国创业教育的演进历程与发展趋势研究[J]. 华东师范大学学报(教育科学版)，2016(2)：30-38+113.

[70]李克强. 政府工作报告——2018年3月5日在第十三届全国人民代表大会第一次会议上[EB/OL]. (2018-03-22)[2022-12-03]. http://www.gov.cn/premier/2018-03/22/content_5276608.htm.

[71]胡晓风，姚文忠，金成林. 创业教育简论[J]. 四川师范大学学报(社会科学版)，1989(4)：1-8.

[72] 彭刚. 创业教育学[M]. 南京：江苏教育出版社，1995：1-71.

[73] 毛家瑞，彭钢. "创业教育理论与实验"课程研究报告[J]. 教育研究，1996(5)：8-19.

[74]薄存旭. 中国高校创新创业教育的历史考察与语义分析[J]. 临沂大学学报，2018，40(3)：1-7.

[75] 教育部. 面向21世纪教育振兴行动计划[EB/OL]. (1998-12-24)[2022-04-10].

https://baike.baidu.com/item/%E9%9D%A2%E5%90%91121%E4%B8%96%E7%BA%AA%E6%95%99%E8%82%B2%E6%8C%AF%E5%85%B4%E8%A1%8C%E5%8A%A8%E8%AE%A1%E5%88%92/8837701？fr=aladdin.

[76]赵娜. 中国高校创业教育的发展历程及未来趋势[J]. 继续教育研究，2017(11)：15-18.

[77]张君，张霞. 在实践中增长才干[M]. 北京：现代教育出版社，2016：15-17.

[78][85]王歆玫. 中国大学生创新创业教育发展历程及阶段特征研究——基于2008-2017年《中国教育报》的文本分析[J]. 高教探索，2018(8)：107-113.

[79]曹扬. 转变经济发展方式背景下高校创新创业教育问题研究——以吉林省为例[D]. 长春：东北师范大学，2014.

[80]施永川. 我国高校创业教育十年发展历程研究[J]. 中国高教研究，2013(4)：69-73.

[81]陈忠平，董芸. 新形势下高校创新创业教育[M]. 北京：冶金工业出版社，2019：27-31.

[82]教育部. 关于全面提高高等教育质量的若干意见(教高[2012]4号)[EB/OL]. (2012-03-16)[2022-07-15]. http://www.moe.gov.cn/srcsite/A08/s7056/201203/t20120316_146673.html.

[83]教育部. 普通本科学校创业教育教学基本要求(试行)[EB/OL]. (2012-08-17)[2022-05-17]. http://www.moe.gov.cn/jyb_xwfb/gzdt_gzdt/s5987/201208/t20120817_140716.html.

[84]周昊俊. 基于AHP法的高校创业教育模式实践研究[M]. 中国原子能出版社，2020：36-41.

[86]国务院办公厅. 关于深化高等学校创新创业教育改革的实施意见(国办发[2015]36号)[EB/OL]. (2015-05-04)[2022-06-13]. http://www.moe.gov.cn/jyb_xxgk/moe_1777/moe_1778/201505/t20150514_188069.html.

[87]教育部. 关于举办首届中国“互联网+”大学生创新创业大赛的通知(教高函[2015]4号)[EB/OL]. (2015-06-02)[2022-04-18]. http://www.moe.gov.cn/srcsite/A08/s5672/201506/t20150602_189532.html.

[88]教育部. 关于做好2017届全国普通高等学校毕业生就业创业工作的通知(教学[2016]11号)[EB/OL]. (2016-11-28)[2022-04-21]. http://www.moe.gov.cn/srcsite/A15/s3265/201612/t20161205_290871.html.

[89]李克强. 第十三届全国人民代表大会第一次会议上政府工作报告[EB/OL]. (2018-03-05)[2022-06-15]. http://www.gov.cn/zhuanti/2018lh/2018zfgzbg/zfgzbg.htm.

[90] 国务院. 关于推动创新创业高质量发展 打造“双创”升级版的意见(国发[2018]32 号)[EB/OL]. (2018-09-18)[2022-06-15]. http://www. gov. cn/zhengce/zhengceku/2018-09/26/content_ 5325472. htm.

[91]罗尧，马立红. 美国创业教育评价指标体系及特征分析[J]，继续教育，2018(2)：56-59.

[92]何洋. 美国高校创业教育的评价机制探析[J]，洛阳师范学院学报，2014，33(10)：133-138.

[93]梅伟惠. 美国高校创业教育[M]. 杭州：浙江教育出版社，2010.

[94]常飒飒，王占仁. 欧盟创业教育评价的类型、工具与发展趋势[J]. 大学教育科学，2018(11)：87-94.

[95]国务院. 深化新时代教育评价改革总体方案[EB/OL]. (2020-10-13)[2022-10-7]. http://www. gov. cn/gongbao/content/2020/content_ 5554488. htm.

[96]黄兆信，黄扬杰. 创新创业教育质量评价探新——来自全国 1231 所高等学校的实证研究[J]. 教育研究，2019(7)：91-101.

[97]王占仁. “广谱式”创新创业教育体系建设论析[J]教育发展研究，2012，32(3)：54-58+6.

[98]冯霞，侯士兵. 双创视角下高校创业教育评价指标体系再探[J]. 学校党建与思想教育，2020(4)：69-71.

[99]贾建锋，姚旭生. 高校创新创业教育评价体系设计——基于消费者导向评价模式理论的视角[J]. 东北大学学报(社会科学版)，2019(1)：82-88+95.

[100]陈向明. 质的研究方法与社会科学研究[M]. 北京：教育科学出版社，2000：49-51.

[101][282][284][306] 徐怀乾. 大学生创业政策执行中的协同机制研究[D]. 郑州：郑州大学，2021：79-81.

[102]国务院办公厅. 国务院办公厅关于深化高等学校创新创业教育改革的实施意见(国发办[2015]36 号)[EB/OL]. (2015-05-13)[2022-09-23]. http://www. gov. cn/zhengce/zhengceku/2015-05/13/content_ 9740. htm.

[103]财政部、国家税务总局、人力资源社会保障部. 关于继续实施支持和促进重点群体创业就业有关税收政策的通知[EB/OL]. (2014-05-09)[2022-09-23]. http://www. gov. cn/zhengce/2016-03/31/content_ 5060110. htm.

[104]中国银监会. 关于完善和创新小微企业贷款服务 提高小微企业金融服务水平的通知(银监发[2014]36 号)[EB/OL]. (2014-07-23)[2022-09-24]. http://www. gov.

cn/zhengce/2014-07/23/content_ 5023757. htm.

[105] [109] 陕西省人民政府. 陕西省大学生创业引领计划实施方案(2014-2017)(陕人社发[2014]65 号)[EB/OL]. (2017-01-19)[2022-09-24]. http://www. shaanxi. gov. cn/xw/ztzl/zxzt/dzcywzcx/szfxgwj/201701/t20170119_ 1577067. html.

[106] 陕西省财政厅. 陕西"众创空间"孵化基地建设实施方案[EB/OL]. (2016-03-18)[2022-10-04]. http://www. shaanxi. gov. cn/xw/ztzl/zxzt/dzcywzcx/bszn/201603/t20160318_ 1474154. html.

[107] 陕西省人民政府. 关于大力推进大众创业万众创新工作的实施意见(陕政发[2016]10 号)[EB/OL]. (2016-05-04)[2022-10-04]. http://www. shaanxi. gov. cn/zfxxgk/zfgb/2016_ 4016/d8q_ 4024/201605/t20160504_ 1639721_ wap. html.

[108] 中共陕西省委，陕西省人民政府. 关于印发《陕西省促进科技成果转化若干规定(试行)》的通知(陕发[2016]24 号)[EB/OL]. (2016-09-20)[2022-10-04]. https://kjt. shaanxi. gov. cn/kjzx/tzgg/115251. html.

[110] 中国教育报. 扎实推进高校创新创业教育改革[N]. 中国教育报，2017-9-19.

[111] 陕西省教育厅. 关于建设秦创原陕西高校创业孵化基地的通知(教函[2022]877 号)[EB/OL]. (2012-08-22)[2022-10-10]. http://jyt. shaanxi. gov. cn/news/jiaoyutingwenjian/2022/08/23/21009. html.

[112] 陕西省教育厅. 陕西省深化高校创新创业教育改革有关情况[EB/OL]. (2016-09-26)[2022-10-10]. http://www. moe. gov. cn/jyb_ xwfb/xw_ fbh/moe_ 2069/xwfbh_ 2016n/xwfb_ 160929/160929_ sfcl/201609/t20160929_ 282705. html.

[113]陕西创新创业联盟成立涵盖科技企业孵化器等 163 家单位[N]. 科技日报，2015-8-05

[114] 陕西省教育厅. 教育部在陕西召开第三届"互联网+"大赛新闻发布会[EB/OL]. (2017-03-27)[2022-10-11]. http://jyt. shaanxi. gov. cn/jynews/jyyw/201703/27/66292. html.

[115] 孟珂. 第一届陕西省博士后创新创业大赛总决赛[N]. 华商报，2022-11-24.

[116]陕西省教育厅办公室. 关于做好优秀创新创业导师人才库建设工作的通知(陕教高办[2016]54 号)[EB/OL]. (2016-12-01)[2022-10-12]. http://jyt. shaanxi. gov. cn/news/jiaoyutingwenjian/2016-12/01/11501. html.

[117]陕西省财政厅. 聚焦经济社会发展大局 充分发挥财政保障职能[EB/OL]. (2022-01-18)[2022-10-13]. http://czt. shaanxi. gov. cn/xwzx/czxw/BjiQfi. htm.

[118]徐颖. 省财政 2. 26 亿元支持秦创原建设[N]. 陕西日报，2021-12-8.

[119]国家知识产权局. 2019 年中国专利调查报告[EB/OL]. (2020-07-13)[2022-09-10]. https://www.cnipa.gov.cn/art/2022/7/13/art_88_176539.html.

[120]国家统计局. 创新驱动成效显著 科技自强蹄疾步稳——党的十八大以来经济社会发展成就系列报告之十[EB/OL]. (2022-09-27)[2022-11-17]. http://www.stats.gov.cn/xxgk/jd/sjjd2020/202209/t20220927_1888727.html.

[121]国家知识产权局. 2021 年中国专利调查报告[EB/OL]. (2022-07-13)[2022-11-19]. https://www.cnipa.gov.cn/art/2022/7/13/art_88_176539.html.

[122]李丽. 新时代大学生创新创业教育存在的问题及对策研究[J]. 赤子, 2018(06): 72.

[123][177][185]肖薇薇. 高校思想政治工作协同机制研究[D]. 武汉: 华中师范大学, 2017.

[124]吴岩. 第七届中国国际"互联网+"大学生创新创业大赛上的讲话[EB/OL]. (2021-10-09)[2022-11-13]. http://www.moe.gov.cn/fbh/live/2021/53775/mtbd/202110/t20211011_571221.html.

[125]李娜, 顾永东. 整体性治理视阈下高校思想政治教育管理模式构建[J]. 江苏高教, 2018(11): 93-96.

[126][130][171][209][218][305]黄驰. 创新创业教育协同推进机制研究[D]. 合肥: 合肥工业大学, 2019.

[127][289]吴刚, 薛浩. 高校众创空间制度"碎片化"问题及其对策: 整体性治理理论视角[J]. 高校教育管理, 2020(9): 76-82.

[128]曹顺, 丁志卫. 高职院校社会主义核心价值观协同教育机制研究[J]. 教育与职业, 2020(5): 108-111.

[129]李双寿, 李乐飞, 孙宏斌, 等. "三位一体、三创融合"的高校创新创业训练体系构建[J]. 清华大学教育研究, 2017(2): 111-116.

[131][315]熊柴, 任泽平, 裴桓, 等. 中国青年创业发展报告(2020)[J]. 中国青年研究, 2021(2): 58-67.

[132] Camarinha-Matos L, Afsorman esh H. Establishing the Foundation of Collaborative Networks[M]. Guimaraes: Springer Press, 2007.

[133][141]冯·贝塔朗菲. 一般系统论基础、发展和应用[M]. 林康义, 魏宏森, 译. 北京: 清华大学出版社, 1987.

[134]张超, 张育广. 双创教育与双创空间探究[M]. 广州: 暨南大学出版社, 2021.

[135]孔繁德. 生态保护概论[M]. 北京: 中国环境科学出版社, 2001.

[136] 张树义. 协同进化(一)——相互作用与进化理论[J]，生物学通报，1996，31(11)：35-36.

[137] [139] [140] 范国眷. 教育生态学[M]. 北京：人民教育出版社，2000.

[138] 郭丽君. 教育生态视阈下的高校教学评价问题研究[J]. 湖南农业大学学报(社会科学版)，2017，18(4)：92.

[142] [143]张小燕. 我国区域创新生态系统共生性研究[D]. 哈尔滨：哈尔滨工程大学，2020.

[144][145] 成希，李世勇. 大学创新创业教育生态系统的指标构建与权重分析[J]. 大学教育科学，2020 (1)：99-106.

[146] Pauling L., Corey R. B. A Proposed Structure for the Nucleic Acids[J]. Proc. Natl . Acad. Sci，1953，89(2)：84- 97.

[147] Leydesdorff L，Etzkowitz H. The Triple Helix as A Model for Innovation Studies[J] . Science&Public Policy. 1998，25(3) ：195-203.

[148] 埃茨科维兹. 三螺旋[M]. 周春彦，译. 北京：东方出版社. 2005：3.

[149] 孙祥冬，姚纬明. 双三螺旋模型理论与人才培养模式的创新[J]. 南京社会科学，2012(12)：124-130.

[150] 侯蕴慧. 山西装备制造业技术创新联盟构建研究[D]. 太原科技大学，2014.

[151]周倩，胡志霞，石耀月. 三螺旋理论视角下高校创新创业教育政策的演进与反思[J]. 郑州大学学报(哲学社会科学版)，2019，52(6)：54-60+126.

[152]胡蝶. 基于三螺旋理论的工科院校创新创业教育研究[D]. 北京：华北电力大学，2019.

[153]王书素. 政产学合作模式研究——基于”三螺旋“理论视角[M]. 广东教育出版社，2017：6.

[154] 亨利 · 埃茨科威兹. 三螺旋创新模式[M]. 陈劲，译. 北京：清华大学出版社，2016：.

[155]Andrew Campbell，Kathleen Sommers Luchs. 战略协同(第2版)[M]. 任通海，龙大伟. 译. 北京：北京机械工业出版社，2003.

[156] 曾文涛. 协同理论与协同物流管理[J]. 商场现代化，2005(5)：86.

[157]H · 哈肯. 协同学导论[M]. 郭治安，等译. 成都，成都科技大学出版社，1993.

[158]哈肯. 高等协同学[M]. 郭治安，译. 北京：科学出版社，1989：24-25+210-238.

[159]赫尔曼 · 哈肯. 协同学：大自然构成的奥秘[M]. 上海：上海译文出版，2005：123.

[160]冯英，吴群芳，杨志云. 地方政府与公共服务创新：北京科技大学MPA优秀论文集[M]. 北京：中国人事出版社，2014.

[161] 白列湖. 协同论与管理协同理论[J]. 甘肃社会科学，2007(5)：228-230.

[162] Haken H. Information and Self-orangization：A Macroscopic Approach to Complex Systems[J]Berlin&New York：Springer-Verlay，1988(11)：51-53.

[163] 张令荣. 供应链协同度评价[M]. 北京：科学出版社，2018：3.

[164] 唐晓波，黄圆圆. 协同学在供应链协同中的应用研究[J]情报方法，2005(8)：23-24.

[165] 邹辉霞. 供应链协同管理理论与方法[M]. 北京：北京大学出版社，2007.

[166] 邹辉霞. 企业供应商选择方法探析[J]. 科技进步与对策，2004(2)：102-104.

[167] 刘西涛，王炜. 垦区城镇化与农业现代化协同发展宏观调控机制创新研究[M]. 北京：经济科学出版社，2019. 3.

[168] 王维国. 协调发展的理论与方法研究[M]. 北京：中国财政经济出版社，2000.

[169]刘仙泽. 供应链协同管理决策支持系统研究[D]. 武汉：武汉大学，2005.

[170]郭治安. 协同学入门[M]. 成都：四川人民出版社，1998：1-2.

[172] 杨华锋. 后工业社会的环境协同治理[M]. 长春：吉林大学出版社，2013.

[173] 陈劲. 协同创新[M]. 杭州：浙江大学出版社，2012：61.

[174]彭克宏. 社会科学大词典[M]. 北京：中国国际广播出版社，1989.

[175] 赫尔曼·哈肯. 协同学：大自然构成的奥秘[M]. 凌复华，译. 上海：上海译文出版社，2001：21-37.

[176]田玉麒. 制度形式、关系结构与决策过程：协同治理的本质属性论析[J]. 社会科学战线，2018(1)：260-264.

[178][184] [248] 闫莉玲. 新时代高校铸魂育人协同机制构建研究[M]. 合肥：安徽师范大学出版社，2020：6.

[179][182] [229] [234] 陈勇平. 论三螺旋理论视角下的高校创新创业教育协同机制[J]教育与职业，2020(10)：92-97.

[180] 胡忠英. 大学生创新创业教育的协同机制研究[J]. 重庆科技学院学报，2016(1)：48-50+57.

[181]徐建，王佳. 大学生创业协同创新效益最大化评价研究[J]. 经营管理者，2016(27)：85.

[183][253][301] 聂伟，余燕琪. 整体性治理与深圳青年发展型城市建设的纵深实践[J]. 中国青年研究，2022(5)：29-36.

[184] 潘开灵，白烈湖. 管理协同理论及其应用[M]. 北京：经济管理出版社，2006.

[186] 李尧森. 中美高校创业教育模式比较研究[D]. 石家庄：河北大学，2013.

[187]王楚涵，李伟民. 基于3T理论的美国创业创新教育经验的启示：来自美国三所高校的案例分析[J]. 辽宁大学学报(哲学社会科学版)，2018，46(3)：169-174.

[188] 谭蔚沁，林德福，吕萍. 大学生创业教育概论[M]. 昆明：云南大学出版社，2011.

[189] [202] 李德平. 大学生创业教育理念与实践研究[M]. 北京：人民日报出版社，2013.

[190] 向东春，肖云龙. 美国百森创业教育的特点及其启示[J]. 现代大学教育，2003(2)：80.

[191]文武，白雪. 应用型本科院校经管类创新创业教育路径探索[J]. 科技资讯. 2020，18(1)：219-221+223.

[192]梅伟惠. 美国高校创业教育[M]. 浙江：浙江教育出版社，2010.

[193] 柴旭东. 基于隐性知识的大学创业教育研究[D]. 上海：华东师范大学，2010.

[194] 苗申生. 内蒙古高校艺术类专业创新创业教育问题研究[D]. 呼和浩特：内蒙古大学，2019.

[195]徐海芳. 英国创新创业教育经验及对我国创新创业教育的启发[J]. 求知导刊. 2017(6)：82-86.

[196] 牛长松. 英国高校创业教育研究[M]. 上海：学林出版社，2009.

[197] 沈培芳. 中英两国创业教育政策比较研究[J]. 辽宁教育研究，2008(7)：100-103

[198] 陈碧娥，李德平. 英国创业教育体系及对我国的启示[J]. 现代企业教育，2010(8)：192-193.

[199] 首都高校大学生创业素质调查课题组. 美英高校大学生的创业素质培养[J]. 学校党建与思想教育(高教版)，2009(31)：94-96+4.

[200] 宫福清，闫守轩. 英国大学创业教育课程特色与启示[J]. 现代教育管理，2016(8)：84-88.

[201] 国家大学生创新创业训练计划专家工作组. 砥砺十年 星火燎原 国家大学生创新创业训练计划十周年(改革篇上) [M]. 北京：高等教育出版社，2018.

[203] 韩增芳，马堃. 大学生创新创业教育现状调查分析[J]. 出国与就业(就业版)，2011(14)：50-51.

[204] 中国高等教育学会. 高等教育改革发展专题观察报告2015 [M]. 北京：北京理工大学出版社，2016.

[205] 李时椿，常建坤. 创业与创新管理[M]. 南京：南京大学出版社，2008.

[206] 李丽莉，陈一虹. 创业理念与全民创业：基于吉林省的实证研究[M]. 长春：吉林人民出版社，2011.

[207] 李志永. 日本高校创业教育[M]. 杭州：浙江教育出版社，2010.

[208] [224] 杜倩，洪雨萍. 创业管理：企业成长战略的视野及实践[M]. 长春：吉林大学出版社，2019.

[210] 李群如. 大学生创新创业教育路径的探索与实践[J]. 人力资源管理，2011(6)：173-175.

[211] 周倩，胡志霞，石耀月. 三螺旋理论视角下高校创新创业教育政策的演进与反思[J]. 郑州大学学报(哲学社会科学版)，2019，52(06)：54-60+126.

[212][313][314] 任泽平，白学松，等. 中国青年创业发展报告(2021)[J]. 中国青年研究，2022(2)：85-100.

[213] [262] 李峰. 大学生创新创业教育的发展理路[J]. 中国青年社会科学，2018，37(04)：85-91.

[214][216] 赵光锋，肖海荣. 创新创业教育让大学生走在时代的前沿[M]. 北京：中国纺织出版社，2018.

[215] [219] 郎永杰，张冠蓉. 李培凤. 斯德哥尔摩创业学院创新创业教育的实践及启示[J]. 扬州大学学报(高教研究版)，2017，21(2)：80-84.

[217] 文丰安. 地方高校大学生创新创业教育浅谈[J]. 教育理论与实践，2011(15)：12-14.

[220] 王青迪. 大学生创新创业教育与就业指导[M]. 上海：上海三联出版社，2019.

[221] 许立新. 英美日印四国大学创业教育的比较与启示[J]. 教育与现代化，2009(4)：64-69.

[222] 唐黎，胡一波，王西娅，等，"三三三制"广谱式创新创业教育体系探索与实践[J]. 实验技术与管理，2020，37(1)：24-27+31.

[223] 北京中科创大创业教育投资管理有限公司，中科招商投资管理集团股份有限公司. 中国高校创新创业教育发展蓝皮书(2017) [M]. 北京：冶金工业出版社，2018.

[225] 谢一风. 我国高校创业教育与创业实践研究[M]. 成都：西南财经大学出版社，2007.

[226][254] 杨茜，马琳. 创新创业背景下高校贫困大学生创业就业问题研究[J]. 陕西教育(高教)，2022 (9)：56-60.

[227] 靳轩轩，洪腾腾. 应用型本科高校创新创业教育模式探索——以 H 学院为例[J]. 大

众标准化，2021 (4)：210-212.

[228] 许青娟. 高校创新创业教育成效评价标准研究[J]. 科技创业月刊，2018，31(12)：99-101.

[230] 王俊，黄快生. 基于协同学理论的大学生创业支持体系的构建与运行[J]. 大学生就业，2010(20)：48-50.

[231][236][287] 丁文剑，王建新，何淑贞. 协同理论视角下高职创新创业教育多元协作研究[J]. 教育与职业，2018(23)：64-68.

[232][237] 朱飞. 协同学视阈下的高校多元协同创业教育研究[J]. 高等工程教育研究，2016(5)：39-43.

[233] 林涛. 基于协同学理论的高校协同创新机理研究[J]. 研究生教育研究，2013(2)：9-12.

[234] [238] [247] 杨仕勇. 推进地方高校创新创业教育协同机制构建研究[J]. 河北农业大学学报(农林教育版)，2018，20(4)：62-65.

[235] 马永斌，王孙禺. 浅谈大学、政府和企业三者之间关系研究[J]. 清华大学教育研究，2007(5)：26 -33.

[239] 赵玉林. 魏芳. 基于哈肯模型的高技术产业化过程机制研究[J]. 科技进步与对策，2007(4)：82-86+4-6.

[240] 李景元，王国权，刘鹏. 现代企业技术创新基础与成果开发转化[M]. 北京：中国经济出版社，2010.

[241] 魏宏森，曾国屏. 系统论：系统科学哲学[M]. 北京：清华大学出版社，1995.

[242] 武四海."耗散结构"理论思想对企业经营管理的启示[J]. 经济界，2007(05)：48-51.

[243] 卜昌森. 煤炭企业"弯道超车"可实现逆境发展[N]. 大众日报，2014-1-13.

[244] 劳埃特·雷德斯多夫，马丁·迈耶尔，周春彦. 三螺旋模式与知识经济[J]. 东北大学学报，社会科学版，2010 (1)：11-18.

[245] 李雪芹，周怀营，蔡翔. 基于"三螺旋"理论的"创业型"大学建设[J]. 技术经济与管理研究，2010(4)：46-49.

[246]韦幼玲. 基于创业教育的民族地区高校思想政治教育协同创新[J]. 学校党建与思想教育，2020(16)：62-64.

[249] 肖琳，徐升华，杨同华. 企业协同创新理论框架及其知识互动影响因素述评[J]. 科技管理研究，2018，38(13)：32-42.

[250] 李欢. 艺术设计类专业学生创新创业教育现状及对策探究[J]，大众文艺，2022

(10)：127-129.

[251][300] 金姗姗. 高校内部治理碎片化困境及其突破：整体性治理的视角[J]. 教育发展研究，2014，34(03)：36-41.

[252] 孙建. 高职院校内部治理体系现代化研究[M]南京：东南大学出版社，2020

[255] 刘康民. 高职教育供给侧改革研究[M]. 北京：北京理工大学出版社，2020.

[256] 王少奇. 高职院校创业教育现状调查研究：以辽宁省大连市高职院校为例[D]. 大连：辽宁师范大学，2019.

[257] 王莞尔. 泉州市促进高校学生创新创业的政府行为研究[D]. 泉州：华侨大学，2020.

[258] 朱迪·埃斯特琳. 美国创新在衰退？[M]. 北京：机械工业出版社，2010.

[259] THOMAS WALLNER，MARTIN MENR AD . Extending the Innovation Ecosystem Framework[R]. Hagenberg：Upper Austria University of Applied Sciences. School of Business，2010.

[260] Executive Office os the Presiden National Econom-ic Council Office Of Science and Technology Policy. A Strategy For American Innovation Driving Towards Sustainable Growth And Quality Jobs[R]. Washington Dc：Executive Office of the President National Economic Council Office of Science and Technology Policy，2009：1-26.

[261] [268]鲁强，孔庆洋. 基于多重螺旋协同创新理论的DEA评价模型：以皖江城市带为例[J]. 科技管理研究，2014，34(16)：62-70.

[263] 梁军，何宗辉. 贫困大学生创新创业能力的影响因素分析：精准扶贫与贫困大学生"双创"能力发展系列研究之三[J]. 高教论坛，2017(5)：119-121.

[264] 邱耕田. 发展哲学的五大前沿问题[J]. 新疆师范大学学报(汉文哲学社会科学版)，2016. 37(6)：29-37+2.

[265] 刘福才，王发明. 高校创新创业教育：理性反思与实践路向[J]. 国家教育行政学院学报，2016(8)：6-11.

[266]林晓丹；吕聪玲. 基于社会主义核心价值观的大学生创新创业教育指导研究[M]. 北京：中国铁道出版社，2018.

[267]习近平. 青年要自觉践行社会主义核心价值观[N]. 人民日报，2014-05-05.

[269][271][274][278]伍小兵，杨刚. 新形势下高职院校整体性治理的内在逻辑与实践机制[J]西南大学学报(社会科学版)，2022，48(3)：204-212.

[270] 杨兴坤. 论大部制的治理结构与治理机制[J]. 武汉科技大学学报(社会科学版)，

2009(1)：42-48.

[272] 贺修炎. 构建利益相关者共同治理的高职教育校企合作模式[J]. 教育理论与实践，2008(33)：18-21.

[273] 母中旭. 高校利益相关者多元内部治理结构探究[J]. 职教论坛，2016(25)：49-53.

[275] [276] [298] 沈云慈. 地方高校创新创业教育支持体系的构建：基于产学研协同全链条融通视角[J]. 中国高校科技，2020(12)：72-76.

[277] 肖京林. 从“碎片化”到“整体性”：公立大学内部治理模式的转型[J]. 现代教育管理，2018(4)：13-19.

[279][283][291] [294] 黄利梅. 高校创业教育协同创新机制：基于三螺旋理论视角[J]. 技术经济与管理研究，2016 (6)：25-29.

[280][281] 丁煌，汪霞. 地方政府政策执行力的动力机制及其模型构建：以协同学理论为视角[J]. 中国行政管理，2014(3)：95-99.

[285] Salamzdeh A，Azimi MA & Kriby DA. Social Entreprenerrship Educationin Higher Education：Insights froma Developing Country [J]. International Journal of Entreprenerrship and Small Business，2013，20(1)：17-25.

[286] [309] [320]黎勇，崔延强. 地方高校创业教育与区域社会协同发展的创新机制研究[J]. 国家教育行政学院学报，2019(12)：34-40.

[288][297]周正柱. 长三角“双创”教育可借鉴“互联网+”促协调发展[N]. 中国科学报，2021-11-09.

[290] 张立国，张临英，刘晓琳. 基于 GIS 的高校众创空间：模型完善与实施路径[J]. 现代教育管理，2019(9)：20-25.

[292] 赵光锋. 基于创新的大学创业体系建构[M]. 北京：中国水利水电出版社，2019.

[293] [321] 王章豹. 大工程时代的卓越工程师培养[M]. 上海：上海科技教育出版社，2017.

[295] 张良驯. 青年发展规划实施中的协同治理研究[J]. 中国青年社会科学，2018(1)：102-110.

[296][318] 罗建国，范国敏，王续明. 创新创业教育的实现途径与保障机制[J]. 教育教学论坛，2018(37)：48-49.

[299] 科恩. 论民主[M]. 聂崇信，朱秀顺，译. 北京：商务印书馆，1988：15.

[302] State Services Authority. Joined-up Government：A Review of National and International Experiences[A]. Melbourne Government of Victoria State Services Authority，2007：1

-14.

[303]拉塞尔 M.，林登. 无缝隙政府：公共部门再造指南[M]. 汪大海，吴群芳，译. 北京：中国人民大学出版社，2002：183.

[304] 孙巍. 对地方理工科高校创新创业教育体系建设的思考[J]. 学校党建与思想教育，2017(16)：77-79.

[307] 冉春秋，黄永东，崔玉波. 协同创新创业教育体系的构建和实践个案研究[J]. 北方民族大学学报(哲学社会科学版)，2019 (5)：165-170 .

[308] 张小玲. 高校创新创业教育与实践运行机制研究[J]. 广东蚕业，2018，52(1)：43-44.

[310]张拥军. 美国大学生创业教育的借鉴与启示—以马里兰大学帕克分校为例[J]. 国家教育行政学院学报，2016(12)：90-95.

[311] 张帏，高建. 斯坦福大学创业教育体系和特点的研究[J]. 科学学与科学技术管理，2006(4)：143-147.

[312] 中国青年研究. 中国青年创业发展报告(2021)[DB/OL]. (2022-02-24)[2022-11-145]. https：//www. huxiu. com/article/497865. html.

[317] 张冠蓉. 高校创新创业人才培养的协同机制研究[D]. 太原：山西大学，2017.

[319] 谢微，张锐昕. 整体性治理的理论基础及其实现策略[J]. 上海行政学院学报，2017 (6)：31-37.

[322] 韦彬. 大学生创业成功率不足 5%，这个数字很重要吗？[N]. 新京报，2017-10-10.

[323] 王培君，曹文军. 大学生创新导论[M]. 北京：中国建筑工业出版社，2019.

后 记

本书是2022年度陕西省哲学社会科学重大理论与现实问题研究一般项目“整体性治理视角下高校创新创业教育体系构建研究”与2019年度陕西省科技厅软科学研究计划一般项目“广谱式创新创业体系在陕西高校中的探索与实践”的课题成果。这是在我近年来对高校创新创业教育问题进行初步探讨的基础上撰写的，在整个研究与论述过程中，由于自身能力的限制与客观条件的制约，还有诸多不足，如调研过程还需细化，分析推理还需推敲，总结结论还需进一步验证等，这些都需在今后的教育实践中逐步细化与完善。本书意在起到抛砖引玉的作用，引起广大从事高校创新创业教育的工作者和研究者对高校创新创业教育改革的关注与思考，助力大学生的成长成才，促进高校双创育人工作做精、做细、做实。

在此，感谢我的恩师司晓宏教授一直以来对我的谆谆教诲。恩师是我崇拜的偶像，也是令人敬仰的学者，他在学术上永无止境的开拓探索、对学生永不疲倦的言传身教，无时无刻不激励着我、教育着我，令我受益终生。同时，也感谢张立国教授、张文兰教授、王鹏炜教授、王海燕副教授对我孜孜不倦的指导、帮助与鼓励。感恩有幸成为你们的学生，让我能够尽情地投入到学习研究中，是你们的包容让我勇敢地走到了现在！

本书还得到了相关高校的大力支持与帮助，也参阅了大量国内外的学术文献、调研报告等，在此对给予帮助的领导、相关的专家与文献的撰写者表示由衷的感谢！书中错误、遗漏之处不可避免，真诚希望各位专家、学者给予批评指正！

陈怡君

2023年5月18日于陕西师范大学